汽车专业"十四五"精品教材

新能源汽车驱动电机与控制技术

（微课版）

主　编　邢玲玲　张晓雯　冯如只
副主编　王锦华　刘帅帅　闫士新
　　　　张铭博　李　斌　江海滨

哈爾濱工程大學出版社
Harbin Engineering University Press

内容简介

为了更好地满足社会对新能源汽车相关人才的需求，本书全面落实“以服务为宗旨，以就业为导向”的职业教育办学指导思想，以“应用”为主旨构建课程和教学内容体系。本书共七章，主要包括新能源汽车电机控制和驱动技术、直流电机及其控制技术、交流异步电机及其控制技术、交流同步电机及其控制技术、开关磁阻电机及其控制技术、新能源汽车驱动电机的控制技术、新能源汽车驱动电机及其管理系统的相关内容。

本书既可作为应用型本科、职业院校汽车专业的通用教材，也可供汽车修理厂、汽车运输部门的工人和技术人员学习参考。

图书在版编目（CIP）数据

新能源汽车驱动电机与控制技术 ： 微课版 / 邢玲玲，张晓雯，冯如只主编. —哈尔滨 ： 哈尔滨工程大学出版社，2023.5

ISBN 978-7-5661-3949-8

I. ①新… II. ①邢… ②张… ③冯… III. ①新能源－汽车－驱动机构－控制系统 IV. ①U469.720.3

中国国家版本馆 CIP 数据核字（2023）第 085775 号

新能源汽车驱动电机与控制技术（微课版）

XINNENGYUAN QICHE QUDONG DIANJI YU KONGZHI JISHU（WEIKE BAN）

责任编辑 刘凯元

封面设计 赵俊红

出版发行 哈尔滨工程大学出版社
社　　址 哈尔滨市南岗区南通大街 145 号
邮政编码 150001
发行电话 0451-82519328
传　　真 0451-82519699
经　　销 新华书店
印　　刷 唐山唐文印刷有限公司
开　　本 889 mm×1 194 mm 1/16
印　　张 13
字　　数 374 千字
版　　次 2023 年 5 月第 1 版
印　　次 2023 年 5 月第 1 次印刷
定　　价 49.80 元
http://www.hrbeupress.com
E-mail:heupress@hrbeu.edu.cn

前　言

党的二十大报告提出，“建设现代化产业体系，坚持把发展经济的着力点放在实体经济上，推进新型工业化，加快建设制造强国、质量强国、航天强国、交通强国、网络强国、数字中国”。

本书针对新能源汽车编写，以新能源汽车驱动电机与控制技术为主线，全面、 系统地论述了新能源汽车技术，重点分析了新能源汽车驱动电机的结构、原理及控制技术等，对驱动电机的检修与实践应用也进行了探讨。本书注意理论与实际相结合，深入浅出地分析各种新能源汽车驱动电机与控制技术的同时，力求反映出新能源汽车技术成果和发展方向，以启发和激励学生在新能源汽车方面的研究和创新。本书具有以下特点。

（1）理念先进。以就业为导向，以学生为主体，着眼于学生职业生涯发展，注重职业素养的培养；注重做中学、做中教，教学做合一，理实一体。

（2）内容紧贴岗位。对接职业标准，按照岗位需求、课程目标选择教学内容。

（3）结构合理。按照职业领域确定章节内容和实践操作，在结构上，本书由浅入深，层次鲜明，有利于学生对相关内容的理解。

本书由邢玲玲（甘肃畜牧工程职业技术学院）、张晓雯（甘肃畜牧工程职业技术学院）、冯如只（河南机电职业学院）担任主编，由王锦华（江苏航运职业技术学院）、刘帅帅（焦作市交通技工学校）、闫士新(焦作技师学院)、张铭博（泰安技师学院）、李斌（黑龙江职业学院）、江海滨（江西赣州技师学院）担任副主编。本书的相关资料和售后服务可扫描封底微信二维码或登录 www.bjzzwh.com 下载获得。

本书在编写过程中，参考了一些专业的文献、书籍及资料，在此对相关专家、学者表示感谢。由于编者水平有限，书中难免存在疏漏或不足之处，恳请广大师生和读者批评指正。

编　者

CONTENTS

目录

第一章

新能源汽车电机控制和驱动技术

本章导读

1831 年法拉第根据电磁感应原理发明了世界上第一台真正意义上的电机——法拉第圆盘发电机。1832 年斯特金发明了换向器，并制作了世界上第一台能连续运转的旋转电动机。随后电机经历了许多年的发展，现如今，新能源汽车驱动电机及其控制技术已经呈多样化发展的趋势。通过对本章内容的学习，读者可以进一步掌握驱动电机的特征和分类，同时掌握新能源汽车电机驱动系统的组成及工作原理，以及了解驱动电机及电机控制系统的发展趋势，并学会对新能源汽车电机控制系统的基本检测等相关操作技能。

学习目标

1. 掌握新能源汽车的定义、分类及特点。
2. 掌握新能源汽车驱动电机的基本特征，并熟悉驱动电机的使用环境与要求。
3. 掌握新能源汽车电机驱动系统的组成和驱动电机的类型。
4. 了解新能源汽车驱动电机的发展趋势和电机控制系统的未来趋势。

素质目标

1. 履行职业道德准则和行为规范，具有社会责任感和社会参与意识。
2. 弘扬中国共产党人精神谱系，培养担当民族复兴大任的时代新人。
3. 践行社会主义核心价值观，培养学生自信自强、守正创新的高尚情操。

第一节 新能源汽车的认知

一、新能源汽车的概念

（一）新能源

能源是人类社会赖以生存和发展的重要物质基础。纵观人类社会发展的历史，人类文明的每一次重大进步都伴随着能源的改进和更替。能源的开发利用极大地推进了世界经济和人类社会的发展。过去 100 多年里，发达国家先后完成了工业化，消耗了地球上大量的自然资源，特别是能源资源。我们国家正在步入工业化阶段，能源消费增加，已成为全球第二大石油消费国及第一大石油进口国。石油消费导致了部分地区大气污染，也是造成温室气体排放增加的原因之一。新能源的开发使用，可以减少对进口石油的依赖，有利于保障国家石油供应安全。

新能源又称非常规能源，以新技术和新材料为基础，使传统的可再生能源得到现代化的开发和利用，是取之不尽、周而复始的可再生能源。新能源都是刚开发利用，还在研究、有待推广的能源，如太阳能、地热能、风能、海洋能、生物质能和核聚变能等。新能源普遍具有污染少、储量大的特点，对于解决当今世界严重的环境污染问题和资源（特别是化石能源）枯竭问题具有重要意义。

（二）新能源汽车

不同时期，不同国家对新能源汽车的界定不完全相同。2009 年我国《新能源汽车生产企业及产品准入管理规则》将新能源汽车分为混合动力汽车、纯电动汽车（BEV，包括太阳能汽车）、燃料电池电动汽车（FCEV）、氢发动机汽车、其他新能源（如高效储能器、二甲醚）汽车等。新能源汽车的主要特征是采用非常规的车用燃料作为动力来源（或使用常规的车用燃料，采用新型车载动力装置），综合车辆的动力控制和驱动方面的先进技术，形成技术原理先进，具有新技术、新结构的汽车。

2012 年的《节能与新能源汽车产业发展规划（2012—2020 年）》规定，新能源汽车主要包括纯电动汽车、插电式混合动力汽车及燃料电池汽车。

节能汽车是指以内燃机为主要动力系统，综合工况燃料消耗量优于下一阶段目标值的汽车。清洁能源汽车的范畴要广得多，它是以清洁燃料取代传统汽油的环保型汽车的统称。清洁能源汽车可采用各类技术，有效降低汽车的能源消耗和尾气中有害物质的排放，使得汽车在使用中对环境的影响大为降低。简单说，除了一般意义上的新能源汽车外，天然气汽车、甲醇汽车、乙醇汽车等多种带有“环保特质”的汽车，都属于清洁能源汽车。

发展新能源汽车是我国从汽车大国迈向汽车强国的必由之路，是应对气候变化、推动绿色发展的战略举措。为推动新能源汽车产业高质量发展，加快建设汽车强国，国务院办公厅印发《新能源汽车产业发展规划（2021—2035 年）》，这不仅是对《节能与新能源汽车产业发展规划（2012—2020 年）》的政策延续，也是未来 15 年新能源汽车产业的战略性方针指引，明确了发展规划与目标，为行业和市场带来发展定力与信心。

新能源汽车代表着未来汽车的发展方向，新能源汽车技术发展体系可总结为“1 + 2 + 3”，“1”代表整车平台技术，作为新能源技术的综合载体，可通过传统汽车平台、传统平台的电气化改进以及开发电动汽车专用平台来实现。“2”代表充电技术和智能技术，分别是新能源汽车发展的保障和未来发展方向。“3”代表动力电池技术、驱动电机技术和电控技术（即“三电”），这三者是新能源技术的核心。

（三）新能源汽车的性能优点

新能源汽车从技术的角度，具有传统汽车无法通过改进内燃机或变速器来获取的基本性能。

1. 节省燃油

如果是纯电动汽车，无需消耗燃油。如果是混合动力汽车，可以优化内燃机运行工况，节省燃油。对汽油燃料的内燃机，最佳的空燃比略大于 14.7∶1。但是如果是单一内燃机动力的汽车，其经常需要运行在加速、爬坡以及冷启动等工况，此时为了追求动力性，其空燃比会偏离最佳空燃比，从而导致油耗增加和排放变差。混合动力汽车其中一个设计方式就是通过驱动电机的动力输出，来弥补汽车行驶工况变化时内燃机的不足。通过对车辆驱动线路的改进，让驱动电机的动力根据行驶工况的改变来输出，而让内燃机的运行转速保持稳定，并始终工作在最佳的空燃比附近。

2. 良好的动力输出性能

如果是纯电动汽车，驱动车辆的驱动部件是电机。电机具有加电后反应快、低速输出扭矩大等特点，把这一特性再通过变速器输出到车轮上，汽车表现出来起步快，同时运转平稳流畅，具备无级变速器的优秀品质。

如果是混合动力汽车，它的驱动力通常来自内燃机输出动力和驱动电机力，相比较于传统汽车仅有一种内燃机动力来源，混合动力汽车能够在车辆急加速的情况下，及时通过调动电机或者增加电机的输出功率的方式来提升输出扭矩，增加车辆的动力性。而传统汽车如果需要做到快速加速，就必须通过增加燃油供给，并经过一个完整的吸气、压缩、做功、排气的工作循环，导致输出动力的滞后性。

3. 实现自动停机与自动启动控制性能

绝大部分新能源汽车采用自动启停系统，能够轻松实现自动停机与自动启动的控制。纯电动汽车在停车等待红灯时，只需要关闭供给电机的电能即可实现零能量消耗。采用混合动力的汽车，通常内燃机都取消了传统的 12 V 启动机，改由驱动电机来直接驱动内燃机的启动。因此，当车辆控制系统监测到不需要内燃机运行的情况下，例如当车辆在等待红灯时处于怠速运行情况下，系统将会自动关闭内燃机的运行，需要的时候再通过驱动电机快速、短时间启动内燃机。这样的设计能够进一步降低车辆在怠速时的燃油消耗和尾气排放。

4. 能量利用率更高

传统汽车的能量利用率很低。内燃机从吸入燃油和空气到输出动力，需要经过 4 个行程，真正能够把燃油所产生的能量有 35% 用在驱动车辆上已经算是非常高的了。

实际上内燃机工作时，很大一部分被作为热量消耗掉了，例如需要对内燃机进行水冷，这部分热量能就是不能被利用的。还有就是车辆制动时，有一部分能量被制动摩擦损耗掉，如果能保持车辆持续前进，不踩制动踏板，那么汽车油耗也会比同样情况下频繁制动来得低。但是，新能源汽车中的纯电动汽车因为取消了内燃机，因此可以降低如热量散失、未完全燃烧等损失，其有效利用率超过了 50% 以上。此外，即使是混合动力汽车，由于通过电力系统的辅助来优化内燃机的工作，有些混合度较高的混合动力可以大部分时间都是纯电力驱动，其能量利用率也有大幅的提高。

此外，新能源汽车有一个很重要的能量利用方式就是制动能量回收。制动能量回收是指通过连接车辆驱动轴的电机，在新能源汽车需要制动时，先给电机上加载负荷让电机利用这个负荷来发电，逆向拖动车辆制动的一种方式。制动能量回收可以有效降低因制动导致的摩擦能量消耗。

二、新能源汽车的分类及其特点

新能源汽车的分类

新能源汽车主要分为纯电动汽车、混合动力汽车和燃料电池电动汽车。

（一）纯电动汽车

纯电动汽车（battery electric vehicle，BEV）用车载二次电源储能，以电动机为动力装置驱动车辆行驶。相比混合动力汽车而言，纯电动汽车具有碳零排放、低噪声且结构简单等特点；相比燃料电池电动汽车，在当前更具产业化的基础，因此受到了世界各国政府及汽车企业的广泛关注。目前纯电动汽车的产业化已成为各汽车企业的重要目标，同时这对提高纯电动汽车整车技术和性能水平提出了更为迫切的要求。

纯电动汽车的电动机相当于传统汽车的发动机，蓄电池相当于原来的油箱。对现代社会而言，纯电动汽车不仅是一辆车，还是实现清洁、高效道路运输的一个全新的系统。

1. 纯电动汽车的特点

与内燃机汽车相比，纯电动汽车具有如下特点。

（1）无污染，噪声低。纯电动汽车不产生排气污染，对环境保护和空气的洁净十分有益，有“零污染”的美称；因为无内燃机产生的噪声，所以电动机噪声低。

（2）加速快。因为电动机的一大特性是可以瞬间输出最大功率，因此电动汽车在市区甚至高速公路的法定限速内能获得比一般传统汽车更好的动力响应。

（3）能源效率高，多样化。电动汽车的能源效率已超过汽油机汽车，特别是在城市运行的时候。电动汽车停止时不消耗电量，在制动过程中，电动机可自动转化为发电机，实现制动减速时能量的再利用。

（4）结构简单，使用维修方便。电动汽车比内燃机汽车结构简单，运转、传动部件少，维修保养工作量小，当采用交流感应电动机时，电动机无须保养维护，更重要的是电动汽车容易操纵。

电动汽车的应用可有效减少对石油资源的依赖，可将有限的石油用于更重要的方面。给蓄电池充电的电力可以由煤炭、天然气、水力、核能、太阳能、风力、潮汐能等能源转化。除此之外，如果夜间给蓄电池充电，还可以避开用电高峰，有利于电网均衡负荷，减少费用。

2. 纯电动汽车的类型

纯电动汽车种类较多，可以按照不同的方法对其分类。

(1) 按用途分类

按用途不同，纯电动汽车可分为纯电动轿车、纯电动货车和纯电动巴士。

① 纯电动轿车。纯电动轿车是目前常见的纯电动汽车，包括常规的轿车、多用途汽车及运动型多用途汽车等。图 1－1 为纯电动汽车。

图 1－1　纯电动汽车

② 纯电动货车。纯电动货车主要以微卡和轻卡为主，续航里程基本不超过 250 km，主要应用于市内快递、物流行业，无法承担远距离运输的任务。图 1－2 为纯电动货车。

图 1－2　纯电动货车

③ 纯电动巴士。纯电动巴士的应用范围越来越广泛。图 1－3 为纯电动巴士。

图 1－3　纯电动巴士

（2）按车载电源数分类

按车载电源数不同，纯电动汽车可分为单电源纯电动汽车和多电源纯电动汽车。

① 单电源纯电动汽车。单电源纯电动汽车的主电源是蓄电池，蓄电池可选择镍氢电池、铅酸电池、锂离子电池等不同类型。此种类型的电动汽车优点是结构简单、控制简便；缺点是主电源的瞬时输出功率制约于蓄电池的性能，制动能量的回收效率受蓄电池的最大可接受电流及蓄电池的荷电状态的影响。

② 多电源纯电动汽车。多电源纯电动汽车采用蓄电池加辅助储能装置（飞轮电池或超级电容）的电源组合，在汽车起步、加速、爬坡等行驶工况下，飞轮电池或超级电容可在短时间内输出大功率，协助蓄电池供电，从而提高了电动汽车的动力性，同时可以降低对蓄电池的比功率、比能量、容量等要求。此外，在汽车制动时利用辅助储能装置可接受大电流充电，从而提高制动能量回收的效率。

（二）混合动力汽车

混合动力汽车（hybrid electric vehicle，HEV），是指驱动系统由两个或多个能同时运转的单个驱动系统组成的车辆。

1. 混合动力汽车的特点

（1）在结构上，混合动力汽车可以根据实际情况自由匹配发动机、电动机和电池的类型。在运行模式方面，混合动力汽车可以进行适当控制，使动力部件尽可能地工作在高效区，保证车辆运行的高效性，从而降低油耗。

（2）在经济方面，混合动力汽车可以用电动机启动，取消发动机怠速工况，使车辆的燃油经济性和排放性得到很大的改善。

（3）相比纯电动汽车，混合动力汽车由于装配有传统发动机，所以不会出现电力耗尽而导致续航里程短的问题，并且发动机和电动机组合，在节能的同时可以满足车辆运行的动力需求，使车辆具有较好的动力性。

（4）在生产方面，混合动力汽车的制造没有改变汽车的制造流程，只加入了新技术。

（5）在驾驶方面，混合动力汽车没有改变驾驶员的传统驾驶习惯，容易被接受。

2. 混合动力汽车的类型

混合动力汽车的类型有很多，可以按照不同的方法进行分类。

（1）按动力系统连接方式分类

按动力系统连接方式的不同，混合动力汽车主要分为串联式混合动力汽车、并联式混合动力汽车、混联式混合动力汽车三类。

① 串联式混合动力汽车。串联式混合动力汽车的动力系统由发动机、电动机、发电机和动力电池等组成，发动机、电动机和发电机以串联形式连接，发动机带动发电机发电，电能通过逆变器给电池充电或直接供给电动机驱动汽车，在需求功率较大时，动力电池可同时给电动机供电以提供更大的功率输出，如图 1－4 所示。串联式混合动力汽车以电动机为主动力装置，以发动机为辅助动力装置来延长汽车的续航里程，其唯一的驱动模式是纯电动驱动模式。

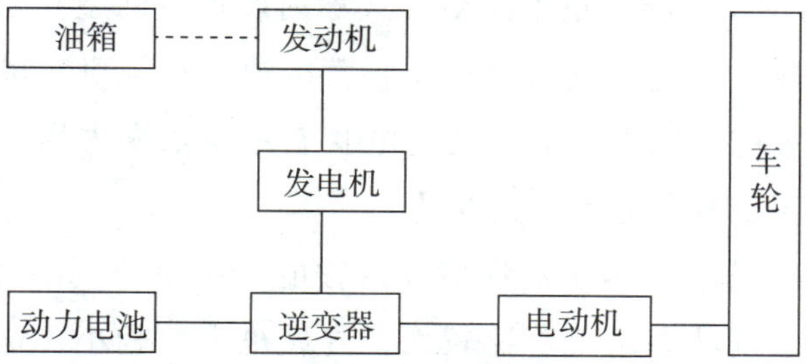

图 1－4　串联式混合动力汽车动力系统连接

② 并联式混合动力汽车。与串联方式不同，并联式混合动力汽车采用发动机和电动机两套独立的动力系统驱动车辆，如图 1－5 所示。并联式混合动力汽车以发动机为主动力装置，以电动机为辅助动力装置，其结构决定了控制的灵活性。通用的控制方法是当车辆在怠速、低速等小功率工况下运行时，关闭发动机，只采用电动机驱动；当车辆处于发动机工作的高效区时，发动机单独驱动；当车辆需要大功率输出（如爬坡、急加速）时，电动机协助发动机驱动车辆。由于功率可以叠加，因此发动机和电动机配备较小的功率可以获得比较满意的动力性，而且借助电动机的“削峰填谷”作用，发动机可以较多地工作于高效区。并联式混合动力汽车的缺点是结构比较复杂，同时控制难度增加。

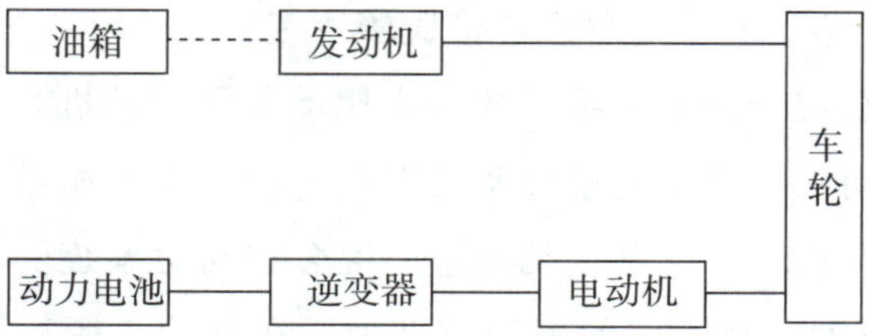

图 1－5　并联式混合动力汽车动力系统连接

③ 混联式混合动力汽车。混联式结构综合了串联式结构和并联式结构的特点，与串联式结构相比多了发动机与传动系统的机械连接；与并联式结构相比多了一台发电机，增加了电能的传输路线，

如图 1-6所示。混联式结构一般以行星齿轮为动力复合装置的基本构架。混联式混合动力汽车配备的发动机和电动机的功率比较小，发动机比较容易在高效区稳定工作，控制策略比较灵活。混联式混合动力汽车的缺点是结构复杂、成本较高，与其复杂的结构相应，其控制系统较为复杂。

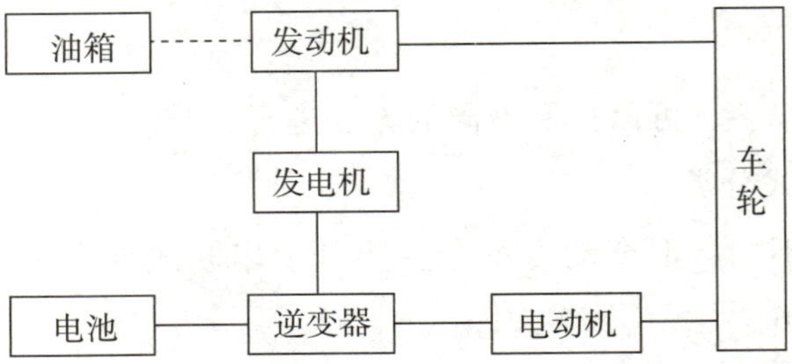

图 1-6 混联式混合动力汽车动力系统连接

（2）按主要动力源及能量补充分类

根据主要动力源是发动机还是电动机、是自身补充能量还是使用电网充电，可将混合动力汽车分为电量维持型混合动力汽车和电量消耗型混合动力汽车两类。

① 电量维持型混合动力汽车。在电量维持型（或称内燃机主动型）混合动力汽车中，内燃机功率占整个系统功率的百分比较大，电动机占比较小，蓄电池组仅提供车辆行驶时的峰值功率。蓄电池组容量一般较小，车辆行驶前后的蓄电池组的荷电状态主要依靠内燃机带动电动机发电或能量回收来维持，一般不需要外电源给蓄电池组补充电量。

② 电量消耗型混合动力汽车。在电量消耗型（或称电力主动型）混合动力汽车中，蓄电池组容量较大，电动机功率占整个系统功率的百分比较大，内燃机占比较小，这不足以维持蓄电池组的荷电状态。车辆行驶后的蓄电池组荷电状态低于初始值，需要外电源给蓄电池组补充电量。

（3）按混合度分类

混合度指电机功率占动力系统总功率的百分比，针对并联式混合动力汽车，可按照发动机与电动机的混合度对混合动力汽车动力系统进行分类，有微混合型动力系统、弱混合型动力系统、中混合型动力系统和强混合型动力系统四类。

① 微混合型动力系统。微混合型动力系统也称为“启停式混合动力系统”，其驱动力形式为发动机 + BSG（belt driven starter generator），发动机是唯一的驱动力，电动机功率比较小，通常从几千瓦到十几千瓦，且不为混合动力车辆提供驱动力。电动机的主要作用类似于传统发动机的启动机和发电机，在短时停车怠速后快速带动发动机启动，避免发动机怠速运转，并在车辆制动时作为发电机进行能量回收，为蓄电池组充电，技术简单，价格比较便宜。

② 弱混合型动力系统。弱混合型动力系统的基本驱动力是发动机，其电动机功率一般不超过发动机最大功率的 10%，且电动机一般不能单独驱动车辆行驶。在变速器挂空档时，电动机通过离合器带动发动机实现快速“停车启动”控制，类似于微混合型动力系统的功能；还可以在车辆处于爬坡、最高速行驶、加速等工况时提供一定的辅助驱动力。在驱动车辆行驶的过程中，发动机可以利用富余驱动力对蓄电池组进行充电；当车辆下坡或滑行时，发电机发电实现能量回收，并对蓄电池组进行充电。

③ 中混合型动力系统。在中混合型动力系统中，发动机为基本驱动力，电动机功率在整个动力

系统中所占的比例比微混合型动力系统和弱混合型动力系统都大，电动机可以单独带动车辆实现快速启动，或者单独驱动车辆低速巡航行驶，还可以在车辆加速或上坡时为发动机提供辅助驱动力，在制动或下坡时回收能量，对蓄电池组进行充电。

④ 强混合型动力系统。强混合型动力系统的驱动力结构为驱动电动机和发动机，基本驱动力是发动机，该系统中发动机的功率通常小于同类型的传统内燃机汽车的功率。此系统的明显特征是电动机既可以单独以纯电动巡航模式驱动车辆行驶，又可以配合发动机共同驱动车辆行驶，电动机功率在整个动力系统功率中一般占 40% 以上，具体情况随车型和工况而定。电动机可以实现中混合型动力系统的功能，同时可以较长时间以纯电动巡航模式驱动车辆。

（三）燃料电池电动汽车

采用燃料电池作为电源的汽车称为燃料电池电动汽车。燃料电池是通过电化学反应将燃料的化学能直接转化为电能的高效率发电装置。燃料可以是氢气、甲醇、石油气、甲烷及其他能分解出氢的烃类化合物。目前大多数燃料电池电动汽车使用压缩氢气或液化氢气作为燃料，即利用氢气和空气中的氧气在催化剂的作用下，经过电化学反应在燃料电池中产生的电能作为主要动力源驱动汽车。

1. 燃料电池电动汽车的特点

（1）效率高。燃料电池的工作过程是化学能转化为电能的过程，不受卡诺循环的限制，能量转化效率较高，可以达到 30% 以上。

（2）续航里程长。采用燃料电池系统作为能量源，克服了纯电动汽车续航里程短的缺点，燃料电池电动汽车的长途行驶能力及动力性已经接近传统汽车。

（3）绿色环保。燃料电池没有燃烧过程，以纯氢为燃料，生成物只有水，可以实现碳零排放。采用其他富氢有机化合物用车载重整器制氢作为燃料电池的燃料，产物除水之外还可能有少量的二氧化碳，不能实现碳零排放。

（4）过载能力强。燃料电池除在较宽的工作范围内具有较高的工作效率外，其短时过载能力可达额定功率的 200% 或更大。

（5）低噪声。燃料电池属于静态能量转化装置，除空气压缩机和冷却系统外无其他运动部件，因此与内燃机汽车相比，燃料电池电动汽车在运行过程中噪声和震动都较小。

（6）设计方便灵活。燃料电池电动汽车可以按照电子线控的思路进行汽车设计，改变传统的汽车设计概念，可以在空间和质量等问题上进行灵活的配置。

（7）燃料电池电动汽车的主要缺点是制造成本和使用成本过高；辅助设备复杂，且质量和体积较大；启动时间长，系统抗震能力有待进一步提高。

2. 燃料电池电动汽车的类型

与纯电动汽车相比，燃料电池电动汽车无须依赖蓄电池组技术性能是否完善；与内燃机汽车相比，燃料电池电动汽车具有环保、节能的优势。因此，燃料电池电动汽车已成为世界范围的新能源汽车开发热点，并不断涌现出不同的结构形式。按不同的分类方法，燃料电池电动汽车主要可以分为以下几类。

（1）按有无储能装置分类

① 纯燃料电池电动汽车。纯燃料电池电动汽车只有燃料电池一个动力源，汽车的所有功率负荷都由燃料电池承担，且无法回收制动能量，如图 1－7 所示。因此，纯燃料电池电动汽车目前应用较少。

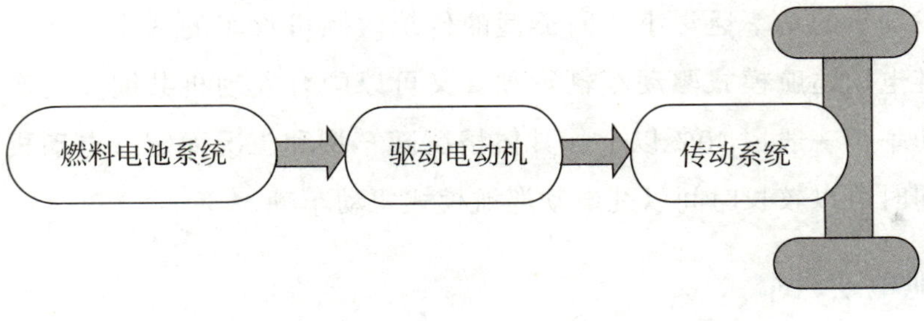

图 1－7　纯燃料电池驱动形式

燃料电池与蓄电池组联合驱动形式如图 1－8 所示。

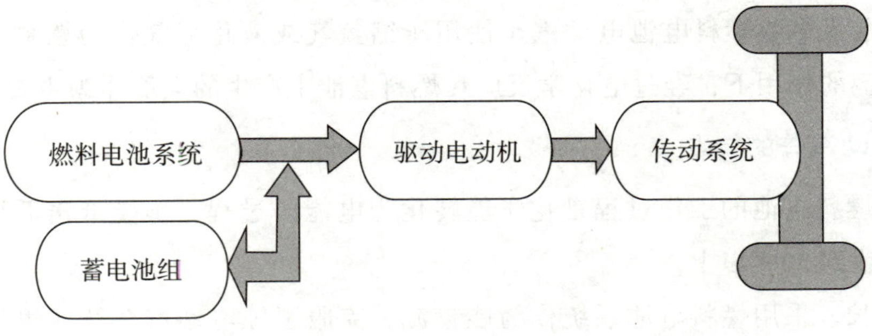

图 1－8　燃料电池与蓄电池组联合驱动形式

普通蓄电池组作为辅助电源，作用有三个：一是用于燃料电池电动汽车快速启动；二是用于储存燃料电池电动汽车制动时的再生能量；三是为控制系统、照明系统、信号系统、仪表板、车载电子电气设备（包括刮水器、喷淋器、电动门窗、音响、电视、安全气囊、防撞系统、导航系统和车载电话等）提供低压电源。

② 燃料电池与超级电容联合驱动的燃料电池电动汽车。燃料电池与超级电容联合驱动结构与燃料电池＋蓄电池组结构相似，只是把蓄电池组换成了超级电容。相对于蓄电池组，超级电容充放电效率高，能量损失小，功率密度大，在回收制动能量方面比蓄电池组有优势，循环寿命长，但是超级电容的能量密度较小。随着超级电容技术的不断进步，这种结构将成为一种新的重要研究方向。

燃料电池与蓄电池组和超级电容联合驱动形式如图 1－9 所示。

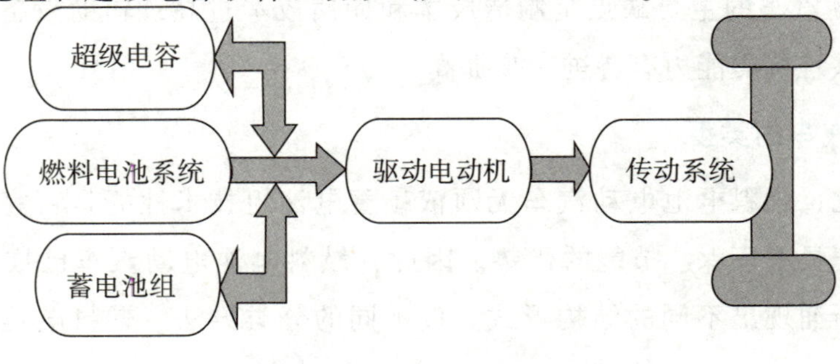

图 1－9　燃料电池与蓄电池组和超级电容联合驱动形式

储能装置可以协助供电，因此可适当减小燃料电池的功率，并且储能装置可以用于汽车制动时的能量回收，可提高燃料电池电动汽车的能量利用率。因此，燃料电池电动汽车多采用燃料电池与蓄电池组和超级电容联合驱动形式。

（2）按燃料电池与蓄电池组的结构关系分类

① 串联式燃料电池电动汽车。在串联式燃料电池电动汽车的动力系统中，燃料电池相当于车载发电装置，通过 DC－DC 转换器对蓄电池组充电，由蓄电池组向电动机提供驱动整车行驶的全部电力，如图 1－10所示。串联式燃料电池电动汽车的优点是燃料电池的功率小，但蓄电池组容量和功率大，且电能从燃料电池向蓄电池组的电化学转换过程存在一定的能量转化损失。目前，串联式燃料电池电动汽车较为少见。

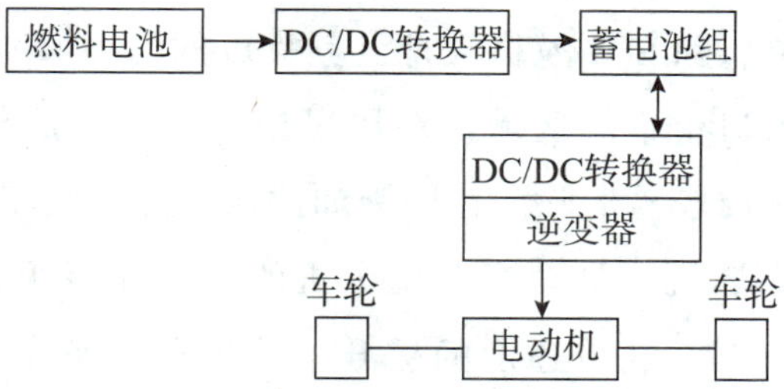

图 1－10　串联式燃料电池电动汽车动力系统驱动形式

② 并联式燃料电池电动汽车。并联式燃料电池电动汽车的蓄电池组和燃料电池共同为电动机提供电力，根据二者能量大小的不同，并联式燃料电池电动汽车又可分为大燃料电池型并联式燃料电池电动汽车和小燃料电池型并联式燃料电池电动汽车两类。大燃料电池型并联式燃料电池电动汽车主要由燃料电池提供电力，蓄电池组的容量较小，只在汽车起步、加速、爬坡等工况下协助供电，并完成车辆减速与制动时的能量回收；小燃料电池型并联式燃料电池电动汽车采用大容量的蓄电池组，由蓄电池组提供主要的电力，燃料电池协助供电。并联式是目前燃料电池电动汽车采用较多的形式。并联式燃料电池电动汽车动力系统驱动形式如图 1－11 所示。

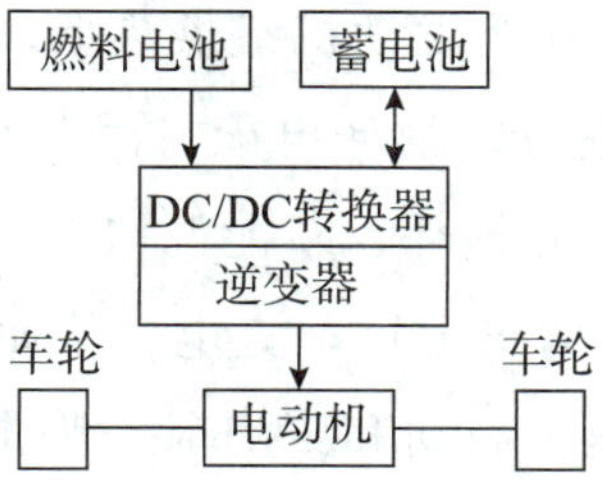

图 1－11　并联式燃料电池电动汽车动力系统驱动形式

三、新能源汽车的发展

（一）新能源汽车发展的意义

虽然汽车工业的发展面临能源危机和环境污染两大主要问题，但汽车在社会经济发展中的地位仍无法被撼动。汽车是“改变世界的机器”，是推动社会进步的车轮，早已成为人们日常生活中不可或缺的重要组成部分。汽车的广泛使用改变了经济社会结构，形成了一套新的经济、文化、生活体系，改善了人们的生活质量，推进了社会进步，促进了经济发展。尤其是对于经济社会蓬勃发展的我国来说，在新型工业化进程中，汽车工业在国民经济支柱产业的地位日益凸显，具有重要的战略地位。

在能源和环保的双重压力下，汽车工业的升级转型势在必行，发展污染排放少、能源利用率高的新能源汽车，已成为世界各国的共识。新能源汽车无疑是未来汽车发展的重要方向之一，它与传统内燃机汽车有同样的使用功能，突出优势在于其对环境污染小，可不依赖石油资源。主要体现在以下几个方面。

1. 新能源汽车可以较好地解决汽车对城市环境污染的问题

新能源汽车的电源（蓄电池、燃料电池、超级电容等）本身不排放有害气体，在行驶过程中可以做到零污染。给蓄电池充电所用的电力可以来自对大气不造成污染的能源，如水能、核能、风能、地热、潮汐等。即使是用煤发电，除 SO2 及微粒外，其排放的 CO、HC、NOx、CO2 等均比内燃机汽车少，而且电厂大多建在远离人口密集的区域，对居民损害较少。此外，电厂煤燃烧是固定集中排放，燃烧过程较易控制，有害物质较易清除。正因为如此，新能源汽车也被称为绿色汽车。

另外，相比于燃油汽车的内燃机，电动汽车用电机的工作噪声很低。在怠速和低速情况下，电动汽车的舒适性要远高于传统汽车，随着速度的提升，胎噪和风噪成为噪声的主要来源，两者才回到同一水平上。因此，如果全部用新能源汽车替代内燃机汽车，城市的噪声污染将会明显下降。

2. 新能源汽车可以解决汽车对石油资源的依赖

传统燃油汽车消耗的能源几乎完全依赖于石油的制成品，是造成世界能源危机的主要原因。新能源汽车车载电源有蓄电池、燃料电池、飞轮电池、太阳电池和车载发电机组等，蓄电池充电所需的电能可充分利用水能、核能、风能、地热、潮汐、太阳能等丰富的可再生能源转化而来。根据我国电力部门预测，我国目前电力行业发展前景很好，完全有能力为新能源汽车提供持续发展的电力。

3. 新能源汽车可以节约大量能源

相比于传统燃油汽车，电动汽车的另一个主要优势是非常节能。传统的内燃机仅能将其燃料的 15% 转化为动力，剩下的 85% 全部浪费在为发动机组供热上。相比之下，新能源汽车动力驱动电机的效率能达到 90% 以上，且只有在行驶时才消耗电能，因此在交通堵塞时，它比燃油汽车更节能。即便考虑到发电、输电和电池充电的能源损耗，新能源汽车的能源利用率仍高于燃油汽车。另外，新能源汽车车用蓄电池可利用夜间富余的电力进行充电，从而避免大量富余电力的浪费，提高电网电能的利用率。新能源汽车还可在减速、制动和下坡时，将电动机转换为发电机，实现能量回馈，进一步提高了能量的利用率。

与世界发达国家相比，我国的汽车工业起步较晚，但是，在新能源汽车的研制与开发上，我国几乎与世界同步，在某些核心技术领域（如动力电池），我国甚至还处于领先地位。我国的新能源汽车企业可以充分利用核心技术优势和生产成本优势迅速做强做大，成为新能源汽车时代的领跑者，并培育出一批新的全球领先整车企业和一批在电动汽车关键零部件产业领先的企业，实现中国汽车产业的跨越式发展。

新能源汽车作为各种高新技术结合的产物，其发展与进步要求当前工业水平相应地发展与进步。一个国家的汽车发展水平在一定程度上反映了国家工业发展的整体水平，在一定程度上代表了其核心科学技术的竞争力。当前世界各国在汽车领域内的竞争，实质上就是各国核心科学技术的竞争。通过新技术、新工艺、新能源和新材料的综合运用，不断抢占科技创新的制高点，开发各种新能源汽车，已成为我国汽车工业迅速崛起的重要途径之一。

（二）新能源汽车仍需要解决的关键问题

新能源汽车要向前发展，还面临许多需要解决的关键问题，如车载电源、电动机及驱动控制系统和能量管理系统等。

1. 车载电源

车载电源的性能及成本是制约新能源汽车发展的关键问题，它实际上已成为新能源汽车产业化的瓶颈。

（1）蓄电池

目前，纯电动汽车产业化的较大问题是一次充电的续航里程、汽车的价格和使用成本，而蓄电池是这些问题的关键所在。要实现电动汽车的产业化，对蓄电池的比能量和能量密度、比功率和功率密度、快速和深放电的能力、自放电率、充放电效率、使用寿命、安全性、成本、环保、可回收性等均有比较高的要求。到目前为止，现有的各类蓄电池没有一种可以同时达到各项基本要求。

在电动汽车上使用最早的铅酸蓄电池具有比功率高、价格低等优势，但其比能量低，一般为40 W · h/kg左右，因此使用铅酸蓄电池的电动汽车的车载能量少，续航里程短，最高车速、最大加速能力、最大爬坡能力都受限制。由于铅酸蓄电池性能继续提高的潜力不大，因此世界各国都在研究与开发新的蓄电池，如镍氢、钠硫、锂硫化二铁、锂聚合物和锂离子蓄电池等。相比于铅酸蓄电池，这些蓄电池具有比功率大、寿命长、充放电效率高、可快速充电等许多优点，已在一些电动汽车上得到应用。但是要使电动汽车产业化，蓄电池的研究与开发还有许多工作要做。

（2）燃料电池

燃料电池将燃料的化学能直接转化为电能。虽然质子交换膜燃料电池是十分具有前途的汽车动力源，但是目前在相关领域的许多关键技术尚未完全突破，原因有以下几点。

（1）至今尚未找到可以完全代替稀有贵金属铂的催化剂。

（2）由于技术不成熟，质子交换膜和极板无法大批量工业化生产。

（3）电堆的热管理系统还处于实验室阶段。

（4）氢燃料的制备、储存和运输的基础设施投资巨大，在关键技术和成本等方面还存在需要解决的难题。

（5）成本高依然是目前制约燃料电池电动汽车发展的最大障碍。

因此，燃料电池电动汽车要实现产业化，还有许多需要攻克的难关。

2. 电动机及驱动控制系统

电动机的作用是将电源的电能转化为机械能，并通过传动机构驱动车轮转动。电动机及其控制器的性能对新能源汽车的动力性和经济性均有较大的影响。对新能源汽车电动机及其控制器的基本要求如下。

（1）启动转矩大且具有较宽的恒功率范围。

（2）功率密度高，具有较大的转速范围（足以覆盖恒转矩区和恒功率区）。

（3）具有快速的转矩响应特性。

（4）在转矩/转速特性的较宽范围内具有高的效率。

（5）再生制动时的能量回收效率高。

（6）在各种工作环境下的工作可靠性好，并且工作噪声小。

（7）结构尺寸小、质量小、成本低。

20 世纪 60 年代到 80 年代初，新能源汽车大都采用有刷直流串励电动机，这种电动机的控制较为简单，但由于电刷的限制，转速不能太高，因此质量大、尺寸大、效率较低，电动机的故障率高。80 年代后期至 90 年代，滑差控制、矢量控制、直接转矩控制等交流电动机的调速技术日趋成熟，交流电动机驱动系统在新能源汽车上的应用逐渐增多。近年来，开关磁阻式电动机驱动系统开始在新能源汽车中应用，具有效率高、动态响应好、高启动转矩和低启动功率等特点，但在降低噪声和转矩波动、电动机模型和控制技术等方面还需要进一步的提高。

研发更高效的电动机，匹配更优化的控制技术，使新能源汽车的驱动控制系统达到理想的工作状态，这是新能源汽车发展过程中必须解决的关键问题之一。

3. 能量管理系统

能量管理系统的作用是充分发挥新能源汽车有限的车载能量，延长新能源汽车的续航里程和蓄电池的使用寿命。因此，要求能量管理系统所具有的功能主要如下。

（1）对蓄电池组的电压与电流进行监测。

（2）对蓄电池组的终止充放电进行控制。

（3）对蓄电池组中单个蓄电池状态进行监测，并进行蓄电池均衡充电控制。

（4）能在减速与制动时进行能量回收控制等。

由于准确、可靠的蓄电池模型的建立，蓄电池荷电状态（state of charge，SoC）参数的监测技术等还有待进一步提高，因此，研究并开发出一个理想的新能源汽车能量管理系统是今后新能源汽车产业化进程中需要攻克的技术难题。

第二节 新能源汽车电机特征与要求

在新能源汽车中驱动电机取代发动机，并在电机控制器的控制下，将电能转换为动能来驱动车辆行驶。其中，在纯电动汽车和燃料电池汽车中，驱动电机是唯一的动力装置；在串联式混合动力汽车中，驱动电机是主要的动力装置；在并联式混合动力汽车中，电动机是辅助动力装置。新能源汽车与传统燃油汽车最重要的区别在于新能源汽车全部以驱动电机为动力装置。

一、驱动电机的基本特征

电机，也称驱动电机，是一种将电能转化成机械能，并可再使机械能产生动能，用来驱动其他装置的电气设备。驱动电机对于新能源汽车而言就像人的心脏一样重要，它负责给整车提供驱动的力，是新能源汽车驱动系统的核心部件之一。驱动纯电动汽车和混合动力汽车的电机需要在各个转速下均能够产生转矩。汽车用驱动电机在中速以下时要求恒定功率输出，转矩与速度组合决定电机的运转情况，根据坡道起步、急加速、行驶区域、高速巡航等不同的行驶状态，会发生很大的变化。新能源汽车采用的驱动电机有以下特征，如图 1－12 所示。

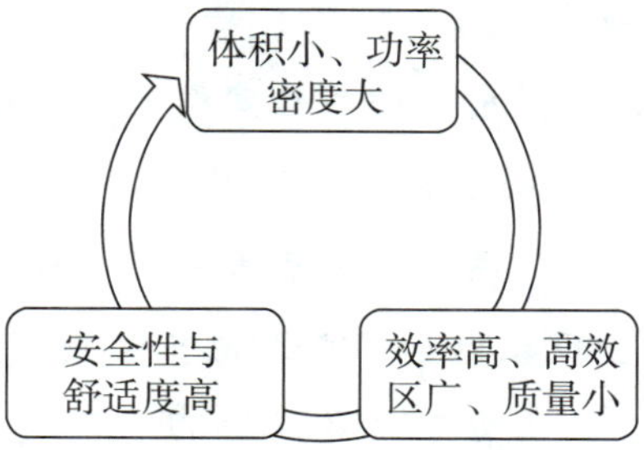

图 1－12 驱动电机的基本特征

（一）体积小、功率密度大

由于新能源汽车的整车空间有限，因此要求驱动电机的结构紧凑、尺寸小。这就意味着电机系统（驱动电机＋电机控制器）的尺寸将受到很大限制，电机设计厂家必须想尽办法缩小驱动电机的体积，即提高电机的功率密度和转矩密度。尤其是民用的乘用车，对电机的体积限制要求很高，因此业内一般的解决方案是选用高功率密度的永磁同步电机作为驱动电机。

（二）效率高、高效区广、质量小

新能源汽车的续航里程一直是短板，而提升续航里程的方法就是提升驱动电机的效率，保证每千瓦时电都能发挥最大的用处。驱动电机的高效工况区要广，保证汽车在大部分工况下都处于高效状态。减小电机质量，也能间接降低整车的功耗，实现续航里程提升。

（三）安全性与舒适度高

针对汽车用户的体验，对于新能源汽车驱动电机，还需关注电机自身的安全性和舒适度。安全性可以理解成电机的可靠性，即电机在恶劣环境下能否正常工作。可通过高低温箱试验来进行安全性能检测。舒适度，即电机在运行时是否会对驾驶人产生体验上的不适，关注的是电机运行时的振动和噪声情况。

知识拓展

1. 电机的发展历史

1820 年，丹麦物理学家奥斯特发现了电流磁效应，他将导线的一端和伽伐尼电池正极连接，导线沿南北方向平行放在小磁针上方，当导线另一端连接到负极时，磁针立即指向东西方向，把玻璃板、木片、石块等非磁性物体插在导线和磁极之间，甚至把小磁针浸在盛水的铜盒子里，磁针照样偏转。随后，安培通过总结电流在磁场中所受机械力的情况建立了安培定律。

1821 年，法拉第发现通电的导线能绕永久磁铁旋转以及磁体绕载流导体的运动，第一次实现了电磁运动向机械运动的转换，从而建立了电机的实验室模型，被称为世界上第一台电机。

1824 年，法国人阿拉果转动悬挂着的磁针时发现其外围环上受到机械力；次年，他重复这一实验时发现外围环的转动又使磁针偏转，这些实验为后来感应电机的出现奠定了基础。

1831 年，法拉第发现了电磁感应现象以后不久，他又利用电磁感应发明了世界上第一台真正意义上的电机——法拉第圆盘发电机。这台发电机构造与现代的发电机不同，在磁场中转动的不是线圈，而是一个紫铜做的圆盘。圆心处固定一个摇柄，圆盘的边缘和圆心处各与一个电刷紧贴。用导线把电刷与电流表连接起来，铜圆盘放置在蹄形永磁体的磁场中，当转动摇柄使铜圆盘旋转起来时，电流表指针偏向一边，电路中产生了持续的电流。亨利对法拉第的电机模型进行改进，制作了一个简单的装置（振荡发电机）。该装置的运动部件是在垂直方向上运动的电磁铁，当它们端部的导线与两个电池交替连接时，电磁铁的极性自动改变，电磁铁与永磁体相互吸引或排斥，使电磁铁以每分钟 75 周期的速度上下运动。这项发明第一次展示了由磁极排斥和吸引产生的连续运动，是电磁铁在电机中的真正应用。

2. 电机驱动与发动机驱动相比的技术优势

发动机能高效产生转矩时的转速被限制在一个较窄的范围内，为此需通过庞大而复杂的变速机构来适应这一特性，而电机可以在相当宽的速度范围内高效地产生转矩。

电机实现转矩的快速响应性指标要比发动机高出两个数量级，按常规来说，电气执行的响应速度都要比机械机构快几个数量级，因此随着计算机电子技术的发展，用先进的电气控制来取代笨重、庞大而响应滞后的部分机械、液压装置已成为技术进步发展的必然趋势。它不但使各项性能指标大大提高，也将使制造成本降低。

二、电机使用的环境与要求

新能源汽车用电机与工业用电机有很大不同。在新能源汽车上，电机是将电源的电能转化为机械能，并通过传动机构驱动车轮转动的动力装置。

（一）电机使用的环境

电机在新能源汽车上使用的环境特点包括以下几点。

1. 工况转换频繁

新能源汽车在行驶过程中，经常需要启动/停车、加速/减速、上坡/下坡等，电机的负载随之改变。因此，电机作为新能源汽车驱动力，其输出转矩和功率变化频繁。

2. 在冲击、震动的环境下工作

新能源汽车运行时的颠簸与震动都会传递给电机。此外，电机需要承受汽车在紧急制动急转弯、急加速时的惯性力。因此，新能源汽车用电机是在冲击、震动的环境下工作的。

3. 车载电源能量有限

新能源汽车的电源，包括动力电池、燃料电池、辅助动力单元的能量是有限的。当能量用尽时，需要停止新能源汽车的运行，通过充电、添加燃料来补充能量。

4. 电机本身也是负载

电机需要随着新能源汽车一起运动。电机及其控制器本身的质量是汽车质量的一部分。因此，电机和控制器本身是汽车动力装置的负载，需要消耗其输出的机械能。

（二）电机使用要求

新能源汽车特殊的工作环境对新能源汽车用电机有比普通电机更高的要求，主要体现在以下几个方面。

1. 电机的过载能力强

为保证车辆有良好的动力性，同时减小电机自身的质量和确保电机的工作效率，电机的功率不宜过大，要求电机的瞬时功率和最大转矩都要大，即要求电机短时过载能力要强，以满足新能源汽车起步、加速和上坡时的动力需要。

2. 电机的调节性能好

为适应新能源汽车行驶工况的频繁变化，要求电机有较宽的调速范围和理想的转矩调节特性，可实现低速恒转矩调速和高速恒功率调速。

3. 电机的效率高、逆向工作性能好

电机在整个运行过程内，均应有很高的效率，以节约电能，提高新能源汽车一次充电的续航里程。驱动电机可在发电机状态下高效工作，以实现新能源汽车制动能量回收，进一步提高新能源汽车的续航里程。

4. 电机工作可靠性好、结构尺寸小

新能源汽车的驱动电机应该能够在恶劣的环境下长期正常、稳定、可靠地工作，并且使用与维护方便。电机的结构尺寸小、质量小（普通电机质量的1/3～1/2），以利于新能源汽车整车的空间布

置，减轻车重，提高新能源汽车的动力性和经济性。

5. 低成本

在满足性能要求的前提下，必须考虑新能源汽车各零部件的成本，驱动电机的成本高低是决定新能源汽车能否产业化的一个重要因素。

第三节 驱动电机系统的发展趋势

一、驱动电机的发展趋势

交流感应电动机的显著特点是结构坚固，这一特性的存在使其即使在高速运行时也不用非以大体积的形态存在，同时可以在控制策略不断优化下提升效率，因此在生活中存在很多应用交流感应电动机驱动系统的情况，比如高科技发展下的新能源汽车。

当前，控制系统仍然存在很多问题，如性能低、效率低下、质量不合格、体积过大等，这些问题均需要去逐步解决，不断提升性能与质量，缩小占用空间，逐步向数字化与集成化拓展。稀土永磁电动机的性能方面相对优势较多，我国土地面积广阔，稀土的存储量相对较多，占世界整体比例的3/4左右，这一丰厚的资源为我国研究稀土永磁材料带来了得天独厚的条件，在为我国带来一定经济利益的同时进一步促进了我国高新技术的飞速发展，当然，其带来的社会效益也非常大。通过对稀土材料的不断开发，与稀土相关的科技发展也非常迅猛。

当前，我国对永磁电动机方向的相关控制技术已经遥遥领先，在我国的应用也非常广泛，在未来社会与科技发展中其应用与发展仍会发挥着不可替代的作用。我国丰富的稀土资源为永磁电动机的创新与发展打下了坚实的基础。

轮毂电机的使用范围也非常广，驱动系统切换自如，在使用过程中不仅可以用两个前轮驱动或两个后轮驱动，而且可以四个轮同时驱动。轮毂电机的驱动形式完全不同于传统内燃机，所有的驱动轮都相对独立，在一体化控制时更方便。

轮毂电机与内燃机汽车或单电机确定的形式相比有很多的优势，主要有以下四个方面。

第一，动力控制连接的转变，目前主要是从原有的硬连接变成了软连接。轮毂电机可以在零与最大转速之间随意改变，通过电子线控制，即使各驱动之间存在一定差速，也可以正常运转，使汽车整体使用简单明了，比如机械换档简化、传动轴简化等，让整体驱动效率得以提升，增加车辆使用便捷性的同时，提升整体内部空间。

第二，轮毂电机不同驱动轮中的驱动力控制是相对独立的，在控制过程中更灵活多样，让整体的动力输出更随心所欲，不仅在平整路段可以正常行驶，还可以满足恶劣路段正常行驶的需求。

第三，轮毂电机整体的能量回馈更加容易实现，比如电气制动等。

第四，轮毂电机整体的底盘结构更加简化，在进行车身设计的时候也可以有更多自由拓展空间。后期随着科技的发展，当实现底盘独立的时候可以将其与车身分离，在汽车开发时也会有更多的设计空间。

车辆的控制通过导入线实现，四轮驱动系统下的车辆性能将会提升，行驶过程中更加平稳，同时其转向半径也会相应减小，使用非常灵活，特定条件下还会出现零转向半径的情况，更加灵敏。

轮毂电机的优点非常多，比如整体控制灵活多变，在实现整体制动的同时可以优化车身控制，增大其设计空间，同时还可以实现能量回收等，这些优点的体现均有可能成为未来研究发展的方向。

随着科技的发展，驱动电机技术必然也会更新，不断采用新的技术及新材料等优化原有功能；使用新工艺不仅可以提升电动机的设计水平，也可以不断更新制造技术，优化电动机各项性能；缩小电动机体积，提升其质量要求也是其未来发展的方向之一，在保证其良好运营的基础上采用特殊工艺进行处理，达到所需要求。整体来说，交流电动机、永磁轮毂电动机及开关磁阻电动机均是未来科技着重发展的对象，其中以永磁轮毂电机为主要发展方向，之所以将其作为重点，离不开优越性能的展现，在未来必然会占据大部分市场。

二、电机控制系统的未来趋势

随着科技的发展，微电子技术已经逐渐成熟，DSP 电动机控制芯片的开发也不断更新，驱动电机控制可以通过软件进行，在提升整体性能的同时也在逐步简化其使用方式，升级其使用形式。当前在 CAN 总线技术下的数字控制系统已经在新能源汽车控制中占据了非常重要的地位，在其硬件组成中是不可缺少的一部分。

电动机控制技术不是单方面的，还包含执行机械技术、信息运行技术、信号检测技术以及电动机集成系统和驱动技术等。驱动控制系统，涉及的理论和学科也非常广泛，各项技术相互结合促进了驱动电机控制技术的发展，影响着生活的方方面面。理论的优化与设计的革新均是各项理论结合研究的成果，电动机理论与计算机技术相结合，电力电子技术和控制理论相融合等，逐步实现了车辆的运行要求。

非线性控制技术可以独立存在，也可以与电动机控制系统相结合，比如电动机控制技术和变结构控制、神经网遗传算法等相融合，不仅提升了精准度，还可以更好地处理各种非线性的问题，实现智能化的控制。非线性控制技术的提升使得各项应用区域简洁明了，同时还提升了电动机控制的性能，满足出行需求。

新能源汽车驱动系统的参数非常多，其中主要参数有：效率、尺寸、转矩、转速、可靠性、重量（质量）等。当然，驱动系统的设计也受多方面影响，整体系统是否相配，是否可以进行快速安装，所需电压是否能满足需求等，这些均会影响选择。随着科技的不断进步，驱动电机和机械传动或集成电路等融合将会成为其未来发展的方向，不同组合的优化会有不同的效果，满足不同的需求。

驱动电机控制系统的性能更好，整体结构也更为紧密，降低空间的同时，降低整体成本，这些优势的体现主要因为其没有位置传感器。这也是其在未来发展的一个方向。

整体来看，驱动电机的发展方向是小体积大容量，节能降本，提高性能，减少维护。驱动性能的不断优化在未来新能源汽车改进过程中不可缺少，影响也非常深远。

第四节 电机驱动系统结构与关键技术

一、新能源汽车电机驱动系统的组成

电机驱动系统是新能源汽车的核心组成部分，它由驱动电机、功率转换器、控制器、各种检测传感器和电源（蓄电池）组成，其任务是在驾驶员的控制下，高效率地将蓄电池的电能转化为车轮的动能，或者将车轮的动能反馈到蓄电池中，其基本组成如图 1－13 所示。

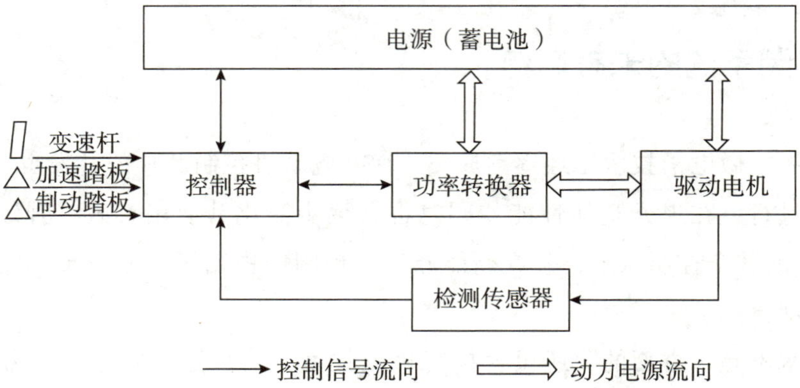

图 1－13　新能源汽车电机驱动系统的基本组成

新能源汽车初期主要采用直流电机系统，但是直流电机必须采用机械转向装置，需要经常维护，使用较麻烦。随着技术的不断发展，现代新能源汽车常用的电机驱动系统主要有异步电机系统、永磁无刷电机系统和开关磁阻电机系统。

功率转换器根据所选的电机类型不同，分为 DC－DC、DC－AC 两种不同的功率转换器。功率转换器的作用是根据所选的电机驱动的电流的要求，将蓄电池的直流电源转换成电压不变的直流、交流或脉冲电源。检测传感器主要对电压、速度、电流、转矩及温度等进行检测，从而调节电动机的转速特征。对于永磁无刷电动机和开关磁阻电动机，还要求检测传感器具有电动转角位置的检测功能。控制器的作用是根据驾驶员的操作，如操纵变速杆、加速踏板和制动踏板等，提供相应的前进、后退、起步、加速、制动等信号，以及处理检测传感器反馈的信号，通过计算和分析比较等，发出相应的指令，使整个电机驱动系统更有效地运行。

二、驱动电机的类型

驱动电机是新能源汽车电机驱动系统的核心部件。按照不同的分类方法，应用在各种新能源汽车上的驱动电机的类型不同。电机本身具有可逆性，可以作为电动机使用，也可以作为发电机使用，其性能的好坏直接决定了新能源汽车动力性的好坏。

（一）按电机的工作电源分类

按电机工作电源的不同，新能源汽车用驱动电机可分为直流驱动电机、交流驱动电机和方波驱动电机三类。

1. 直流驱动电机

直流驱动电机的核心是输入电机的电流方向不变。直流驱动电机有励磁式直流驱动电机和永磁式直流驱动电机两种。励磁式直流驱动电机的磁极为励磁绕组，通入电流后输出方向不变的磁场；永磁式直流驱动电机的磁极为永久磁铁，这种形式的电机在新能源汽车上很少应用。

2. 交流驱动电机

交流驱动电机通过控制器将电源的直流电转换为正弦波交流电，输入定子绕组后产生旋转磁场。交流驱动电机有交流异步电机和永磁同步电机两种。

3. 方波驱动电机

方波驱动电机通过控制器将电源的直流电转换为方波交流电或脉冲直流电。方波驱动电机有永磁直流无刷电机和开关磁阻电机两种。

新能源汽车用驱动电机的分类如图 1－14 所示。

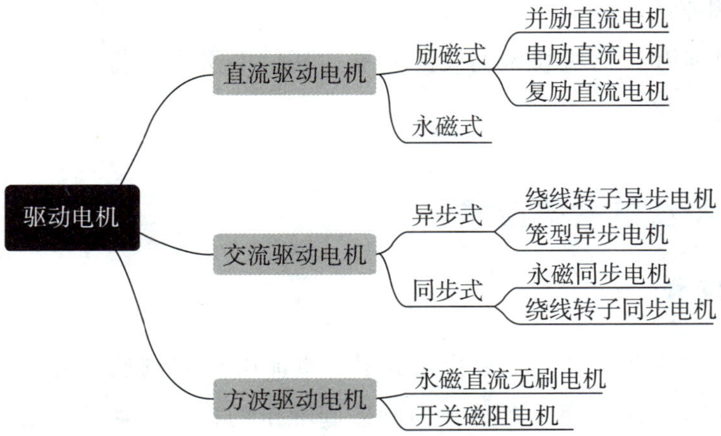

图 1－14　新能源汽车用驱动电机的分类

（二）按电机的结构与工作原理分类

按电机的结构与工作原理不同进行分类，可将新能源汽车电机驱动系统的驱动电机分为直流电机、直流无刷电机、异步电机、永磁同步电机和开关磁阻电机等。

1. 直流电机

直流电机具有启动加速时驱动力大、调速控制简单、技术成熟等优点。但是直流电机的电枢电流由电刷和换向器引入，在换向时产生电火花，换向器容易烧蚀，电刷容易磨损，维护成本较高。现阶段的新能源汽车基本不采用直流电机。

2. 直流无刷电机

直流无刷电机也可称为无刷直流电机，是一种性能非常高的电机。它不但有结构简单、运行可靠、维护方便等优点，而且运行效率高、无励磁损耗、运行成本低和调速性能好。因此，直流无刷电机在新能源汽车上的应用日益广泛。

3. 异步电动机

异步电动机又称感应电动机，是由气隙旋转磁场与转子绕组感应电流相互作用产生电磁转矩，从而将电能转化为机械能的一种交流电机。异步电机采用变频调速方式代替机械调速方式，实现无级变速，其传动效率大为提高。异步电机具有结构简单、坚固耐动、价格便宜、工作可靠、效率高和免维护等优点。

4. 永磁同步电机

永磁同步电机的结构与直流无刷电机相似，不同之处在于它采用正弦波驱动。永磁同步电机在具备直流无刷电机优点的同时，具有噪声小、体积小、转动惯量小、脉动转矩小、功率密度大、控制精度高等特点，特别适用于混合动力汽车电机驱动系统，可以达到减小体积、提高汽车加速性能和行驶平稳等效果。因此，永磁同步电机受到了全世界各大汽车生产厂家的重视。

5. 开关磁阻电机

开关磁阻电机是一种新型电机，结构简单、坚固、工作可靠、效率高，调速系统运行性能和经济指标比普通的交流调速系统好，并且具有很大的潜力，被公认为一种极有发展前途的新能源汽车驱动电机。随着电子技术和计算机技术的飞速发展，新的电机理论与控制方式层出不穷，推动了新的电机驱动系统的迅猛发展。

三、电机驱动系统的关键技术

（一）弱磁控制技术

目前，弱磁控制的应用非常广泛，刚开始多用于直流电机的调速，通常情况下对直流电动机来说想要输出较大的转矩需要满足两个条件，即满磁和额定的速度。如果想要增强转速，对应的转矩就会随之减小。当然，转速的增强也会减小对应的励磁，对于弱磁控制来说目前多用于直流调速器。

之所以有弱磁这个定义，主要是因为直流传动控制的原因。在对直流电动机转速进行数学计算时，其中的磁场和速度以反比例的函数关系呈现。通常情况下电动机控制方式主要采用恒转矩形式，当然采用此形式的前提是在额定转速之内，此时电机的速度随电压的增大而逐渐增大。在额定转速之外则通常会选择恒功率控制，顾名思义，此时的电枢电压相对保持在一定范围内，这时候电机的转速会随着磁场的不断增强而逐渐减小。

交流电动机的矢量控制之所以成型，离不开直流电动机模型控制，因此在对交流电动机调速控制进行定义时与直流电动机定义异曲同工，如果电动机的转速处于恒定状态，相应的电压、电流等参数都达到额定值；当电动机需要超过额定转速运行时，不可能再通过升压等方式提高转速，而需要进行弱磁控制；当交流电动机的电压为额定电压，频率超过额定频率时，就进入了弱磁控制调速区。

就具体的控制方式而言，如果电机使用弱磁控制，此时的转矩相对较低，但是对应的输出功率是固定的，之所以产生此种效应，主要是因为磁通减小，这时电流会受控制系统的限制，保持在恒定范围之内，当然，出现此种情况的前提必须是电流闭环。如果是在转矩闭环的前提下让电机采用弱磁控制，其磁通会相应减小，若要让转矩保持在恒定范围之内，则需要增加电流量，这个时候电机的输出功率较大。

（二）位置传感器控制技术

对于驱动电机控制系统，位置传感器本身存在四个缺点：第一，不仅增加了电动机的成本，同时其体积也有所增大；第二，位置传感器通过增大转轴惯性，改变了其中的性能，比如动态性能、静态性能；第三，增加传感器会增加其中的连接线路，整体系统的抗干扰能力大大降低；第四，当系统处于极端环境中时，位置传感器的存在会降低其可靠性，比如高温环境、腐蚀环境、常震动环境等。

当前对于无位置传感器的驱动电机控制系统的检测方法有很多，比如，反电动势过零点检测法、反电动势积分法、扩展卡尔曼滤波法、续流二极管检测法、涡流效应检测法等。

1. 反电动势过零点检测法

反电动势过零点检测法是目前技术最成熟、实现最简单、应用最广泛的转子位置检测方法。这种方法应用于三相六拍、绕组星形接法、120°两两通电方式的直流无刷电动机。其原理为：在直流无刷电动机稳态运行时，忽略电动机电枢反应的前提下，通过检测关断相反电动势的过零点来获得永磁转子的关键位置信息，从而可以控制绕组电流的换相，实现电动机的运行。这种方法用三相低通滤波器和电压比较器所组成的电子电路取代传统的位置传感器，实现了转子位置信号的获得。目前应用最广泛的就是这种方法，尤其是在家电领域。

2. 反电动势三次谐波积分检测法

反电动势三次谐波积分检测法适用于120°导通、绕组星形接法的无刷直流电动机的控制系统，由于梯形波的反电动势必然包含三次谐波分量，因此对此分量进行积分，当积分值为零时即可获得相应的转子位置信息。其实现方法是在三相星形绕组上并联一个星形电阻网络，通过电阻网络中性点与直流侧中点之间的电压获得三次谐波，省去了电动机绕组与电阻网络两中点之间的连线。相比而言，采用反电动势过零点检测法的调速范围为1 000～6 000 r/min，而反电动势三次谐波积分检测法可以获得更宽的调速范围（100～6 000 r/min），这种方法同样需要采用开环启动方式，但性能比反电动势过零点检测法更优越。

3. 续流二极管检测法

续流二极管检测法是通过检测法并联于逆变器功率开关管的续流二极管中非导通二极管的导通或截止情况来判断转子的磁极位置。这种方法实际上是对反电动势过零点的检测，但能够改善无刷直流电动机的低速性能，获得更好的调速范围（45～2 300 r/min）。由于静止时无法检测转子位置，仍需要开环启动方式，但是较好的低速性能改善了低速运行特性。这种方法的缺点是检测电路使硬件电路更加复杂，并增加了控制难度。

4. 反电动势积分法

反电动势积分法是对非导通相绕组的反电动势积分从而获得转子位置，当关断相反电动势过零点时开始对其绝对值积分，当积分值达到一个设定的阈值时停止积分，此时获得的转子位置，对应于转子绕组的环流时刻，改变阈值即可实现高速时为提高转矩而采取的换流相角度超前控制。因为低速时反电动势信息很弱，因此该方法同样需要采用开环启动方式。逆变电路功率开关管的开关噪声会影响这种检测方式的低速特性。

5. 磁链估计法

磁链估计法是利用测量定子电压和电流的方法而估算出磁链，然后根据磁链与转子位置的关系估算出转子位置。该方法包含两个电流环结构，即内环矫正磁链的估计值和外环调整位置的估算值。这种方法有较高的准确度，受被测量误差和电动机参数变化的影响较小，在从静止开始的宽调速范围内，该方法都能够准确地检测转子位置，可以应用于永磁同步电动机和无刷直流电动机的无位置传感器控制。

6. 扩展卡尔曼滤波法

扩展卡尔曼滤波法（EKF）常用于永磁同步电动机的无位置检测磁场定向控制中，但因其算法计算量大而限制了在实际中的应用。具有强大计算能力的数字处理器（DSP）解决了这个问题，DSP的快速计算能力实现了扩展卡尔曼滤波法的应用，保证了实时获得转子位置、转速和转矩信息，使系统的可靠性和运行性能提高。

7. 电感测量法

电感测量法就是通过检测内置式无刷直流电动机绕组电感的变化来判断出转子的位置。在内置式（IPM）无刷直流电动机中，电动机绕组电感和转子位置也有一定的对应关系，通过分析绕组星形接法的 IPM 无刷直流电动机，当两相绕组电感量相等的时刻对应于反电动势过零点时，磁势绕组中性点电位为直流侧中点电压，在空调压缩机的实验中，其调速范围为 500～7 500 r/min。尽管低速时反电动势很小，但中性点电位代表着转子位置信息，所以这种方法有良好的低速性能，但是需要对绕组电感进行实时测量，在具体的实现方式上难度较大。

8. 电流法

电流法是针对反电动势过零点检测法随速度改变而变化的相位差问题，进而提出了通过检测电动机定子相电流波形来判断转子位置的相电流检测电路，再与霍尔传感器进行对比的方法，在 696～3 174 r/min范围内该电路都能作为位置检测电路，很好地实现转子位置检测功能。

9. 涡流效应检测法

涡流效应检测法是在永磁转子表面粘贴部分非磁性导电材料，通过测量此材料中的涡流影响引起的开路相电压变化来判断出转子位置，保证无刷直流电动机在启动和低速时的可靠运行。因为该方法对电动机的结构有所改变，增加了电动机的设计加工难度，因此在实际应用中并不多。

10. 智能控制检测法

近年来，随着控制技术的不断发展，智能控制技术逐步从理论研究走向实践应用，利用模糊控制或神经网络控制策略建立电压、电流和转子位置的相互关系，基于检测到的电压和电流信号来估算转子位置，从而实现电动机无位置传感器控制的方法，就是一种典型的智能控制检测法。新能源汽车辅助系统的空调压缩机、高压散热风扇、高压水泵一般都采用无位置传感器控制方法。

（三）能量回收技术

能量回收技术也称为再生制动或回馈制动，是新能源汽车在制动或减速运行工况时把车轮的动能转换为电能，并反馈给动力蓄电池的一种制动方式。此工况下，驱动电机运行在发电状态。

能量回收技术是新能源汽车所独有的，在减速或制动时将车辆行驶的部分动能以电能的形式存储起来实现节能，采用能量回收技术后能够节省10%～20%的能量，可以有效延长新能源汽车的续驶里程。

驱动电机减速或制动都是通过逐渐减小驱动电机运行频率实现的，在频率减小的同时，电动机的同步转速会随之下降。而由于机械惯性的原因，电动机的转子转速并未降低，或是转子转速的变化有一定的时间滞后，这时就会出现实际转速大于给定转速，从而出现电动机反电动势高于其输入电压的情况。此时驱动电机就变成发电机，不但不消耗电能，反而可以通过电机控制器向动力蓄电池反馈电能，这样既可以获得良好的制动效果，又可以将动能转换为电能。

但是在能量回收的过程中，车辆的动能不可能全部转换为电能输送给动力蓄电池，损失的能量包括空气阻力、车轮滚动阻力、系统损耗、驱动电机损耗等。制动回收的电能是不确定的因素，不能作为可靠稳定的能量来源来计算车辆的动力性能，一般能量回收技术作为节约能源和延长续驶里程的辅助方式。

实践操作

驱动电机系统故障码和数据流的读取

任务准备

一、外围设备、工具的准备

为完成工作任务，每个工作小组需要向仓库工作人员提供借用工具清单，如表1－1所示。

表 1－1　电动汽车的电机驱动系统借用工具清单

序号	名称	数量	借出时间	学生签名	归还时间	学生签名	管理员签名
1							
2							
3							
4							
5							
6							
7							

二、团队分配方案

任务实施

设置驱动电机系统故障（如拔下熔断器等）。

1. 主要操作步骤

（1）检查车辆位置。

（2）确认车辆处于“OFF”挡，连接好诊断仪。

（3）起动车辆。

（4）确认故障现象。

（5）读取驱动电机系统故障码。

（6）读取驱动电机系统数据流。

（7）清除故障码并再次读取。

（8）整理设备，清洁场地。

2. 记录单

（1）填写车辆信息，见表 1－2。

表 1－2　车辆信息记录表

作业项目	作业内容
整车型号	
工作电压	
电池容量	
车辆识别代码	
电机型号	
里程表读数	

（2）读取驱动电机系统故障码和数据流，并记录在表 1－3 中。

表 1－3　驱动电机系统故障码和数据流记录表

<table>
<tr><th>作业项目</th><th>作业内容</th><th>备注</th></tr>
<tr><td>故障现象确认</td><td></td><td>确认故障症状
并记录症状现象</td></tr>
<tr><td>模块通信状态及
故障码检查</td><td></td><td>—</td></tr>
<tr><td>正确读取数据</td><td><table><tr><th>项目</th><th>数值</th><th>单位</th><th>判断</th></tr><tr><td></td><td></td><td></td><td></td></tr><tr><td></td><td></td><td></td><td></td></tr><tr><td></td><td></td><td></td><td></td></tr><tr><td></td><td></td><td></td><td></td></tr><tr><td></td><td></td><td></td><td></td></tr><tr><td></td><td></td><td></td><td></td></tr><tr><td></td><td></td><td></td><td></td></tr><tr><td></td><td></td><td></td><td></td></tr><tr><td></td><td></td><td></td><td></td></tr><tr><td></td><td></td><td></td><td></td></tr></table></td><td>—</td></tr>
<tr><td>清除故障码
并再次读取</td><td>确认故障码是否再次出现，并填写结果
□无 DTC：
□有 DTC：</td><td>—</td></tr>
</table>

在操作过程中还遇到了哪些问题，是如何处理的，记录在表 1－4 中，并写出解决方法。

表 1－4 操作过程情况记录表

所遇到的问题	解决方法

任务评价

一、成果展示

各小组派代表上台总结在完成任务的过程中，学会了哪些技能，发现错误后如何改正，并展示成果。

二、学生自我评估与总结

____

____

三、小组评估与总结

____

____

四、教师评估与总结

____

____

五、各小组对工作岗位的“6S”处理

在小组和教师都完成工作任务总结以后，各小组必须对自己的工作岗位进行“整理、整顿、清扫、清洁、安全、素养”，并归还所借的工具和实习工件。

六、评价表

表 1－5　电动汽车的电机驱动系统评价表

班级：________ 小组：________ 姓名：________		指导教师：________ 日　　期：________					
评价项目	评价标准	评价依据	评价方式			权重	得分小计
			学生自评 20%	小组互评 30%	教师评价 50%		
职业素养	1. 遵守企业规章制度、劳动纪律 2. 按时按质完成工作任务 3. 积极主动承担工作任务，勤学好问 4. 人身安全与设备安全 5. 工作岗位“6S”完成情况	1. 出勤 2. 工作态度 3. 劳动纪律 4. 团队协作精神				0.3	
专业能力	1. 确认故障现象 2. 能正确读取驱动电机系统故障码 3. 能读取驱动电机系统数据流 4. 清除故障码并再次读取	1. 操作的准确性和规范性 2. 任务或项目技术总结完成情况 3. 专业技能任务完成情况				0.5	
创新能力	1. 在任务完成过程中能提出自己的有一定见解的方案 2. 在教学或生产管理上提出建议，具有创新性	1. 方案的可行性及意义 2. 建议的可行性				0.2	
合计							

课程思政

2022 世界新能源汽车大会

2022 世界新能源汽车大会于2022 年8 月在京开幕。以新能源汽车为引领拓展绿色低碳实践，创建博鳌东屿岛零碳示范区，在环岛旅游公路打造高水平的智能网联汽车商业应用场景；以多业态融合推进全产业链发展；发挥自贸港功能优势，扩大开放合作；为新能源汽车发展营造良好营商环境，欢迎全球投资者积极布局海南，共享自贸港发展机遇和成果。

北京把发展新能源汽车作为构建高精尖经济结构的战略选择以及实现“双碳”目标的重要举措，加快打造全球新能源汽车技术创新和产业发展高地。我们将加强统筹谋划，以新能源核心技术突破为支撑，提高技术供给能力和产业发展能力。发挥重大项目带动作用，做强智能网联汽车产业链体系，培育具有国际竞争力的汽车品牌，建设世界级创新策源地和产业孵化基地。发挥先行先试政策优势，聚焦新能源、智能网联汽车未来发展需求，规划建设车、路、云、网、图五大支撑体系，营造支撑新能源汽车产业发展的一流生态环境。

中国坚持走绿色低碳、可持续发展道路，高度重视新能源汽车产业发展，统筹推进技术创新、推广应用和基础设施建设，推动新能源汽车产业发展取得积极成效。我们将锚定电动化、网联化、智能化发展方向，加强政策供给，推动汽车产业高质量发展。进一步优化发展环境，促进整车企业优胜劣汰和配套产业发展，落实支持政策。进一步支持协同创新，鼓励企业加大研发投入，支持组建产学研用协同创新联合体。进一步维护供应链稳定，支持各国企业加强分工协作和高效协同，推动产业链上下游贯通，促进资源要素和基础设施互联互通、高效运行。进一步深化国际合作，落实汽车行业开放措施。

世界新能源汽车大会是新能源汽车领域最高规格、最具影响力的年度大会。本届大会以“碳中和愿景下的全面电动化与全球合作”为主题，重点就全面电动化与绿色低碳转型、氢能与燃料电池汽车商业化、全球产业链协同与跨界融通等领域，汇聚全球政、产、学、研、各界进行深度研讨，并将形成和发布大会共识。

思考练习

一、选择题

1. 用(　　)产生唯一驱动力的电动汽车称为纯电动汽车。

A. 电动机　　B. 电池　　C. 燃油机　　D. 发动机

2. 纯电动汽车的特点是(　　)。

A. 无污染　　B. 加速快　　C. 噪声小　　D. 结构简单

3. 我国新能源汽车技术的发展方向是发展(　　)汽车。

A. 混合动力　　B. 燃料电池电动

C. 纯电动　　D. 燃油

4. 不属于电机驱动系统组成的是(　　)。

A. 发动机　　B. 电源　　C. 控制器　　D. 变速器

5. 直流驱动电机可分为(　　)和(　　)。

A. 永磁式　　B. 异步式　　C. 同步式　　D. 励磁式

二、填空题

1. 电机驱动系统是电动汽车的心脏，它由电机、________________、控制器、各种________________和电源（动力蓄电池）组成。

2. 按电机工作电源的不同，电动汽车用驱动电机可分为________________、________________和________________三类。

3. 异步电动机又称______________，是由气隙旋转磁场与转子绕组感应电流相互作用产生电磁转矩，从而将______________转化为______________的一种交流电机。

三、简答题

1. 简述新能源汽车的定义及其分类。

2. 试简述新能源汽车的发展方向。

3. 驱动电机的基本特征有哪些?

4. 简述新能源汽车电机驱动系统的组成。

5. 简述电机驱动系统的关键技术。

6. 简述新能源汽车电机驱动系统发展概况及面临的问题。

第二章

直流电机及其控制技术

本章导读

由于直流电机具有调速性能好、过载能力强、控制简单等优势，因此被广泛用于各种电气传动装置中，如城市无轨电车和电动叉车等。通过对本章内容的学习，读者进一步掌握直流电机的组成及工作原理，掌握直流电机和直流无刷电机的启动，调速及制动的原理和方法，并会进行直流电机的启动、正反转、制动控制线路的安装与调试，同时会进行直流无刷电机的装配及直流无刷电机的运行检测。

学习目标

1. 了解直流电机的类型与应用。
2. 熟悉直流电机、直流无刷电机的构造及基本工作原理。
3. 了解直流电机和直流无刷电机的特性。
4. 掌握直流电机和直流无刷电机的启动原理和方法。
5. 掌握直流电机和直流无刷电机的调速原理和方法。
6. 掌握直流电机和直流无刷电机的制动及正反转控制原理和方法。

素质目标

1. 弘扬伟大建党精神，培养学生踔厉奋发、勇毅前行，科技强国的信念。
2. 增强服务意识，培养学生爱岗敬业的奉献精神。
3. 提升学生民族自豪感，坚定必胜信念，焕发强烈的历史自觉和主动精神。

第一节 直流电机的类型与应用

一、直流电机的类型

直流电机分为绕组励磁式直流电机和永磁式直流电机。在电动汽车所采用的直流电机中，小功率电机采用的是永磁式直流电机；大功率电机则采用绕组励磁式直流电机。根据励磁方式的不同，绕组励磁式直流电机可分为他励式、并励式、串励式和复励式四种类型，其中复励式又分为差复励式和积复励式，如图 2－1 所示。

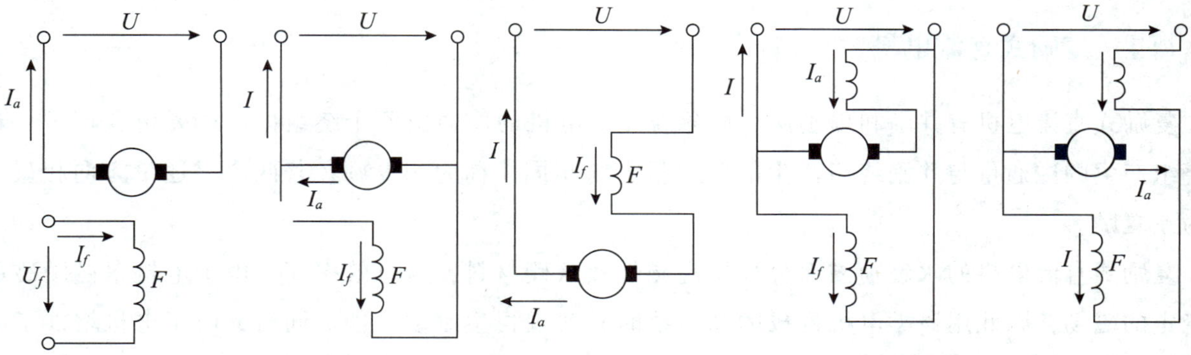

图 2－1 直流电机的励磁方式

(一) 他励式直流电机

他励式直流电机的励磁绕组与电枢绕组无连接关系，而由其他直流电源给励磁绕组供电，因此励磁电流不受电枢端电压或电枢电流的影响。

他励式直流电机在运行过程中励磁磁场稳定且容易控制，易实现电动汽车的再生制动要求。当采用永磁激励时，虽然电机效率高、重量（质量）轻和体积小，但由于励磁磁场固定，电机的机械特性不理想，难以满足电动汽车起动和加速时的大转矩要求。

(二) 并励式直流电机

并励式直流电机的励磁绕组与电枢绕组并联，共用同一个电源，性能与他励式直流电机基本相同。励绕组两端电压就是电枢两端电压，但是励磁绕组用细导线绕成，其匝数很多，因此具有较大的电阻，使得通过它的励磁电流较小。

（三）串励式直流电机

串励式直流电机的励磁绕组与电枢绕组串联后再接于直流电源，这种直流电机的励磁电流就是电枢电流。电机内磁场随着电枢电流的改变有显著的变化。为了使励磁绕组中不引起大的损耗和电压降，励磁绕组的电阻越小越好，所以串励式直流电机通常用较粗的导线绕成，匝数较少。

串励式直流电机在低速运行时，能给电动汽车提供足够大的转矩。在高速运行时，电机电枢中的反电动势增大，与电枢串联的励磁绕组中的励磁电流减小，电机高速时的弱磁调速功能易于实现，因此串励式直流电机驱动系统能较好地符合电动汽车的特性要求。但串励式直流电机由低速到高速运行时弱磁调速特性不理想，随着电动汽车行驶速度的提高，驱动电机输出转矩迅速减小，不能满足电动汽车高速行驶时风阻大而需要较大输出转矩的要求。

串励式直流电机运行效率低。在实现电动汽车的再生制动时，由于没有稳定的励磁磁场，再生制动的稳定性差。另外，由于再生制动需要加接触器切换，使得驱动电机控制系统的故障率较高，可靠性较差，并且此类电机的体积和质量也较大。

（四）复励式直流电机

复励式直流电机有并励和串励两个励磁绕组，电机的磁通由两个绕组内的励磁电流产生。若串励绕组产生的磁通量与并励绕组产生的磁通量方向相同，称为积复励；若两个磁通量方向相反，则称为差复励。

复励式直流电机的永磁励磁部分采用高磁性钕铁硼材料，运行效率高。由于电机永磁励磁部分有稳定的磁场，因此用该类电机构成驱动系统时易实现再生制动功能。同时，由于电机增加了励磁绕组，通过控制励磁绕组的励磁电流或励磁磁场的大小，能克服永磁他励式直流电机不能产生足够的输出转矩的缺点，以满足电动汽车低速或爬坡时的大转矩要求，且电机的质量和体积比串励式直流电机小。

二、直流电动机的应用

（一）直流电动机的性能要求

直流电动机的性能要求如图 2－2 所示。

1. 抗振动性

由于直流电动机具有较重的电枢，所以在颠簸的路况行驶时，车辆振动会影响到轴承所承受的机械应力，对机械应力进行监控和采取相应的对策是很有必要的。同时由于振动，很容易影响到换向器和电刷的滑动接触，因此必须采取提高电刷弹簧预紧力等措施。

2. 环境适应性

直流电动机作为新能源汽车的驱动电机，与在室外使用时的环境大致相同，所以要求在设计时充分考虑密封的问题，防止灰尘和水汽侵入电动机，另外还要考虑电动机的散热性能。

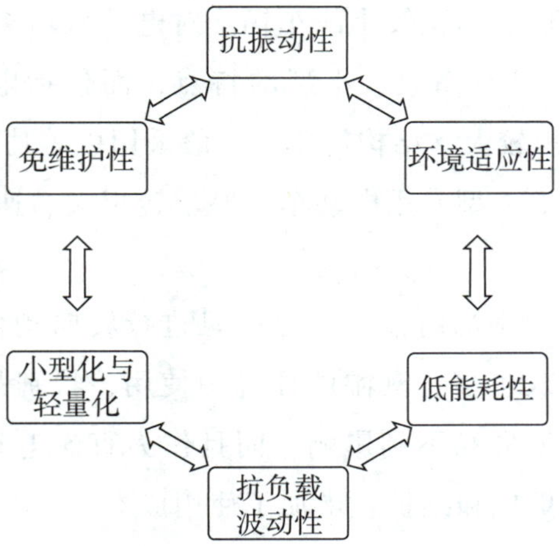

图 2－2　直流电动机的性能要求

3. 低能耗性

为了延长一次充电续驶里程以及抑制电动机的温升，尽量保持低损耗和高效率成为直流电动机的重要特性。近年来，由于稀土系列永磁体的研究开发，直流电动机的效率已明显提高，能耗明显减低。

4. 抗负载波动性

车辆在不同路况下行驶，电动机的负荷会有较大的变动，因此有必要对额定条件的设定加以重点考虑。在市区行驶时，由于交通信号密集及道路拥挤等因素，车辆启动、加速和制动等工况较频繁，不可避免地经常在最大功率下运行，此时电刷与换向器之间的电火花和磨损非常剧烈，因此必须注意换向极和补偿绕组的设计。在郊外行驶时，电动机的输出速度较高，转矩较低，一般要以高效率的额定条件运行，而直流电动机在高速运行情况下，对其换向器部分的机械应力和换向条件的要求会变得严格，因此在大型车辆的驱动系统中，大多设置变速器以达到提高启动转矩的目的。

5. 小型化与轻量化

为了要获得更大的车载空间以及减小整车质量，小型化和轻量化成为驱动电机的必然趋势。直流电动机的转子部分含有较大比例的铜，如电枢绕组和换向器铜片，所以与其他类型的电动机相比，直流电动机的小型化和轻量化更难以实现。目前可以通过采用高磁导率，低损耗的电磁钢板减少磁性负荷，虽然增加了成本，但可以实现轻量化。

6. 免维护性

对于电刷，根据负荷情况和运行速度等使用条件的不同，更换时间和维修的次数也是不同的。相应的解决方法是采用不损伤换向器的电刷材质，并且将检查端口设计得较大，以延长电刷使用寿命和便于维修、更换。

（二）直流电动机的应用分析

直流电动机作为新能源汽车的驱动电机使用时，串励式直流电动机和复励式直流电动机以及包括永磁直流电动机在内的他励式直流电动机应用较多。通常，包括电动观光车、警用巡逻车、电动自行车、电动叉车在内的速度较低、体积较小的车辆。对电动机功率的要求较低（低于 10 kW），因此一般使用永磁式直流电动机，具有高效、小型的特点；而包括电动火车在内、对动率需求稍高（10～100 kW）的车辆，要求转矩较大、结构简单，一般采用中等功率的电动机；此外，包括电动玻璃搬运车和电动矿石搬运车在内的大型专用电动车，要求转矩大、速度低，一般采用大于 100 kW 的串励式直流电动机。

直流电动机具有低转速和低功率的特点，但是一旦进行转向动作容易受到电磁的干扰，产生电火花，因此不适合在易燃易爆和灰尘多、潮湿的环境中使用，特别是对电子化程度较高的新能源汽车来说，电磁干扰会造成巨大的损失和不利影响，而且作为直流电动机主要部分的换向器和电刷在机械运转中很容易磨损，经常要更换和维护，增加了使用成本。

综合来看，直流电动机的高成本、大体积和质量大影响了直流电动机的稳定性和可靠性，大大缩减了使用范围，因此它在新能源汽车行业中的应用十分受限。如今，电子信息技术和电机控制技术不断进步和发展，诞生了许多种类的电动机，直流电动机与它们相比，没有太大的竞争优势。

第二节 直流电机的构造及工作原理

一、直流电机的结构

直流电机由定子与转子两大部分构成，定子和转子之间的间隙称为气隙，直流电机的结构如图 2－3 所示，直流电机的整体爆炸图如图 2－4 所示，爆炸图中的各部件如表 2－1 所示。

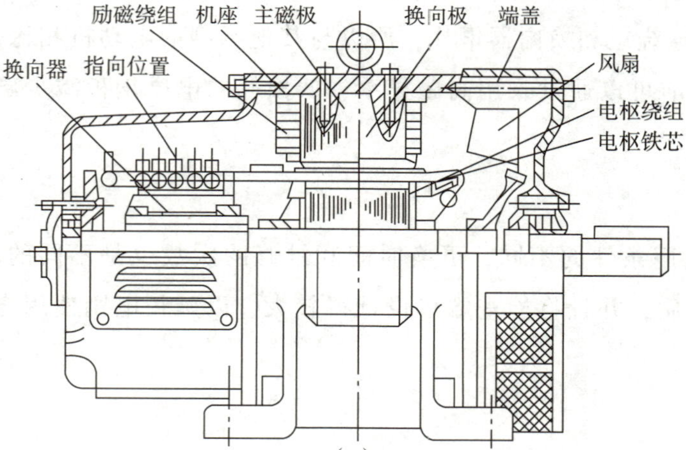

（a）

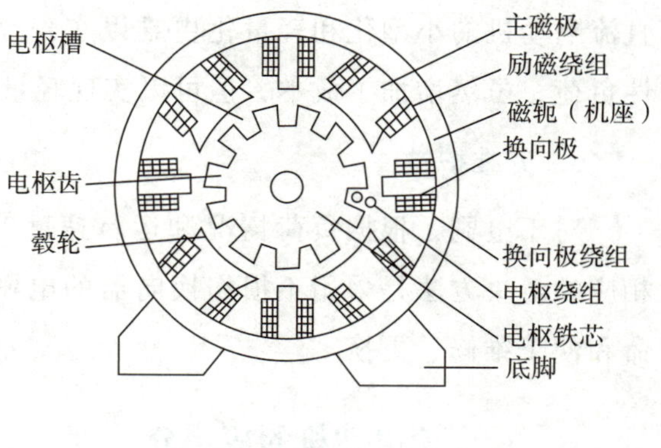

（b）

图 2－3　直流电机的结构

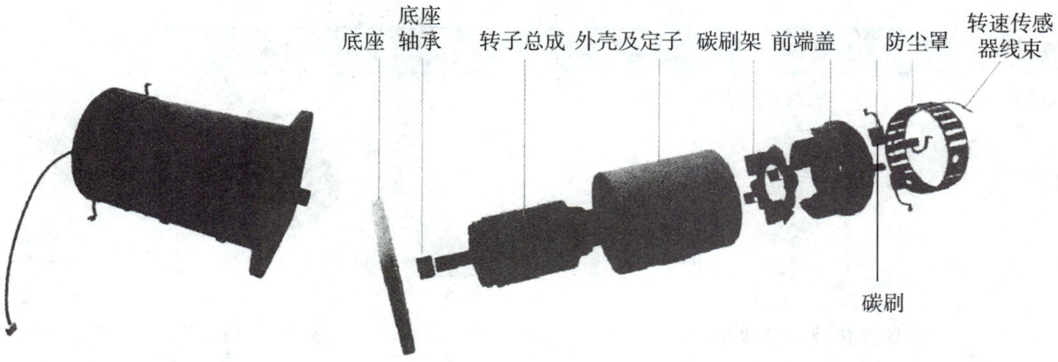

图 2－4　直流电机的整体爆炸图

表 2－1　爆炸图中的各部件

序号	名称	外观
1	底座	
2	底座轴承	
3	转子总成	
4	外壳及定子	
5	碳刷架	
6	前端盖	
7	碳刷	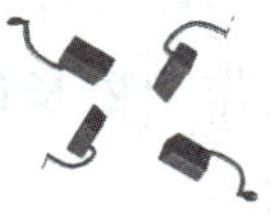

续表

序号	名称	外观
8	防尘罩	
9	转速传感器及线束	

（一）定子部分

定子的主要作用是产生气隙磁场，主要由主磁极、换向极、机座和电刷装置组成。

1. 主磁极

主磁极的作用是建立主磁场。主磁极由主磁极铁芯和套装在铁芯上的励磁绕组构成，主磁极结构如图 2－5 所示。主磁极铁芯靠近转子一端扩大的部分称为极靴，它的作用是使气隙磁阻减小，改善主磁极磁场分布，并使励磁绕组容易固定。为了减少转子转动时由于齿槽移动引起的铁耗，主磁极铁芯采用 1～1.5 mm 的低碳钢板冲压一定形状叠装固定而成。主磁极上装有励磁绕组，整个主磁极用螺杆固定在机座上。主磁极的个数一定是偶数，励磁绕组的连接必须使得相邻主磁极的极性按 N、S 极交替出现。

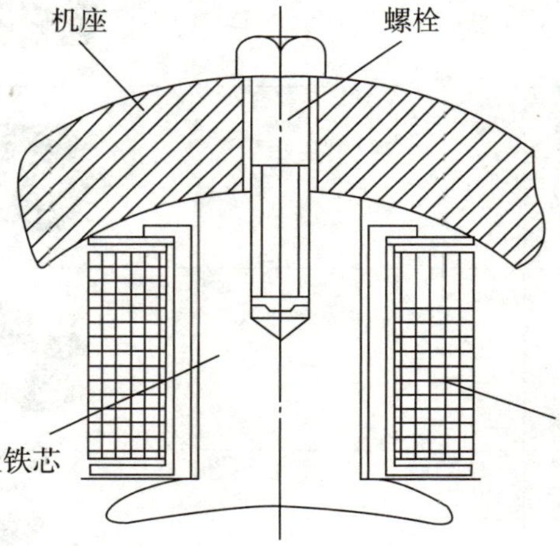

图 2－5　主磁极结构

2. 机座

机座一般用铸钢铸成或用厚钢板焊接面成，机座有两个作用：一个是用来固定主磁极、换向极和电机端盖；另一个作用是作为磁场的通路，其中的导磁部分称为磁轭。机座要具有良好的导磁性能、足够的机械强度和刚度。

3. 换向极

换向极是安装在两相邻主磁极之间的一个小磁极，它的作用是改善直流电机的换向情况，使直流电机运行时不产生有害的火花。换向极结构和主磁极类似，是由换向极铁芯和套在铁芯上的换向极绕组构成，并用螺杆固定在机座上，如图 2-6 所示。换向极的个数一般与主磁极的极数相等，在功率很小的直流电机中，也有不装换向极的。换向极绕组在使用中是和电枢绕组相串联的，要流过较大的电流，因此像主磁极的串励绕组一样，导线有较大的截面积。

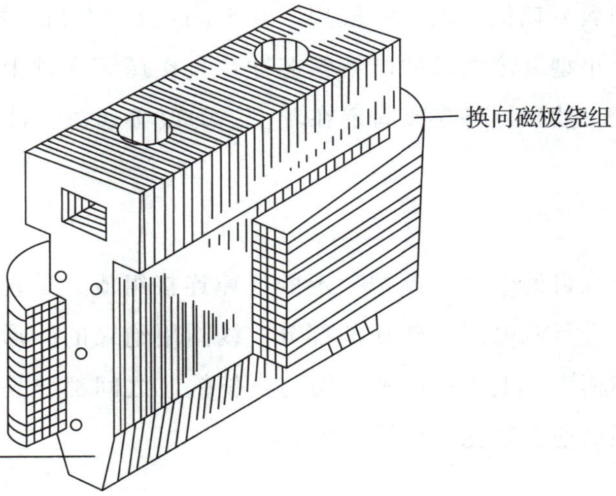

图 2-6　换向极结构

4. 端盖

端盖装在机座两端并通过端盖中的轴承支撑转子，将定子连为一体，同时端盖对直流电机内部还起防护作用。

5. 电刷装置

电刷装置的作用是把直流电压、直流电流引入或引出。电刷的数目一般等于主磁极的数目。电刷装置由电刷、电刷盒、刷瓣和压紧弹簧等部分组成，其结构如图 2-7 所示。电刷安装在电刷盒内，通过压紧弹簧将它压在换向器表面上，使它与换向器表面保持良好接触。

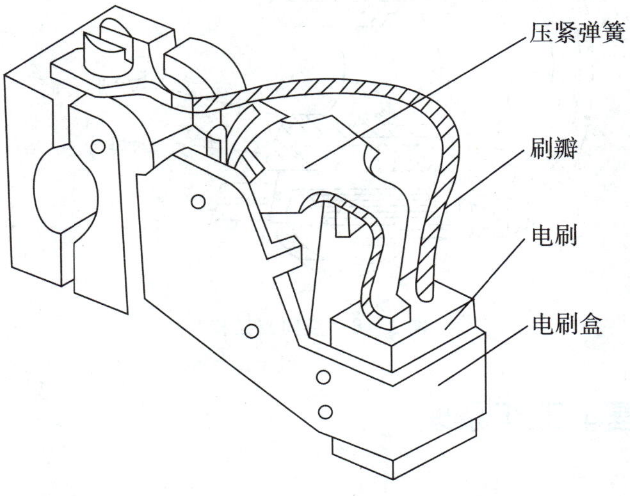

图 2-7　电刷结构

（二）转子总成

转子是直流电机的转动部分，俗称电枢。转子包括电枢铁芯、电枢绕组、换向器、转轴、轴承等。

1. 电枢铁芯

电枢铁芯既是主磁路的组成部分，又是电枢绕组支撑部分，电枢绕组嵌放在电枢铁芯的槽内。为减少电枢铁芯内的涡流耗损，铁芯一般用厚 0.5 mm 且冲有齿、槽的型号为 DR530 或 DR510 的硅钢片叠压夹紧而成。小型直流电机的电枢铁芯冲片直接压装在轴上，大型直流电机的电枢铁芯冲片先压装在转子支架上，然后再将支架固定在轴上。为改善通风，冲片可沿轴向分成几段，以构成径向通风道。

2. 电枢绕组

电枢绕组由一定数目的电枢线圈按一定的规律连接组成，是直流电机的电路部分，也是感应电动势、产生电磁转矩进行机电能量转换的部分。线圈用绝缘的圆形或矩形截面的导线绕成，分上下两层嵌放在电枢铁芯槽内，上下层以及线圈与电枢铁芯之间都要妥善地绝缘并用槽楔压紧。大型直流电机电枢绕组的端部通常紧扎在绕组支架上。

3. 换向器

换向器又称整流子。在直流发电机中，换向器的作用是把电枢绕组中的交流电转换为直流电向外部输出；在直流电动机中，它是外部的直流电转换成电枢绕组内的交流电，以保证电动机产生恒定方向的电磁转矩。换向器由许多鸽尾形状的换向片排成一个圆筒，其间用云母片绝缘，两端再用两个 V 形环夹紧而构成，如图 2－8 所示。每个电枢线圈首端和尾端的引线，分别焊接入相应换向片内。

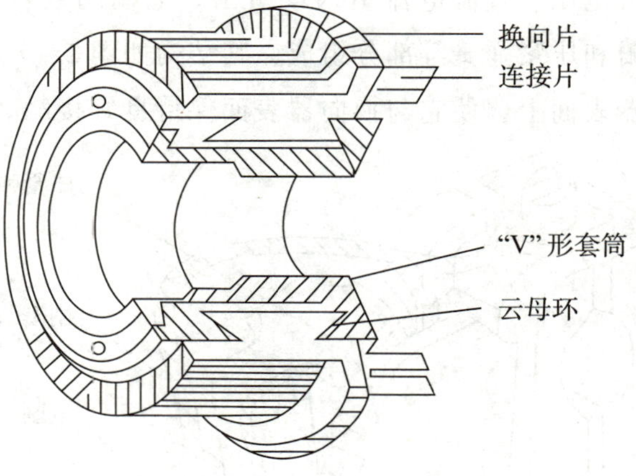

图 2－8　换向器结构

二、直流电机的基本工作原理

任何电机的工作原理都是建立在电磁力和电磁感应基础上的。为了更清楚直流电机的工作原理，可把复杂的直流电机结构简化为如图 2-9、图 2-10 所示的简单结构。此时，电机仅具有一对主磁极，电枢绕组只是一个线圈，线圈两端分别连在两片换向片上，换向片上压着电刷 A 和 B。

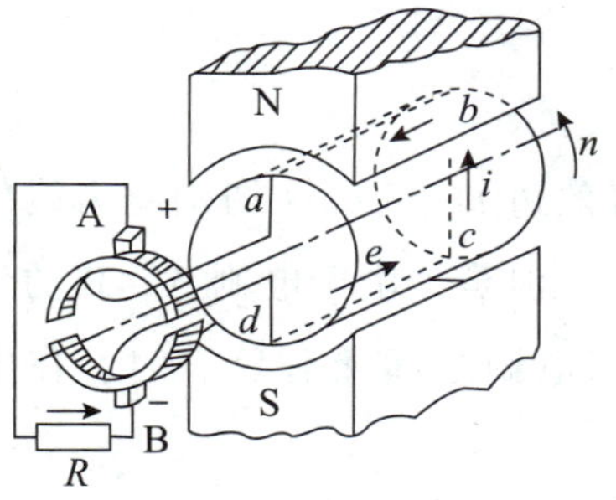

图 2-9　简化后的直流发电机结构

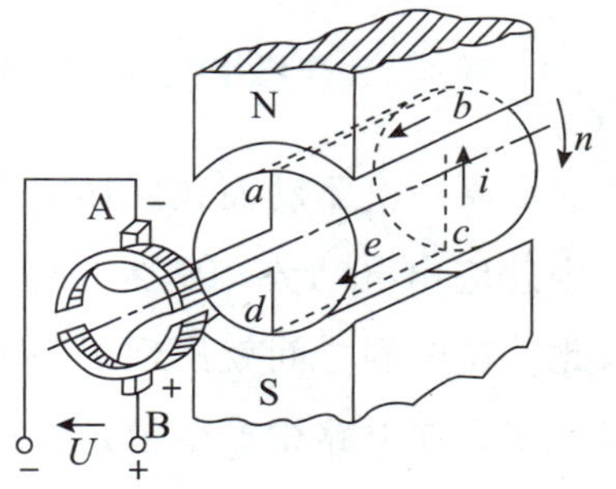

图 2-10　简化后的直流电动机结构

（一）直流电动机的工作原理

无刷直流电机的工作原理

图 2-11 为直流电动机的工作原理图，若给两个电刷加上直流电源，如图 2-11（a）所示，则有直流电流从电刷 A 流入，经过线圈 *abcd*，从电刷 B 流出，载流导体 *ab* 和 *cd* 受到电磁力的作用，其受力方向可由左手定则判定，两段导体受到的力形成了一个转矩，使得转子逆时针转动。如果转子转到如图 2-11（c）所示的位置，那么电刷 A 和换向片 2 接触，电刷 B 和换向片 1 接触，直流电流从电刷 A 流入，在线圈中的流动方向是 *dcba*，从电刷 B 流出。

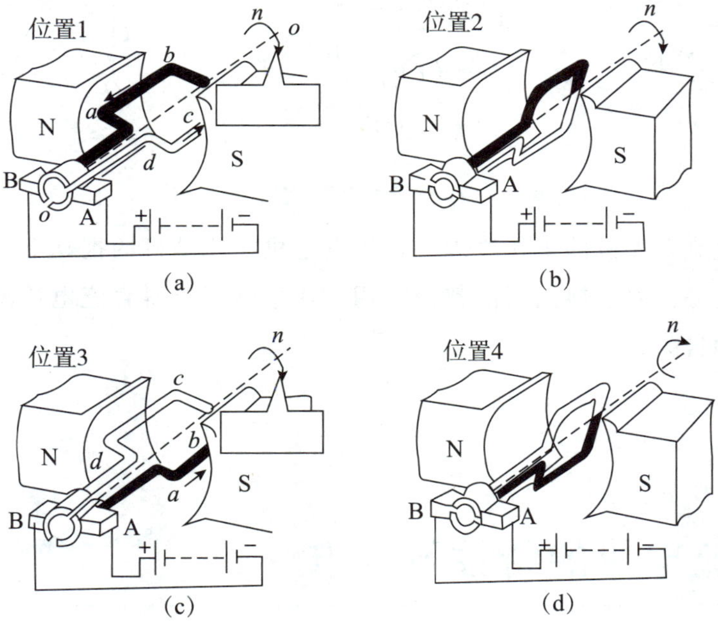

图 2-11　直流电动机的工作原理图

此时载流导体 *ab* 和 *cd* 受到电磁力的作用方向同样可由左手定则判定，它们产生的转矩仍然使得转子逆时针转动。外加的电源是直流的，但由于电刷和换向片的作用，在线圈中流过的电流是交流的，其产生的转矩的方向却是不变的。

由此可以归纳出直流电动机的工作原理：直流电动机在外加直流电压的作用下，在导体中形成电流，载流导体在磁场中将受电磁力的作用，由于换向器的换向作用，导体在进入异性磁极时，导体中的电流方向相应改变，从而保证了电磁转矩的方向不变，直流电动机能连续旋转，把直流电能转化成机械能输出。

（二）直流发电机的工作原理

电枢由原动机驱动而在磁场中旋转，于是在电枢线圈的两条有效边 *ab* 和 *cd*（切割磁力线的导体部分）中感应出电动势。显然，每一条有效边中的电动势是交流的。但是，由于电刷 A、B 的位置不变，因此，在电刷之间就出现了一个极性不变的电动势或电压，当电刷之间接有负载时，在电动势的作用下就会在电路中产生恒定方向的电流，如图 2－12 所示。

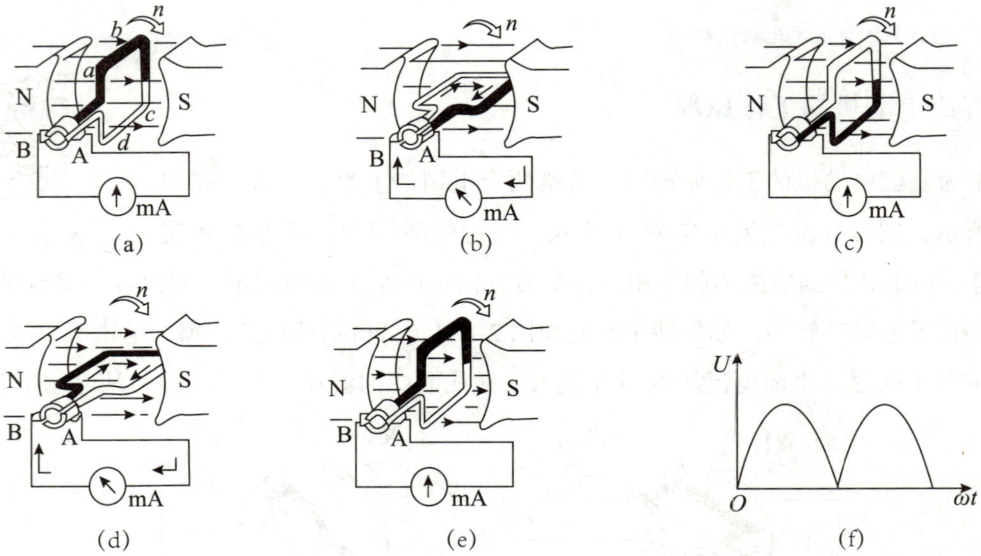

图 2－12　直流发电机的工作原理图

由此可以归纳出直流发电机的工作原理：直流发电机在原动机的拖动下旋转，电枢上的导体切割磁力线产生交流电动势，通过换向器的整流作用，在电刷间获得直流电压输出，从而实现了将机械能转化成直流电能的目的。

第三节　直流电机的特性及特点

一、电动汽车用直流电机的驱动特性

电动汽车用直流电机的驱动特性如图 2－13 所示。基本转速 n_b 以下为恒转矩区，基本转速 n_b 以上为恒功率区。在恒转矩区，励磁电流保持不变，改变电枢电压来控制转矩。在高速恒功率区，电枢电压不变，改变励磁电流或弱磁来控制转矩。直流电机的这种特性很适合汽车对动力源低速高转矩和高速低转矩的使用需求，而且直流电机结构简单，易于平滑调速，加之控制技术成熟，所以几乎所有早期的电动汽车都是采用直流电机。

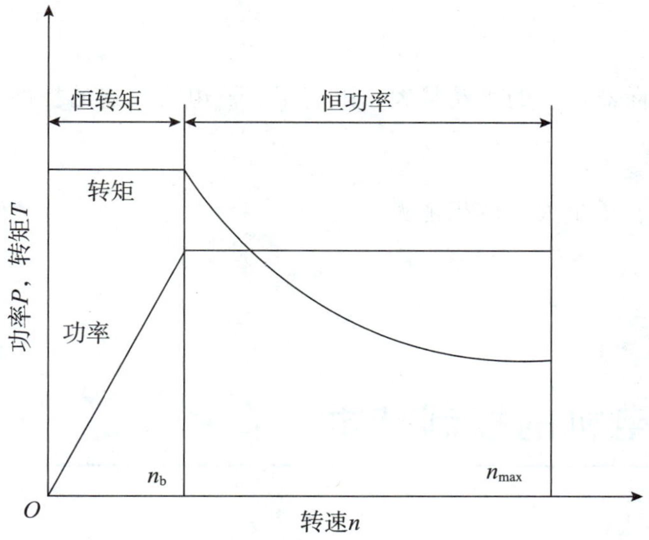

图 2－13　电动汽车用直流电机的驱动特性

二、直流电机的特点

（一）直流电机的主要优点

1. 调速性能良好

直流电机具有良好的电磁转矩控制特性，可实现均匀平滑的无级调速，具有较宽的调速范围。

2. 起动性能好

直流电机具有较大的起动转矩。

3. 具有较宽的恒功率范围

直流电机恒功率输出范围较宽，可确保电动汽车具有较好的低速起动性能和高速行驶能力。

4. 控制较为简单

直流电机可采用斩波器实现调速控制，具有控制灵活且高效、质量小、体积小、响应快等特点。

5. 价格便宜

直流电机的制造技术和控制技术都比较成熟，其控制装置简单、价格较低，因而整个直流驱动系统的价格较便宜。

（二）直流电机的主要缺点

1. 效率低

直流电机比交流电机的效率低。

2. 维护工作量大

有刷直流电机工作时电刷和换向器之间会产生换向，火花换向器容易烧蚀。

3. 转速低

转速越高，电刷和换向器产生的火花越大，限制了直流电机转速的提高。

4. 质量和体积大

直流电机功率密度低，质量大，体积也大。

第四节 直流电机的控制技术

一、直流电动机的控制过程

（一）直流电动机启动

对直流电动机启动的基本要求是：有足够大的转动转矩；启动电流要小于允许值。通常要求电动机的启动电流不要超过额定电流的 2～2.5 倍。

电磁转矩公式为

$$T_{em} = C_T \Phi I_a$$

式中，T_{em}为电动机转矩；C_T为转矩常数；Φ 为每极主磁通；I_a为电枢电流。从该公式来看，减小启动电流将使启动转矩随之减小，因此，通常是在保证有足够大的启动转矩前提下，尽量减小启动电流。另外，在启动前使气隙磁通尽可能大些，以便使一定的电枢电流产生较大的电磁转矩。因此在启动前应将磁场调节电阻短路，使励磁电流为最大值。

直流电动机常用的启动方法有直接启动、电枢回路串变阻器启动和降压启动三种方式，如图 2－14 所示。

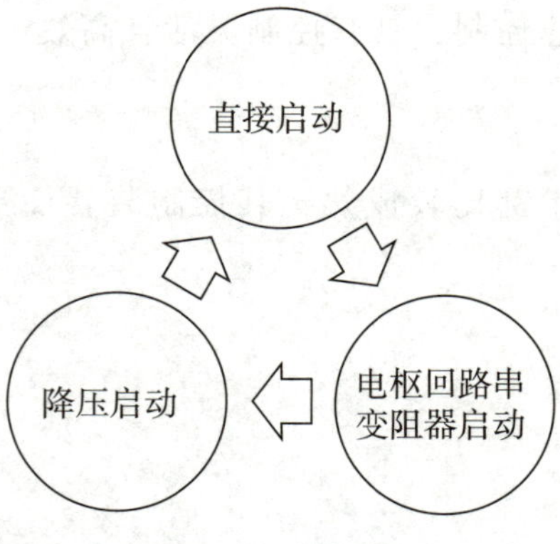

图 2－14　直流电动机启动

1. 直接启动

将电动机的电枢绕组直接投入额定电压的电源上，称为直接启动或全压启动。因为启动瞬间，转速$n=0$，电枢电动势等于0，故直接启动电流为

$$I_{st}=\frac{U_N}{R_a}$$

式中，I_{st}为启动电流；U_N为额定电压；R_a为电枢电阻。

由于电枢电阻$R_a<U_N$因而直接启动电流将达到很大的数值，可达10～20 A。如此大的启动电流，将造成电动机换向困难，出现强烈火花，并使电源电压发生瞬时跌落，影响同一电网上其他电力设备的正常运行。因此，直接启动只适用于小型直流电动机，其优点是操作简单，不需要复杂的启动设备。

2. 电枢回路串变阻器启动

为了限制启动电流，启动时可在电枢回路中串入启动变阻器。为了在启动过程中保持较大的启动转矩，加速启动过程，随着转速上升，应逐渐去除启动电阻，直到全部去除。

电枢回路串变阻器启动所需设备不多，在中、小直流电动机启动中广泛应用。其缺点是启动变阻器笨重，能耗较大，故容量较大的直流电动机宜采用降压启动。

3. 降压启动

开始启动时，电动机电枢两端加一个低电压，随着转速的上升，反电动势的增大，逐步升高电枢电压，直至额定值。这样可以使启动电流限制在一定范围内。

采用降压启动，需要一套调压电源。以前采用直流发电机作为调压电源，通过改变发电机的励磁电流来控制发电机的端电压大小。目前多采用晶闸管整流电源，通过调节晶闸管的触发信号来控制直流输出电压大小。降压启动法的优点是启动电流小，启动过程平滑，能量损耗少；缺点是电源投资较高。

（二）直流电动机调速

直流电动机具有良好的调速性能，能在宽广的范围内平滑而经济地调速，因此，在调速性能要求高的生产机械拖动系统中，仍然得到广泛的应用。

直流电动机有三种调速方法：电枢串电阻调速；降低电压调速；减弱磁通调速，如图2－15所示。因此，对直流电动机进行调速，实际上就是通过改变电动机的机械特性，使电动机的工作点运行在不同机械特性上，从而在一定负载下得到不同的转速。

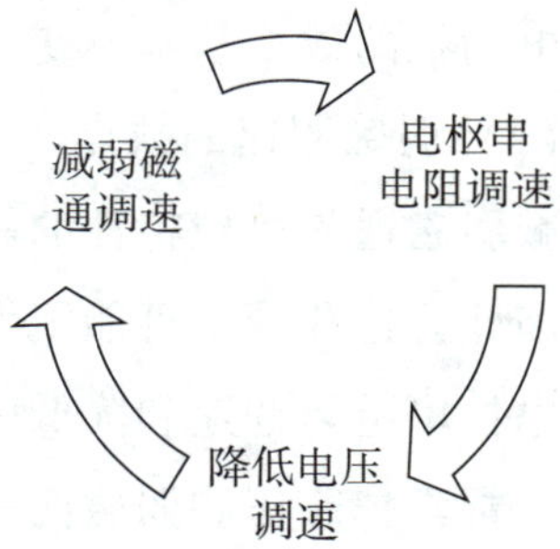

图2－15 直流电动机调速方法

1. 电枢串电阻调速

电枢回路串入的电阻越大，其工作点越低，电动机的稳态转速越低。电枢串电阻调速的优点是设备简单，操作方便；缺点是由于电阻只能分段调节，所以调速的平滑性差；低速时特性曲线斜率较大，转速的相对稳定性较差，限制了调速范围。

对于恒转矩负载，负载转矩保持不变，则调速前后电动机的电磁转矩 $T_{em} = C_T \Phi I_a$ 保持不变。由于磁通不变，所以调速前后电动机的电枢电流 I_a 保持不变，输入功率（$P_1 = U_N I_a$）也不变，但输出功率($P_2 \propto T_L n$)却随转速的下降而减小，减小的部分被串联的电阻消耗掉，所以电机的损耗较大，效率较低。而且转速越低，所串电阻越大，效率越低，所以这种调速方法是不经济的。

2. 降低电压调速

由于电动机的工作电压不允许超过额定电压，因此电枢电压只能在额定值以下进行调节。电压越低，对应的稳态转速也越低。

降低调速的优点是电源电压能够平滑调节，可以实现无级调速；调速前后机械特性的斜率不变，硬度较高，负载变化时，速度稳定性好；无论轻载还是重载，调速范围都相同，且调速范围较宽。降压调速需要一套电压可连续调节的直流电源，目前都采用晶闸管整流电源。

对于恒转矩负载，$T_{em} = C_T \Phi I_a =$ 常数，由于磁通不变，则调速前后电枢电流 I_a 保持不变。而输入功率（$P_1 = U_N I_a$）随电压降低而减小，输出功率（$P_2 \propto T_L n$）随转速的下降也减小，所以电机的功率基本不变。降压调速是一种经济的调速方法。

3. 减弱磁通调速

电动机额定运行时，其磁路已基本饱和，即使励磁电流增加很大，磁通也增加很少；从电动机的性能考虑也不允许磁路饱和。因此，改变磁通只能从额定值往下调。磁通越小，对应的稳态转速越高。

对于恒转矩负载，$T_{em} = C_T \Phi I_a =$ 常数。因为磁通 Φ 减小，所以调速后的稳态电枢电流大于调速前的电枢电流（I_a 与 Φ 成反比变化），这一点与前两种调速方法不同。以下是弱磁调速的特点。

（1）弱磁调速的优点

由于在电流较小的励磁回路中进行调节，因而控制方便，能量损耗小，设备简单，而且调速平滑性好。虽然弱磁升速后电枢电流增大，电动机的输入功率增大，但由于转速升高，输出功率也增大，电动机的效率基本不变，因此弱磁调速的经济性比较好。

（2）弱磁调速的缺点

减弱磁通使机械特性的斜率变大，特性变软；转速的升高受到电动机转向性能和机械强度的限制，因此升速范围不可能很大。

电枢串电阻调速和降低电压调速适合恒转矩负载，而弱磁调速适合恒功率负载。为了扩大调速范围，常常把降压和弱磁两种调速方法结合起来。在额定转速以下采用降压调速，在额定转速以上采用弱磁调速。

在使用直流电动机时，必须注意：并励电动机的励磁回路不允许断开，否则电动机有可能达到危险的高速而损坏。

（三）直流电动机反转

要改变电动机的转向，只需改变电磁转矩的方向。直流电动机电磁转矩的方向取决于电枢电流与主磁场的方向。因此，对于并励和他励电动机，改变转向有以下两种方法。

1. 改变电枢电流的方向

保持励磁电流方向不变，即主磁场方向不变，对调电枢绕组接入电源的两个出线端。

2. 改变主磁场的方向

保持电枢电流方向不变，对调励磁绕组接入电源的两个出线端。

若电枢电流和主磁场的方向同时改变，则电动机的转向将不变。在实际应用中，常采用改变电枢电流方向来使电动机反转。这是因为励磁绕组的电感大，励磁电流改变方向的过程较慢，时间较长，而且绕组改接瞬间会产生较大的自感电动势，易危及励磁绕组的绝缘。

二、直流电动机的控制方法

直流电动机的控制方法如图 2－16 所示。

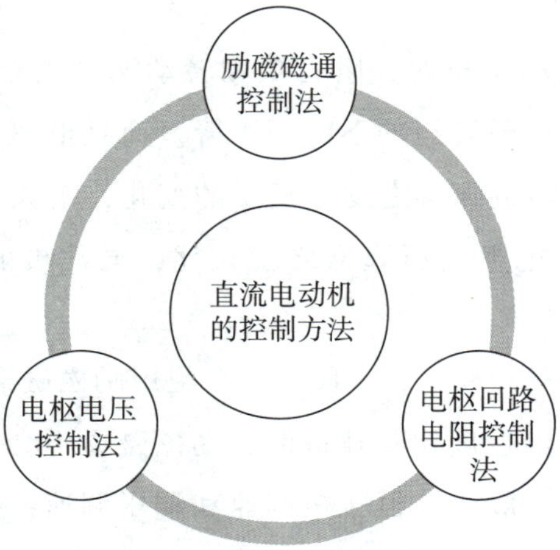

图 2－16　直流电动机的控制方法

（一）励磁磁通控制法

励磁磁通控制法适合对电动机基速以上的速度进行调节控制，具体来说是对励磁电流进行调节，让磁极磁通发生变化，从而改变电动机的转动速度。如果电动机中的电枢电流不会发生改变，那么恒功率调节速度的独特优势便能更好地彰显出来。这种控制方法具有较高的效率，缺点在于响应节奏较慢，速度调节范围较小，不超过 1∶3 的比例。

这种方式的调速过程是通过缩减磁通，让电枢在机械惯性力的作用下不会迅速下降转速，这个时间差使得反电动势立即减小，增强了电枢电流。同时磁极磁通下降的速度慢于电枢电流增强的幅度，进而增强了电动机的电磁转矩。若此时不改变电动机的阻力矩，则会推动转速提高。因此需增强电枢的反电动势，缩小电枢电流，使得阻力矩和电磁转矩处于平衡状态，此时电动机运行的转动速度远远比磁通缩减之前更快。

（二）电枢回路电阻控制法

电枢回路电阻控制法具有简便操作、简单控制的优点；缺点是调速电阻上电能消耗较大、调节速度平稳性较差、机械性较软，而且只能开展有级调速，一旦处于空载状态则无法调速，所以在新能源汽车中使用较少。具体来说，这种方法的作用原理是：在不改变磁极绕组励磁电流的前提下，让电枢回路的电阻发生变化，通过调节电枢电流控制电动机的转动速度。一旦电动机的负载达到一定范围，则需要通过主令开关和接触器增强外接的电阻，继而能增强电枢回路总电阻，缩减电动机的转动速度。

（三）电枢电压控制法

电枢电压控制法对调节控制处于基速以下速度的电动机比较适用，主要是让电枢的电压发生变化，达到对电动机转动速度进行调节控制的目的。直流电动机转动速度和电枢电压之间普遍存在线性调节关系，但是电动机的输出转矩在这个调节过程中不会发生改变，所以也被叫作恒转矩控制。这种方式适用于速度和范围较大、调控平稳性较强的状态，其速度调节比例一般是 1∶10，加上磁场调节的作用，甚至可以达到 1∶30。

具体工作原理是：当降低电枢电压时，阻力矩和转动速度尚未发生变化，便会降低电枢电流，同时，电枢的转动速度也会随着电磁转矩的下降而下降。而且电枢反电动势也会随着电枢转速发生同方向的变化，不断下降。电枢电流则与之发生相反的变化，增大了电磁转矩，使得它与电动机的阻力矩保持相互平衡的状态。与电枢电压降低之前相比，电动机的转动速度更慢，但运转也更加平稳。

在调节控制电流电动机的实际过程中，一般会联合使用励磁磁通控制方式和电枢电压控制方式，让两者协同合作。当电动机的转动速度比基速低时，励磁磁场不会发生变化。如果利用电枢电压的速度对电动机进行调节和控制，一般会用恒转矩调速和调压调速；如果电动机的转动速度比基速更快，可利用励磁磁通的调节作用对电动机转动速度进行控制，并用恒功率调速或弱磁调速表示。

三、直流电动机的故障检修

（一）换向器故障检修

电动机发生各类故障的先兆会集中体现在刷火异常上，如出现飞溅状、爆鸣状、火球状和明亮状等都是换向不良问题的表现。一般环境因素、机械因素、负载因素和电磁因素是造成刷火异常的主要原因。

如果电机换向出现问题，主要表现有：电刷工作面出现碎裂、振动、较大噪声、不均匀的磨损、温度过高、雾状的微小烧痕、边边角角有损伤等。究其原因，主要是电机火花过大、环境温度太高或者太低、电刷压力产生较大、电阻太高、粉尘太多、换向器重心偏移等。

如果换向器表面出现问题，主要表现为部分地方出现烧痕、隔片烧伤、换向片按圆周分布了许多不均匀的烧黑痕迹、隔着一个极距的烧伤等。出现这些问题的诱因包括刷火现象的产生、不平衡的转子、升高片开焊、不准确的电机定子中心位置、刷粉行为导致部分换向片发生短路现象、换向器的表层不够圆滑、分布不均匀的电刷电流等。

（二）电枢故障检修

短路故障和接地故障是电枢经常出现的问题。其中，电枢发生短路主要分为层间短路、换向片间短路和电枢绕组匝间短路。造成层间短路和电枢绕组短路的因素主要包括：潮气和酸类对绕组产生侵蚀；槽内的线圈不够紧实、线圈的绝缘属性受到机械力量的损害和破坏；电枢绕组使用时间过长导致老化或者长期过热。换向片间短路的问题最为常见，产生这种现象的因素主要包括：电粉尘进入 V 形云母环 3°的缝隙内；导电杂质和电刷灰进入换向器的云母沟里面和升高片的根部。

此外，电枢也会发生开焊、绕线断裂的问题，主要表现为出现大振动、大噪声、大的电枢电流波动，引起的因素有机体材料缺失、过大的负载和过大的电流。

（三）绕组故障检修

断路、接反绕组连接极性、降低绝缘电阻、匝间短路等故障是定子绕组常出现的故障问题。定子励磁绕组绝缘表面老化、受潮、覆盖炭粉和污垢是造成绝缘电阻降低的主要因素。如果励磁绕组发生多次匝间短路情况，就会在电机上集中表现为绝缘表面有烧焦印记、产生振动、绕组温度较高或者冒烟、迅速增强的励磁电流等。究其原因，主要包括检修或者搬运时不小心损伤了机械、油污或灰尘覆盖在线圈绝缘表面、进行重绕修理时导致 S 弯处发生匝间短路情况。接地故障产生的原因是对地绝缘磨损、铁芯对应的线圈不够紧实。励磁绕组发生短路或者接反情况会导致降低电动机转矩、启动较难或者无法启动等问题。

第五节　直流无刷电机

一、直流无刷电机的认知

直流无刷电机是在直流有刷电机的基础上发展起来的，出现在不同领域中，成为发展快、变化多的一种电机。目前直流无刷电机的应用范围已遍及国民经济的各个领域，并日趋广泛，特别是在家用电器、电动汽车、航空航天等领域已得到大量应用。

（一）直流无刷电机的结构

直流无刷电机本质上是由电子逆变器驱动的、由位置传感器反馈控制的交流永磁同步电机，就其基本组成结构而言，可以认为是由电机本体、转子位置传感器和电子开关线路三部分组成的“电动机系统”。直流无刷电机外形图如图 2－17 所示，基本结构如图 2－18 所示。电机本体在结构上是一台普通的凸极式同步电机，包括主定子和主转子两部分，主转子是用永久磁钢制成的一对磁极。

转子位置传感器由定子、转子两部分组成。

图 2－17　直流无刷电机外形图

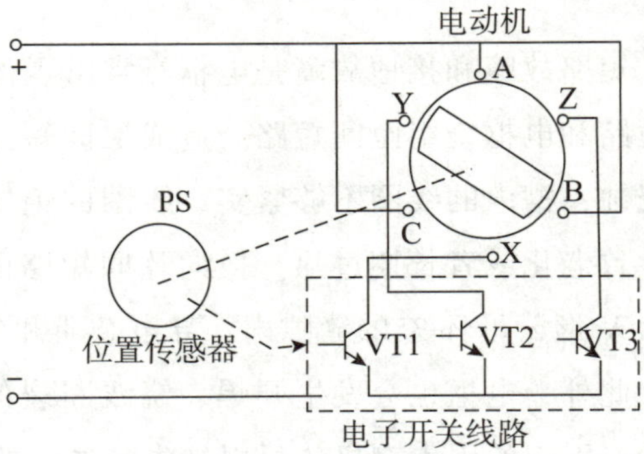

图 2－18　直流无刷电机的基本结构

1. 电机本体

直流无刷电机将普通直流电机的定子与转子进行了互换，其转子为永久磁铁，产生气隙磁通；定子为电枢，由多相绕组组成。在结构上，直流无刷电机与永磁同步电机类似。

2. 转子位置传感器

转子位置传感器是直流无刷电机的一个关键部件。转子位置传感器一般由定子和转子两部分组成，转子是用来确定电机本体磁极的位置的；定子是用来检测和输出转子位置信号的。目前在直流无刷电机中常用的转子位置传感器主要有以下几种：电磁感应式位置传感器、磁敏式位置传感器、光电式位置传感器。

如今大量应用的是基于霍尔效应原理的磁敏式位置传感器，其次是基于光电效应的光电式位置传感器，而电磁感应式位置传感器现在较少使用。除上述三种转子位置传感器外，还有正余弦旋转变压器和编码器等多种转子位置传感器，但这些元件成本高，线路复杂，因此在比较简单的直流无刷电机中很少使用。

（1）电磁感应式位置传感器

电磁感应式位置传感器是一种利用电磁感应来实现位置测量的传感元件，有开口变压器、铁磁谐振电路、接近开关等多种类型，其中开口变压器使用较多。

电磁感应式位置传感器原理如图 2－19 所示。电磁感应式位置传感器具有输出信号大、工作可靠、寿命长、使用环境要求不高、适应性强、结构简单紧凑等优点，但这种传感器信噪比较低、体积较大，而且输出波形为交流，一般经整流、滤波后方可使用，这极大地限制了其在普通情况下的应用。

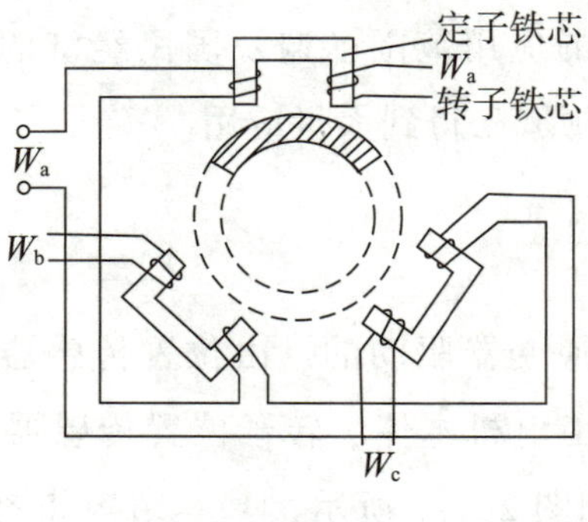

图 2－19　电磁感应式位置传感器原理

（2）磁敏式位置传感器

磁敏式位置传感器是指某些电参数按一定规律随周围磁场变化的半导体敏感元件。磁敏式位置传感器利用电流的磁效应进行工作，由与电机同轴安装、具有与电机转子同极数的永磁检测转子和多个空间均匀分布的磁敏元件构成。目前常用的磁敏元件为霍尔元件或霍尔集成电路，它们在磁场作用下会产生霍尔电势，经整形、放大后即可输出所需电平信号，构成原始的位置信号。图 2 – 20 所示为霍尔集成电路、图 2 – 21 所示为开关型霍尔传感器特性。

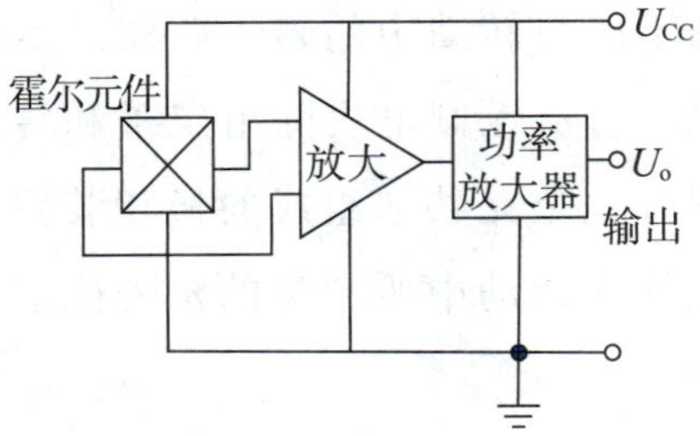

图 2 – 20 霍尔集成电路

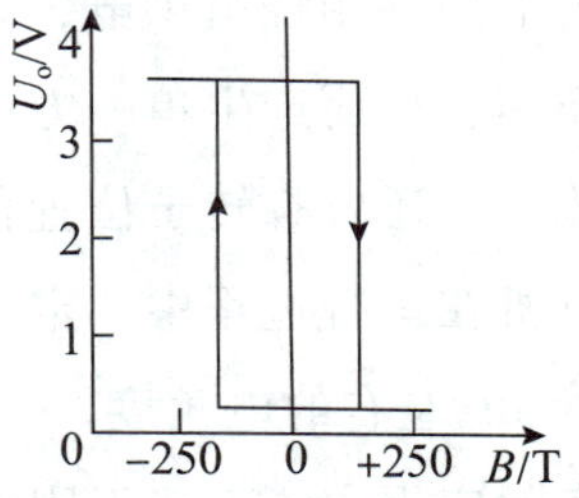

图 2 – 21 开关型霍尔传感器特性

（3）光电式位置传感器

光电式位置传感器是基于光电效应制成的，由跟随电机转子一起旋转的遮光板和固定不动的光源（发光二极管，LED）及光电管（光敏晶体管）等部件组成，如图 2 – 22 所示。

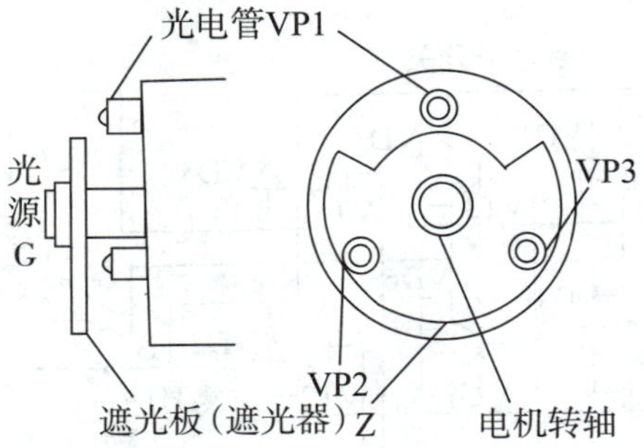

图 2 – 22 光电式位置传感器

在图 2 – 22 中，发光二极管作为光源，固定在一块不动的板上，光电管作为光源接收方。遮光板 Z 开有 120°电角度左右的缝隙，且缝隙的数目等于直流无刷电机转子磁极的极对数。当缝隙对着光电管 VP1 时，光源 G 射到光电管 VP1 上，产生“亮电流”输出。光电管 VP2 和 VP3 因遮光板档住了光线，只有“暗电流”输出。在“亮电流”作用下，定子三相绕组中的一相绕组将有电流导通，其余两相绕组不工作。遮光板随转子旋转，光电管随转子的转动而轮流输出“亮电流”或“暗电流”信号，以此来检测转子磁极位置，控制电机三相绕组轮流导通，使该主相绕组按一定顺序通电，保证直流无刷电机的正常工作。

光电式位置传感器性能较稳定，但存在输出信号信噪比较大、光源灯泡寿命短、使用环境要求较高等缺陷，若采用新型光电元件，则可以克服这些不足之处。

3. 电子换相电路

直流无刷电机的电子换相电路是用来控制电机定子绕组通电的顺序和导通的时间的，主要由功率开关单元和逻辑控制电路组成，功率开关单元是核心部分，其功能是将电源的功率以一定的逻辑关系分配给直流无刷电机定子上的各相绕组，从而使电机产生持续不断的转矩；逻辑控制电路负责将通过位置检测得到的信号，根据需要转化成相应的脉冲信号去驱动功率开关单元。

（二）直流无刷电机的工作原理

直流无刷电机为了实现无电刷换向，一般会把直流电机的电枢绕组放在定子上，把永久磁铁放在转子上，这恰好与传统的直流电机结构相反。但是，仅仅这样还是不行的，因为用一般的直流电源给定子上的各相绕组供电，只能产生固定磁场，固定磁场不能与转动中的转子磁铁产生的永久磁场相互作用，从而产生单一方向的转矩驱动转子转动。所以，直流无刷电机除由定子和转子组成的电机本体外，还要有转子位置传感器、逻辑控制电路及功率开关单元共同组成的换相装置，使得直流无刷电机在运行过程中，定子绕组所产生的磁场和转子磁铁在转动中所产生的永磁磁场，在空间始终保持90°左右的电角度。

在实际应用中，直流无刷电机多采用三相桥式功率主电路的形式。三相桥式功率主电路如图2－23所示，功率电子开关为标准三相桥式结构，上桥臂元件VT1、VT3、VT5给各相绕组提供正向电流，产生正向电磁转矩；下桥臂元件VT4、VT6、VT2给各相绕组提供反向电流，在相同极性转子永磁磁场作用下产生反向电磁转矩。功率元件通电方式有两两通电（120°导通型）和三三通电（180°导通型）两种，其输出转矩大小不同。

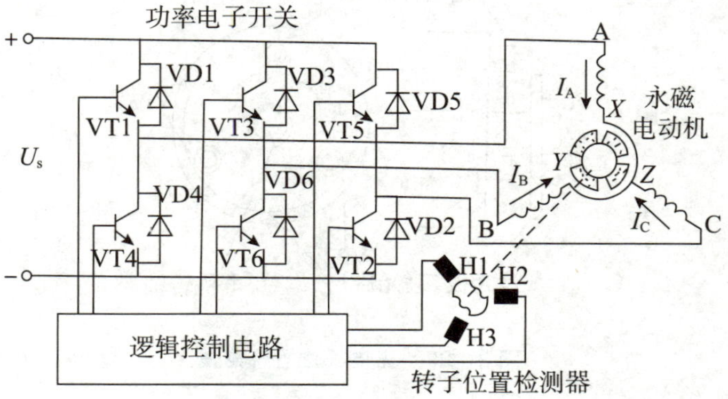

图2－23　三相桥式功率主电路

1. 两两通电方式

两两通电方式是指每一个瞬间有两个功率元件导通，每隔1/6周期（360°电角度）换相一次，每次换相一个功率元件，不同桥臂之间左右换相，每个功率元件导通120°电角度。

功率元件的导通顺序依次为：VT1、VT2；VT2、VT3；VT3、VT4；VT4、VT5；VT5、VT6；VT6、VT1依次排序。在这种通电方式下各导通120°电角度，每相绕组又与两个开关元件相连，各相绕组会在正、反两个方向均流过120°宽的方波电流，各相绕组电流波形如图2－24所示。Y接绕组两两通电时的转矩合成图如图2－25所示。

2. 三三通电方式

三三通电方式是指每一个瞬间有3个功率元件导通，每隔60°电角度换相一次，每次换相时同一桥臂的上下元件之间换相，每个功率元件导通180°电角度。

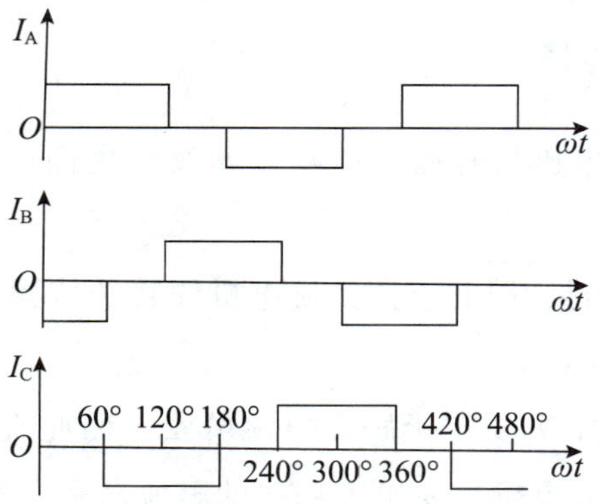

图 2-24　各相绕组电流波形

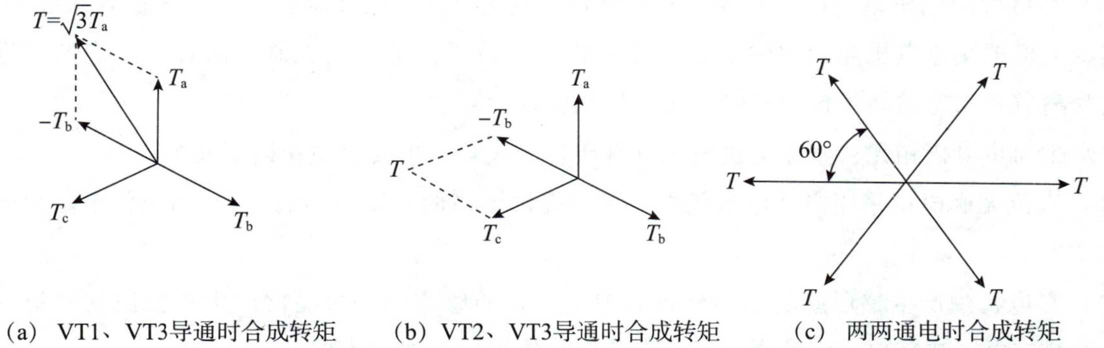

图 2-25　Y 接绕组两两通电时的转矩合成图

功率元件的导通顺序依次为：VT1、VT2、VT3；VT2、VT3、VT4；VT3、VT4、VT5；VT4、VT5、VT6；VT5、VT6、VT1；VT6、VT1、VT2……。可见这种通电方式运转一个周期，转子合成驱动转矩的图示与两两通电方式是一致的，均有 6 种状态，不同的是此时的合成转矩的幅值是单相绕组转矩幅值的 1.5 倍，这是三相电流同时作用的结果，电机在运行过程中的三相转矩合成图如图 2-26 所示。

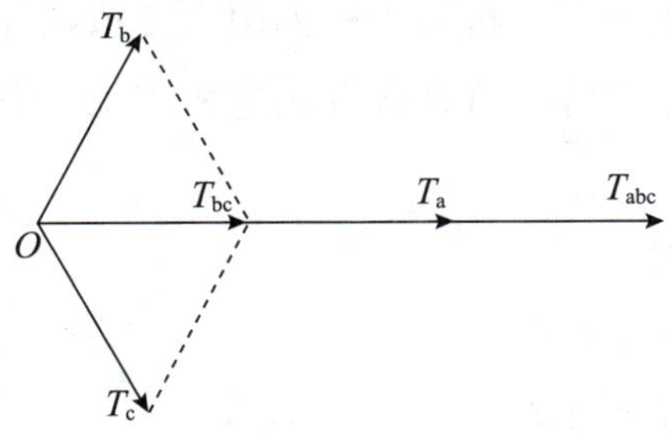

图 2-26　三相转矩合成图

虽然三相永磁直流无刷电机是应用十分广泛的一种电机，但人们从减少转矩脉动、扩大单机容量等角度出发，开发出了多相电机，如四相、五相、十相、十二相电机。为了提高电机绕组的利用率，应采用多相同时通电运行的方式。

（三）直流无刷电机的性能特点

与感应电机相比，直流无刷电机具有更大的功率密度、更高的效率和更好的控制性能，主要表现在以下几个方面。

（1）由于采用高性能永磁材料，因此直流无刷电机的转子体积得以减小，可以具有较低的惯性、更快的响应速度、更高的转矩/惯量比。

（2）由于没有转子损耗，也不需要定子励磁电流分量，因此直流无刷电机具有较高的效率和功率密度。对于同等容量输出，感应电机需要更大功率的整流器和逆变器。

（3）由于没有转子发热，因此直流无刷电机无须考虑转子冷却问题。

（4）尽管感应电机系统应用较为普遍和成熟，但由于其非线性本质，因此其控制系统极为复杂。永磁同步电机把交流电机复杂的磁场定向控制转化为转子位置定向控制，而直流无刷电机进一步将其简化为离散六状态的转子位置控制，无须坐标变换。

与永磁同步电机相比，直流无刷电机具有明显的优势，主要表现在以下几个方面。

（1）直流无刷电机采用方波电流供电，可以提供更高的转矩/体积比，相同条件下输出转矩增大了15%。

（2）在电机中产生梯形波的磁场分布和梯形变化的感应电动势要比产生正弦波的磁场分布和正弦变化的感应电动势简单，因此直流无刷电机结构简单、制造成本低。

（3）对于永磁同步电机，由于其定子电流是转子位置的正弦函数，因此系统需要高分辨率的位置传感器，构造复杂，价格昂贵。

（4）产生方波电压和电流的变频器比产生正弦波电压和电流的变频器简单，控制也简单得多，因此直流无刷电机控制简单、控制器成本较低。

由于采用电力电子器件代替机械换向器，因此直流无刷电机克服了直流有刷电机的致命缺点。与直流有刷电机相比，直流无刷电机有以下特点。

（1）可靠性高、寿命长。直流无刷电机的工作期限主要取决于轴承及其润滑系统。高性能的直流无刷电机的工作寿命可达数十万小时。而直流有刷电机寿命一般较短，在高温环境下甚至只有几分钟。

（2）不必经常进行维护和修理。

（3）无电气接触火花、无线电干扰少。

（4）可工作于高真空、不良介质环境。

（5）可在高转速下工作，专门设计的高速直流无刷电机的工作转速可达100 000 r/min以上。

（6）机械噪声小。

二、直流无刷电机的运行控制

（一）直流无刷电机的启停控制和软启动

直流无刷电机可以像直流有刷电机那样，以电源的接通或断开来实现启停控制。这种控制方法通常是用有触点开关直接完成的。这种方法的缺点是启动电流比较大，电流过大容易引起过热和去磁问题，启动过快还会引起负载机械的冲击，所以只适用于小功率电机。

比较常用的方法是用有触点开关接通控制器电源后，通过对控制器的控制实现启动和停止，例如：

（1）在控制器中设置启停控制口，以逻辑电平来控制电机的启动和停止。一般启停控制口设置 R 接口，$R=1$ 为启动；$R=0$ 为停止。

（2）采用有调速功能的控制器，用转速控制电压的高低，当电压为零时，电机停止。有些控制器有 PWM 信号接口，当 PWM 占空比为零时，电机停止。

（3）采用通/断位置传感器激励电源的方法。直流无刷电机最好采用具有软启动功能的控制器，以降低电机启动时过大的电流冲击，使转速平稳上升，减小转速的过冲，并以较短时间达到预定转速。常见的软启动采用 PWM 方法。软启动驱动器通常使 PWM 占空比从零开始上升，缓慢增加，直至电机达到预定转速。此时，控制系统转换到正常的位置、速度或转矩（电流）闭环控制。缓慢提升 PWM 占空比相当于缓慢增加施加于电机的电压，从而使启动电流限制到一个合适的水平。一般来说，50 至几百毫秒的软启动斜坡足以限制电流的冲击。然而，有些大转动惯量电机在启动时，软启动斜坡需要更长时间。

（二）直流无刷电机的制动控制

电机在运转时，如果接收到停止指令，则驱动器的功率开关器件截止，在转速下降过程中电机处于发电机工作状态。但由于没有形成电回路，绕组没有电流流过，因此电机将在较长时间后才能够停止。如果需要电机快速停止，则可采用制动控制。为此需要引入合适的能耗制动回路，使绕组中流过的再生电流产生制动转矩，电机动能转化为电阻上的热损耗，电机快速停止。

图 2－27 所示为三相非桥式换相电路的制动控制方案。由三个二极管 VD、一个电阻 R 和一个开关 S 组成制动控制电路。在停止信号发出后，三个二极管首先截止，然后发出制动控制信号，开关 S 闭合，各相绕组产生制动电流。利用电阻 R 限制制动电流的最大值。这里的开关 S 可以用一个二极管代替。

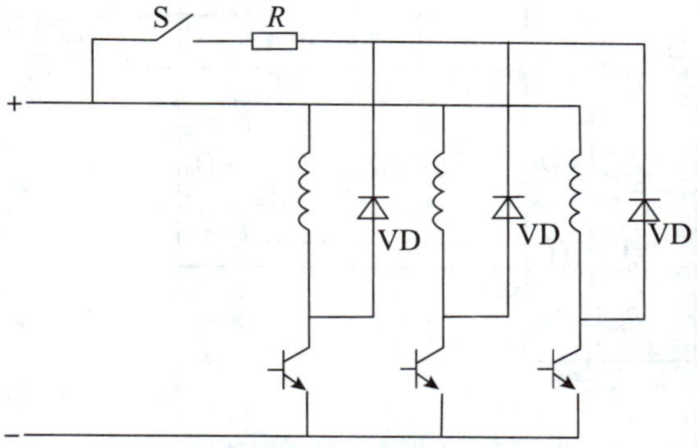

图 2－27　三相非桥式换相电路的制动控制方案

对于桥式功率开关器件，如三相逆变桥，制动控制很容易实现。当停止信号发出后，上下桥臂六个功率开关器件截止。如果设法同时控制下桥臂三个功率开关器件都导通，相当于三相绕组端头同时接地短接，反电动势产生相当大的短路电流，电机快速制动。

需要注意的是，此短接制动电流大小可能接近电机堵转电流大小，如果控制器只在直流母线上设置一个电流传感器来完成过电流检测和保护的话，那么此限流保护对短接制动电流不起作用，因为此短接制动电流并不流过直流母线。为了解决这个问题，可以在停止信号发出后，过一段时间，待电机降低到某一转速后，再发出制动信号，实现短接制动，以减少电流的冲击。短接制动也可以这样实施：当上下桥臂六个功率开关器件截止后，用外接的三个有触点开关将三相绕组端头通过三个能耗电阻短接。选择合适的电阻以限制制动电流。

直流无刷电动机通过固态电路实施动态制动，制动电流流过功率开关器件。制动过程是可控的，在电子控制下，制动电流能够限制在安全范围内，保护电机和功率开关器件。常见的直流无刷电机制动控制有以下两种。

1. 能耗制动

三相桥式能耗制动控制电路如图 2－28 所示，该电路通常用于小功率电机，绕组电感高，制动电流的峰值受到电流模式 PWM 控制的限制。由于正常的三相逆变桥电路不支持直接制动，因此对这个电路逆变桥进行修改，加入三个分立的二极管（VD_7、VD_8、VD_9）与逆变桥三个低侧功率开关器件串联。这三个二极管确保制动电流不会反向流过低侧功率开关器件，另有三个低侧续流二极管（VD_2、VD_4、VD_6）如图 2－28 所示连接。为了控制平均制动电流，必须添加第二个电流检测电阻 R_{S2}，从＋I 和－I 处接至电流调节器。在制动模式时，六个功率开关器件先关闭，经很短的死区时间后，三个低侧功率开关器件重新接通。在整个制动过程中，三个高侧功率开关器件保持关闭。在这种情况下，电机与外电源电压完全断开。由绕组的反电动势引起的制动电流流过三相绕组、三个串联二极管、三个低侧功率开关器件、电流检测电阻和三个低侧续流二极管形成回路。由于外部电路电阻仅限于低值的电流检测电阻，因此在能耗制动时，大部分转子动能将转化为电机绕组电阻的热能。通过 PWM 电流调节控制，制动时的峰值电流限制在预先设置的安全范围内，电机将快速停止，同时保护了功率开关器件和电机绕组。

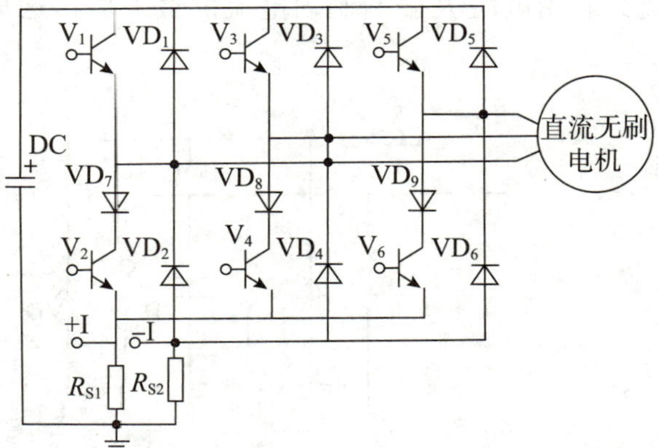

图 2－28　三相桥式能耗制动控制电路

2. 再生制动

图 2－29 为一种传统的三相逆变桥式再生制动控制电路，一个制动开关 V_7 控制的动态制动电阻

R_B与直流母线电容并联。这个制动电路可用于四个象限工作，支持控制减速和制动。在四个象限转矩控制的应用中，内部电流或转矩控制电路可以使电机在两个转向加速和减速。当制动减速或反转时，电机反电动势产生的制动电流通过逆变器开关器件的反接二极管流向直流母线电容，最初的动能转移到直流母线电容上，直流母线电容充电，直流母线电压增高，实现能量回收。设置一个滞环比较器检测直流母线电压，当此电压超过其上限阈值时，控制动态制动开关 V_7 接通，直流母线电容经制动电阻放电，直到其电压低于设定的门槛低值。这个过程不断重复，转子动能完全消耗，同时直流母线电压在安全范围内。

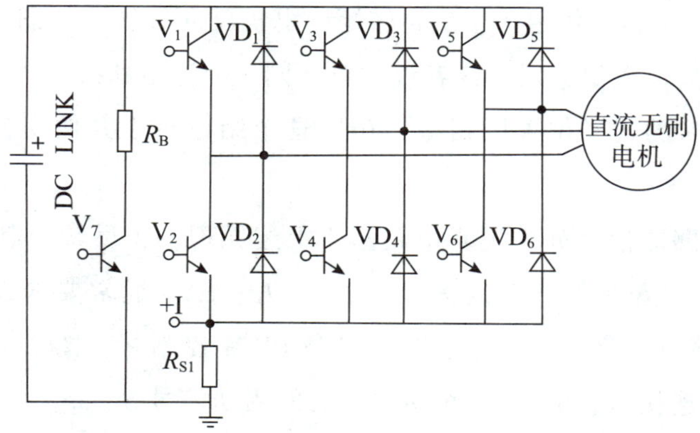

图 2-29　三相逆变桥式再生制动控制电路

（三）直流无刷电机的正反转和转向控制

直流有刷电机可以通过改变连接到电枢两端直流电压的极性来实现电机的正反转。由于直流无刷电机控制器不允许反接到直流电源上，因此其转向控制是通过改变各相绕组的通电相序来实现的。可采用如下几种方法改变电机转向。

（1）控制器设有正反转控制接口，以逻辑电平来控制电机的正转和反转，这是常见的转向方法。直流无刷电机正反转工作原理以简单的三相非桥式三状态工作方式为例，说明如下。此电机一个工作周期有三个状态，每个状态为120°（电角度），正转时的绕组通电相序是 A→B→C，反转时的绕组通电相序是 A→C→B。讨论其中一个状态，如 A 相通电状态，正反转控制相量图如图 2-30 所示。

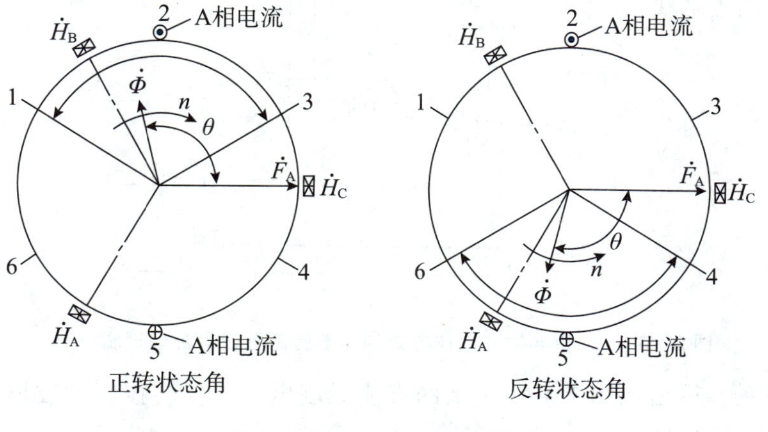

图 2-30　正反转控制相量图

F_A为A相通电产生的磁动势，Φ是转子磁通，它们之间的夹角为θ。所产生的转矩T与它们之间的关系如下式所示

$$T = F_A \Phi \sin\theta$$

图2－30中将圆周均分为6份，分别标以1、2、3、4、5、6，同时标出三个霍尔传感器位置。在逻辑设计正确的情况下，在正转时，转子磁通相量（可以理解为磁极n中线）应处在正转状态角1→2→3扇形区间内，即θ由150°变化到30°，它与磁动势F_A相互作用产生正转转矩，电机正向旋转（这里是顺时针方向）。在反转时，转子磁通相量处在反转状态角6→5→4扇形区间内，即θ由－150°变化到－30°，它与磁动势F_A相互作用产生反转转矩，电机反向旋转。从图2－30中可见，正转状态角和反转状态角在空间上呈现镜像关系，或者说，对于同一个通电状态（本例是A相通电状态），正转时的转子位置区和反转时的转子位置区相差180°。这个结论对于其他相数、其他工作方式也是正确的。

图2－31中的位置传感器信号处理逻辑电路基于上述原理，正反转控制接口信号设为W。$W=1$为正转；$W=0$为反转。来自霍尔传感器的信号为H_A、H_B、H_C。通常要求设计位置传感器输出信号占空比为1∶1。另外，R接口是启停控制端，D接口是PWM控制端。图2－31中的逻辑关系是为了使各相导通角均为120°，连接A、B、C三相功率开关的驱动信号S_A、S_B、S_C用下式处理：

$$S_A = X\overline{Y}$$

$$S_B = Y\overline{Z}$$

$$S_C = Z\overline{X}$$

$$X = WH_A + \overline{WH_A}$$

$$Y = WH_B + \overline{WH_B}$$

$$Z = WH_C + \overline{WH_C}$$

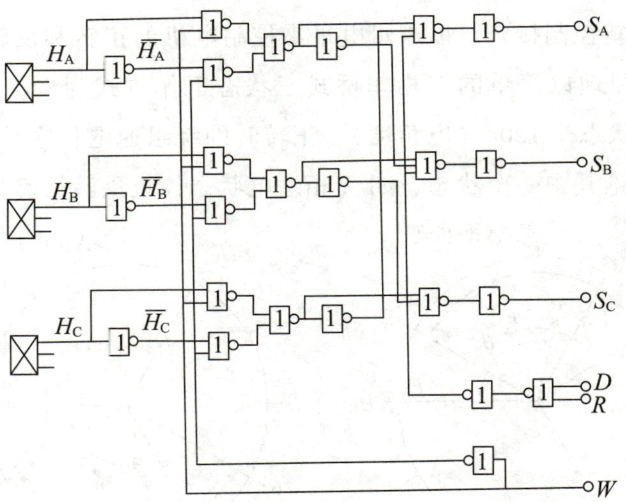

图2－31　三相非桥式工作方式的位置传感器信号处理逻辑电路

利用上述逻辑关系，得出如图2－32所示的直流无刷电机正反转控制的波形图。在图2－32中标出1、2、3、4、5、6位置。从图2－32中可见，驱动A相开关的信号S_A正转时在1→2→3区间为1，

反转时在 6→5→4 区间为 1；正转时的通电相序是 A→B→C，反转时的通电相序是 A→C→B，符合正反转控制相量图的要求。

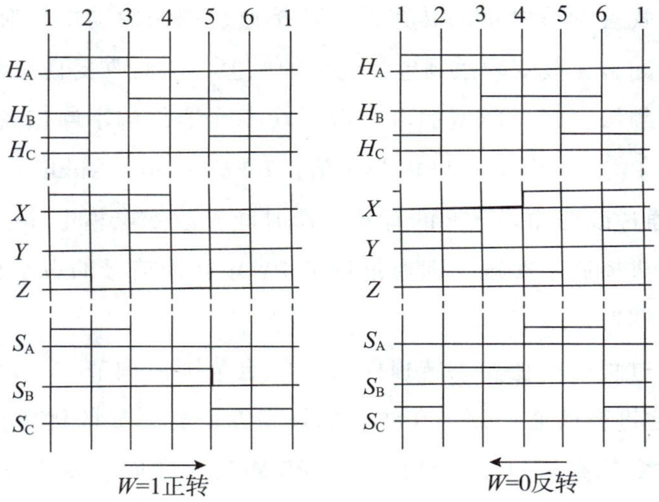

图 2－32　直流无刷电机正反转控制的波形图

上述正反转控制原理和逻辑处理方法同样适用于其他换相导通工作方式，条件是位置传感器安放位置正确，而且位置传感器输出信号占空比为 1∶1。

（2）由正反转控制原理分析可知，可以在三相电机内设置两套位置传感器，三个位置传感器为正转用，另三个位置传感器为反转用，它们在空间的分布应呈现 180°相位差关系。

（3）早年曾经有采用霍尔元件作为位置传感器的，在此情况下，将每个霍尔元件的一对电流端互换，或者一对电动势端互换来实现正反转。

（4）每相绕组两端的连接互换。例如，三相星形接法绕组将原接法中三相绕组以尾为公共点改为以头为公共点。这种方法适用于控制器没有反转控制功能的情况。

（5）在控制器没有反转控制功能的情况下，可以将每个位置传感器输出信号都先进行一次逻辑非的变换，再连接到控制器，这样电机转向就能改变。

一般情况下，正反转控制应在电机停止转动后实施。如果当电机还在转动时改变正反转控制接口信号实施突然反转，则反向制动电流会很大，可能危害电机和控制器。如果有突然反转的需要，则应当在控制程序上设置降速过程，等电机转速降低到某一安全转速后，再实施反转。特别是在桥式驱动情况下，如果电机突然反转，由于功率开关器件存在开关时延，则可能引起同一桥臂上下开关的直通，造成短路事故，损坏功率开关器件和电机绕组。

（四）直流无刷电机的调速控制

直流无刷电机的第一种调速方式是改变电压来调速，转矩主要由电流来控制，一般会带一个配套的电机驱动器，改变驱动器的输出电压，就可以控制电机的转速。如果没有驱动器，想直接控制电机的话，则需要看电机的功率和工作电流。如果是小功率的电机，则可以用电阻调速（不建议使用，方法很简单，串联一个电位器即可，不过这种方法会降低效率，所以不提倡）。大功率的电机不能使用电阻调速，因为这样需要一个小阻值大功率的电阻（电机工作阻值很小），这种电阻不好找而且这种方法效率太低。

直流无刷电机的第二种调速方式是 PWM 调速，直流电机的 PWM 调速原理与交流电机调速原理不同，它不是通过调频方式去调节电机的转速的，而是通过调制驱动电压脉冲宽度的方式，并与电路中一些相应的储能元件配合，改变输送到电枢电压的幅值，从而改变直流电机转速的。

随着计算机进入控制领域，以及新型的电力电子功率元器件的不断出现，采用全控型的功率开关元器件进行脉宽调制的 PWM 控制方式已成为主流。PWM（pulse width modulation）即脉冲宽度调制，PWM 控制方式是指通过改变输入脉冲的有效工作时间来改变电枢电压，从而调节电机转速。这种控制方式很容易在单片机控制中实现，即通过调节 PWM 脉冲信号的占空比来改变绕组平均电压，从而实现直流无刷电机的调速。

电机在电动汽车行驶过程中往往要求转速能够在一定范围内调节，调速范围根据负载的要求而定，PWM 技术可以有效地进行谐波抑制，在频率、效率方面有明显的优势。采用 PWM 技术构成的逆变器，其输入为固定不变的直流电压，可以通过 PWM 技术在同一逆变器中既实现调压又实现调频。这种逆变器只有一个可控的功率级，简化了主回路和控制回路的结构，并且体积小、质量轻、可靠性高，调节速度快。

PWM 调压调速原理如图 2－33 所示，一方面换相电路受到转子位置传感器控制，及时切换功率开关器件实现通电绕组换相；另一方面功率开关元器件导通时间受到占空比影响，从而实现输出电压的改变。

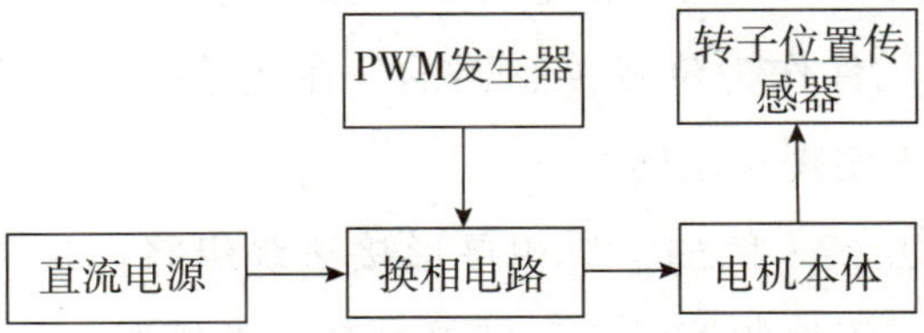

图 2－33　PWM 调压调速原理

PWM 技术常用于速度调节，它用功率开关元器件的占空比变化充当外加电压的变化来控制电机的转速。它也可以用于对绕组电流的控制，实现软启动、限流、特定电流波形等控制。由于直流无刷电机通常有较高的电感，因此在合适的调制频率下，电机电流接近于连续，波动较小。调制频率通常为 1～30 kHz。

知识拓展

新型驱动电机

磁阻电机、永磁电机、电力电子技术和计算机技术的发展，打破了传统的电机设计理论和正弦波电压源供电方式，电机驱动系统设计进入一个新的黄金时代。电机拓扑结构与控制方式的多样化，推动了新一代高密度宽调速电机驱动系统的发展，为新能源电机创新性的开发提供了新的内涵和助力。可应用于新能源汽车的新型驱动电机有双机械端口能量变换器、混合励磁电机、多相电机和轮毂/轮边电机。

（1）双机械端口能量变换器是一种新型混合动力传动系统，具有灵活多样的运行模式，能使内燃机始终运行在高效区域，既提高了系统效率，又简化了混合动力传动系统结构。该驱动电机可应用于混合度较高的混合动力汽车中。

（2）混合励磁电机通过改变电机的拓扑结构，使电机主磁场由永磁体和电励磁磁动势共同产生。它有效解决了永磁电机气隙磁场难以调节、电励磁效率低的缺点，实现了高效率前提下主磁场的调节和控制。混合励磁电机具有效率高、可靠性高、恒功率调速范围宽和变速恒压发电的优点，较好地符合新能源汽车的性能要求，在新能源汽车领域有着很好的应用前景。

（3）多相电机及其调速传动系统是科技进步、学科交叉与融合的产物，是在以晶闸管为标志的电力电子技术形成以后，才出现和逐渐发展起来的。由逆变器供电的交流电机摆脱了三相电网供电的束缚，提高了调速系统的整体性能和可靠性。

（4）分布式轮毂/轮边电机的独立驱动方式代表了未来先进新能源汽车驱动发展的方向，与集中式驱动系统相比，其布置灵活、动力传递路径短，具有强大的技术生命力和广阔的市场发展前景。随着相关基础科学问题研究的不断深入和关键技术问题的解决与完善，其必将走向市场，并在市场中占据重要地位。

实践操作

直流电机的运行控制

任务准备

一、外围设备、工具的准备

为完成工作任务，每个工作小组需要向仓库工作人员提供借用工具清单，如表 2－2 所示。

表 2－2　直流电机的运行控制借用工具清单

序号	名称	数量	借出时间	学生签名	归还时间	学生签名	管理员签名
1							
2							
3							
4							
5							
6							
7							

二、团队分配方案

任务实施

1. 按照所提供的直流电动机型号及原理图准备仪表及耗材和器材。

2. 元器件规格、质量检查。

（1）检查各元器件的外观是否完整无损，附件、备件是否齐全。

（2）检查各元器件和电动机的有关技术数据是否符合要求。

3. 根据元器件布置图安装固定低压电气元器件。

4. 布线安装电动机并接线。

5. 自检。

（1）按照电路图从电源端开始，逐段核对接线及接线端处线号是否正确，有无漏接、错接之处。检查导线接点是否符合要求，压接是否牢固。同时注意导线接点接触是否良好，以避免带负载运转时产生闪弧现象。

（2）用万用表检查线路的通断情况。万用表选用倍率适当的电阻档，并进行校零。

（3）检查安装质量，并进行绝缘电阻测量。用兆欧表检查线路的绝缘电阻，阻值不得小于 1 MΩ。

6. 交验。

7. 连接电源，通电试车。

在表 2－3 中记录接线过程中所遇到的问题，并写出解决方法。

表 2-3　线路安装情况记录表

所遇到的问题	解决方法

【操作提示】

(1) 为保证人身安全，在通电试车时，要认真执行安全操作规范的有关规定，一人操作，一人监护。

(2) 在通电试车时，应检查与通电试车有关的电气设备是否有不安全的因素存在，若查出则立即整改，然后方能试车。

(3) 在通电试车时，必须征得教师的同意，并由指导教师接通电源 L+、L-，同时在现场监护。学生合上电源开关 OFF 后，用验电笔检查熔断器出线端，氖管亮说明电源接通。

任务评价

一、成果展示

各小组派代表上台总结在完成任务的过程中，学会了哪些技能，发现错误后如何改正，并展示成果。

二、学生自我评估与总结

____

____

三、小组评估与总结

____

____

四、教师评估与总结

____

____

五、各小组对工作岗位的“6S”处理

在小组和教师都完成工作任务总结以后，各小组必须对自己的工作岗位进行“整理、整顿、清扫、清洁、安全、素养”，并归还所借的工具和实习工件。

六、评价表

表 2－4　直流电机的运行控制评价表

班级： 小组： 姓名：		指导教师： 日　　期：					
评价项目	评价标准	评价依据	评价方式 学生自评 20%	评价方式 小组互评 30%	评价方式 教师评价 50%	权重	得分小计
职业素养	1. 遵守企业规章制度、劳动纪律 2. 按时按质完成工作任务 3. 积极主动承担工作任务，勤学好问 4. 人身安全与设备安全 5. 工作岗位“6S”完成情况	1. 出勤 2. 工作态度 3. 劳动纪律 4. 团队协作精神				0.3	
专业能力	1. 能掌握直流电机的工作原理 2. 能了解直流电机的特点 3. 能了解直流电机的机械特性 4. 能熟悉直流电机的启动原理和方法 5. 能掌握直流电机的调速原理和方法 6. 能掌握直流电机的制动及正反转原理和方法 7. 会进行直流电机的启动、正反转、制动控制线路的安装与调试	1. 操作的准确性和规范性 2. 任务或项目技术总结完成情况 3. 专业技能任务完成情况				0.5	
创新能力	1. 在任务完成过程中能提出自己的有一定见解的方案 2. 在教学或生产管理上提出建议，具有创新性	1. 方案的可行性及意义 2. 建议的可行性				0.2	
合计							

课程思政

加快布局下一代新能源汽车技术

当前，全球新能源汽车进入快速发展的新阶段，产业竞争正在由以电动化为核心，转变为电动化、网联化、智能化三者融合发展的竞争。融合特征下的下一代新技术将成为影响竞争格局的新变量，有望重塑当前新能源汽车产业竞争格局。新形势下，要加快布局下一代新能源汽车关键核心技术，我国才能进一步抢占全球竞争制高点。

党的二十大报告提出，建设现代化产业体系。巩固优势产业领先地位，在关系安全发展的领域加快补齐短板，提升战略性资源供应保障能力。为巩固和保持产业领先优势，抢占下一阶段竞争高地，应坚定新能源汽车发展战略定力不动摇，聚焦代表未来产业竞争的新赛道，以新视角和新理念综合施策，培育和强化自主品牌竞争力，加快推动下一代新能源汽车发展。

首先，采取综合措施稳定市场基本盘。保持新能源汽车产销快速增长、稳定市场基本盘是一切工作的基础和前提条件。面对原材料上涨、智能化零部件迭代应用等趋势，新能源汽车综合成本仍难以与燃油车抗衡，未来几年的促消费政策需重点加强对下一代新能源汽车消费的引导支持，以保持市场基本盘，稳定行业信心和预期。下一代新能源汽车既要体现能耗、动力电池等电动化技术新要求，也要代表智能驾驶、操作系统、车联网、高性能传感器等智能网联化技术新趋势。

其次，加强推动关键技术自主创新及产业化应用。重点围绕新型动力电池、安全可控的车用芯片和操作系统、集中式电子电气架构等下一代新能源汽车关键技术领域，启动新一批产品技术创新及产业化推广应用工程，支持鼓励优势企业集中开展技术创新突破与产业化应用，全面巩固提升我国下一代新能源汽车的竞争力。

最后，要支持新技术、新模式、新生态的应用探索。国家层面要积极统筹开展技术创新、商业模式和生态创新，支持有条件的城市联合产业链上下游企业，围绕自动驾驶、车联网、车电分离等新技术、新模式、新生态，选取适合的领域、区域、场景，率先开展测试验证与示范应用，探索合理、可持续的商业化应用模式。

此外，还需要持续完善行业管理及标准法规认证体系，以及多措并举提高关键资源安全保障能力。构建适合我国下一代新能源汽车技术创新和产业发展的行业管理和技术标准认证体系，有助于为产业创新发展提供更加完善的发展空间。而以动力电池为核心的电动化发展是下一代新能源汽车产业的基础平台，锂、镍、钴等矿产是生产动力电池的重要原材料资源，为夯实产业转型发展基础，需要多措并举提高关键资源的安全保障能力。

思考练习

一、选择题

1. 串励式直流电机的励磁绕组与电枢绕组串联后再接于直流电源，这种直流电机的励磁电流就是(　　)。

A. 直流电流　　B. 交流电流

C. 脉冲电流　　D. 电枢电流

2. 定子的主要作用是产生(　　)。

A. 气隙磁场　　B. 产生转矩

C. 产生感应电动势　　D. 作为机械支撑

二、填空题

1. 直流电机分为________式直流电机和________式直流电机。

2. 并励式直流电机的励磁绕组与电枢绕组________，共用同一个________，性能与他励式直流电机基本相同。

3. 复励式直流电机有并励和串励两个________绕组，电机的磁通由两个绕组内的________电流产生。

4. 直流电机由________与________两大部分构成，他们之间的间隙称为气隙。

5. 主磁极的作用是建立________。主磁极由主磁极铁芯和套装在铁芯上的________构成。

6. 电枢铁芯即是________的组成部分，又是电枢绕组支撑部分，电枢绕组嵌放在电枢铁芯的________。

三、简答题

1. 直流电机主要有哪些部分组成？各部分的作用是什么？

2. 简述直流电机的工作原理。

3. 简述并励直流电动机与串励直流电动机的区别。

4. 直流电机的调速方法有哪几种？

5. 直流电机的控制方法有哪几种？

6. 直流无刷电机主要由哪些部分组成？各部分的作用是什么？

第三章

交流异步电机及其控制技术

本章导读

交流异步电机是在工业中运用极为广泛的一种电机，与直流电机相比，其结构简单，从技术水平看，交流异步电机驱动系统是电动汽车用电驱动系统的理想选择，尤其是驱动系统功率需求较大的大型电动客车。通过对本章内容的学习，希望读者能进一步掌握电动汽车三相异步电机的特点、基本结构、在电动汽车中的应用，掌握三相异步电机调速原理，并学会对交流异步电机的拆装。

学习目标

1. 了解三相异步电机的特点及名牌数据。
2. 掌握三相交流异步电机的结构与工作原理。
3. 熟悉交流感应电机调速原理。
4. 熟悉变压变频控制、矢量控制和直接转矩控制技术。

素质目标

1. 培养学生具备与本专业职业发展相适应的职业素养和职业技能。
2. 践行社会主义核心价值观，培养学生关心国家发展、参与祖国建设的主人翁意识。
3. 培养学生具备良好的人文素养、职业道德和创新意识，以及精益求精的工匠精神。

第一节 认识交流异步电动机

交流电机可分为同步电机和异步电机两类。如果电机转子的转速 n 与定子旋转磁场的转速 n_1 相等，则转子与定子旋转磁场在空间同步地旋转，这种电机就被称为同步电机。如果 n 不等于 n_1，则转子与定子旋转磁场在空间旋转时不同步，则称为异步电机。三相异步电机有笼型异步感应电机和绕线式异步感应电机两种。由于绕线式异步感应电机成本高、需要维护、缺乏坚固性，因而没有笼型异步感应电机应用广泛，特别是在电动汽车的电力驱动中。

认识异步电机

一、三相异步电机的特点

电动汽车用交流异步电机所具有的优点主要包括以下方面。

（1）小型轻量化。

（2）易实现转速大于 10 000 r/min 的高速旋转。

（3）高速低转矩时运行效率高。

（4）调速范围宽，低速转矩高。

（5）坚固、可靠性高、成本低。

（6）控制装置简单化、轻量化。

交流异步电机不仅成本低，而且可靠性高，逆变器即便由于损坏而产生短路也不会在电机中产生反电动势，所以不会出现紧急制动的可能性。因此，交流异步电机广泛应用于大型、高速的电动汽车中。三相笼形异步电机的功率容量覆盖面很广（从零点几瓦到几十千瓦），它可以采用空气冷却或液体冷却的方式，冷却自由度高、对环境的适应性好，并且能够实现再生制动。与同样功率的直流电机相比具有更高的效率，质量也要减轻一半左右。一般情况下，作为电动汽车的专用电机，安装条件有限，并且要求小型轻量化，因此电机在以 10 000 r/min 以上的转速高速运转时，大多需要采用一级齿轮减速器进行减速。此外，由于振动等恶劣工作环境，低转速状态下需要高转矩，并且要求在较宽的速度范围内具有恒输出功率特性，电动汽车用异步电机与一般工业用的电机不同，在设计上采用了各种新的方法。

出于对工作环境的考虑，三相异步电机大多采用全封闭式结构。框架、托座等结构为了实现轻量化，一般采用压铸铝的方式制造，也有的采用将定子铁芯裸露在外表面的无框架结构。此处，出于小型化和轻量化的目的，三相异步电机大多采用以水来冷却定子框架的水冷式电机。电机高速运转时，频率的升高引起铁损增大，因此希望减少电机的极数，以采用两极或四极的情况居多。但是在采用两极时，线圈端部的长度将变长，所以采用四极的场合更多一些。此外，为了减少铁损，定转子铁芯普遍采用有良好导磁性的电磁钢板。此外，还在定子绕组中使用平角线以提高占积率的方法，也有应用 H 级绝缘或者耐高温的聚酰亚胺漆包线等作为绝缘方式的。

二、三相异步电机的铭牌数据

与直流电机类似，为便于快速了解一台电机在额定运行状态下的性能，电机制造厂商按照国家标准，一般会在电机机壳上标注电机的基本参数和各项额定值，它是正确合理使用电机的依据。三相异步电机的铭牌参数如图 3－1 所示。

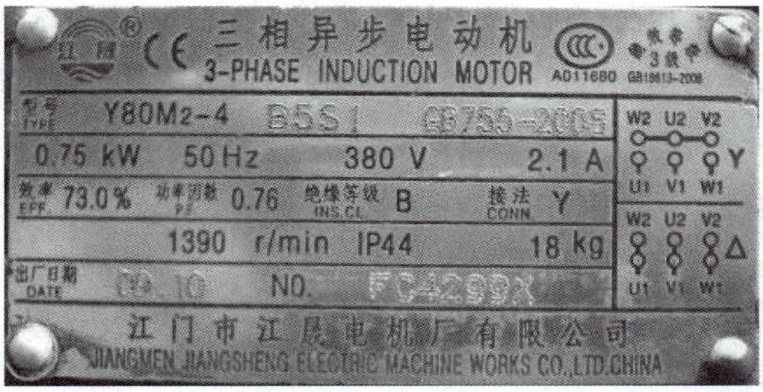

图 3－1　三相异步电机的铭牌参数

（一）型号

型号用以表明电机的系列、几何尺寸和极数。由汉语拼音字母、国际通用符号和阿拉伯数字组成。例如一款电机的型号为 Y90L－4，其各个字母及数字的含义如图 3－2 所示。

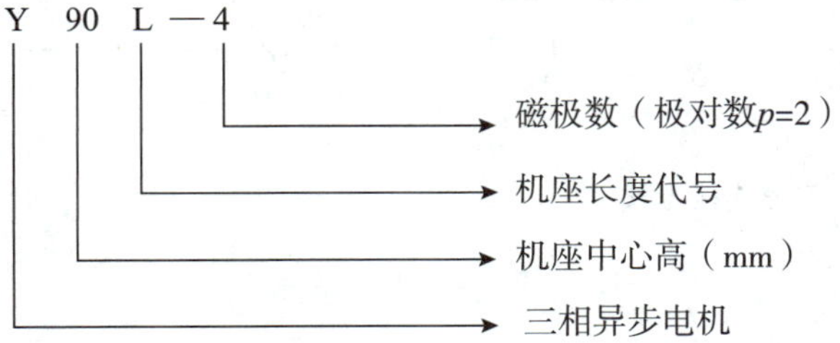

图 3－2　各个字母及数字的含义

（二）额定功率

额定功率指电机在额定状态下运行时轴端输出的机械功率，单位为 W 或 kW。

（三）额定电压

额定电压指电机在额定状态下运行时加在定子绕组上的线电压，单位为 V。

（四）额定电流

额定电流指电机在额定状态下运行时定子绕组的线电流，单位为 A。

（五）额定转速

额定转速指对应于额定电压、额定电流，电机运行于额定功率时所对应的转速，单位为 r/min。

（六）额定频率

额定频率指电机在额定情况下运行时定子供电电源的频率，单位为 Hz。我国电网的标准频率为 50 Hz。

（七）功率因数

功率因数指电机有效功率与视在功率的比值。其用于表征电机运行时从电网吸收的无功功率的大小。一般来说，对于转速相同的电机，容量越大，功率因数越高；对于容量相同的电机，转速越高，功率因数越大。

（八）连接方式

异步电机常用的定子绕组接法主要有星形（Y 形）连接和三角形（△形）连接。一般情况下，对于功率小于 3 kW 的电机，使用星形接法，如图 3－3（a）所示；对于功率在 4 kW 以上的电机，则主要使用三角形接法，如图 3－3（b）所示。

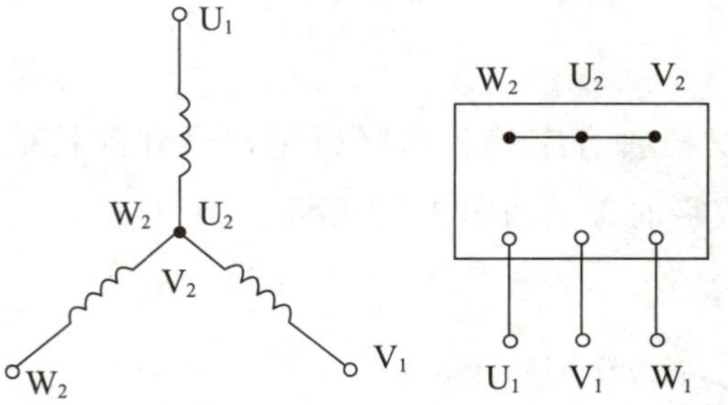

（a）Y形连接方式

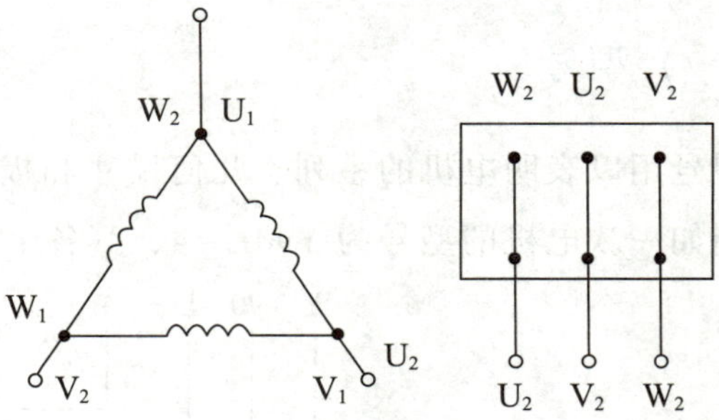

（b）△形连接方式

图 3－3　异步电机连接方式

（九）绝缘等级

绝缘等级指直流电机制造时所用绝缘材料的耐热品级，一般有 B 级、F 级、H 级、C 级。

（十）额定温升

额定温升指电机在额定工况下运行时电机所允许的工作温度减去绕组环境温度的数值，单位为 K 或℃。

（十一）定额（工作制）

即电机的工作方式，指电机正常使用的延续时间。一般分为连续制（S_1）和断续制（$S_2 \sim S_{10}$）。

三、交流异步电机在电动汽车中的应用

交流异步电机是一种应用广泛的电机，运行可靠、转速高、成本低。从技术水平看，交流异步电机驱动系统是电动汽车用驱动系统的理想选择，但是，在高速运行时转子容易发热，需要对电机进行冷却，且其提速性能较差。因而，交流异步电机适合大功率、低速车辆，尤其是驱动系统功率需求较大的大型电动客车，如国内主流客车企业生产的广汽 G76120EV1、金龙 XMQ6126YE、申沃 SWB6121EV2 等电动客车均采用交流异步电机系统。美国车企和部分欧洲车企也使用交流异步电机。

第二节　交流异步电机的结构与工作原理

一、三相异步电机的结构

三相异步电机的种类繁多，但各类三相异步电机的结构基本相同。三相异步电机主要由定子、转子和气隙三部分构成。按照转子结构的不同，三相异步电机又分为三相鼠笼式异步电机和绕线式异步电机，三相鼠笼式异步电机的整体结构如图 3－4 所示。

（一）定子

定子主要由定子铁芯、定子绕组、底脚、机座等部分组成，如图 3－5 所示。

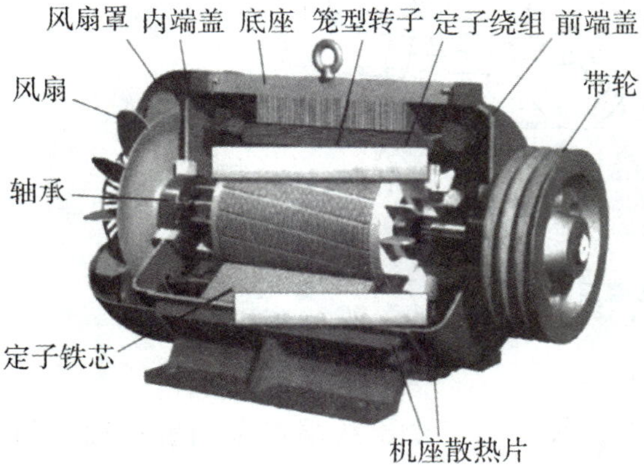

图 3－4　三相鼠笼式异步电机的整体结构

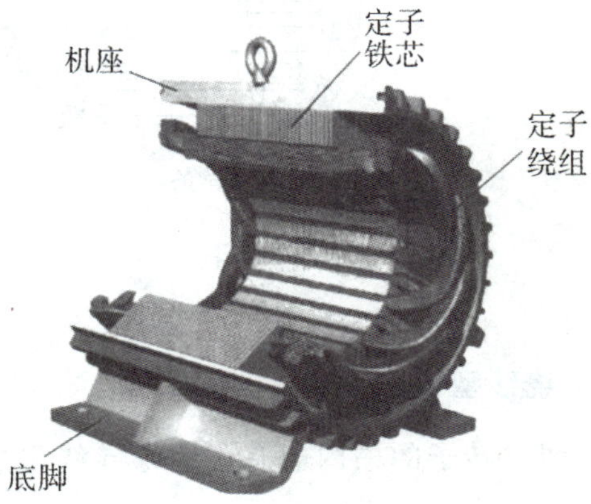

图 3－5　定子

定子铁芯是电机主磁路的一部分，一般由厚度为 0.35 mm 或 0.5 mm、表面有绝缘涂层的硅钢片叠压而成。采用硅钢片叠压的目的是减少铁芯中的涡流和磁滞损耗。在定子铁芯的内圆上均匀地冲有许多形状相同的槽，用以嵌入定子绕组。定子绕组是定子的电路部分，用以从电源输入电能并产

生气隙内的旋转磁场。三相电机有三组空间上互相间隔120°的三相绕组，每相绕组由若干线圈连接组成，按一定的规律嵌在定子铁芯的槽内。三相绕组的首尾共有六个出线端，若以首尾相连引出三个接线端，为三角形连接方式；若将三个尾端并接在一起，由首端引出三个接线端，为星形连接方式。电机的接线盒可由三根线引出，但一般引出六根线，方便客户自行选择需要的连接方式。机座的作用主要是固定定子铁芯和支撑转子轴，要求有足够的强度和良好的通风散热条件，其外壳通常铸有散热片，以扩大散热面积。其他部分还包括前后端盖、轴承盖、风罩、接线盒和吊环等。

（二）转子

转子由转子铁芯、转子绕组和转轴组成。转子铁芯也是主磁路的一部分，类似于定子铁芯，其也由厚0.5 mm或0.35 mm的硅钢片叠压而成。转子铁芯固定在转轴或转子支架上，铁芯外表呈圆柱形，转子产生的机械功率通过转轴以力的形式输出。转子的绕组是转子的电路部分，分为笼形绕组和绕线型绕组两类。

1. 笼形绕组

图3－6为笼形绕组，是一个自行闭合的短路绕组，由插入每个转子槽中的导条和两端的端环构成。由于去除铁芯后，整个绕组形成一个圆笼形的闭合回路，故称为笼形绕组。为节约铜和提高生产率，小型笼形电机一般采用铸铝转子；而对于大中型电机，由于铸铝的质量不易保证，采用铜条插入转子槽内，再在两端焊接上铜端环的结构。笼形异步电机结构简单、制造方便，是一种经济耐用的电机，应用极为广泛。

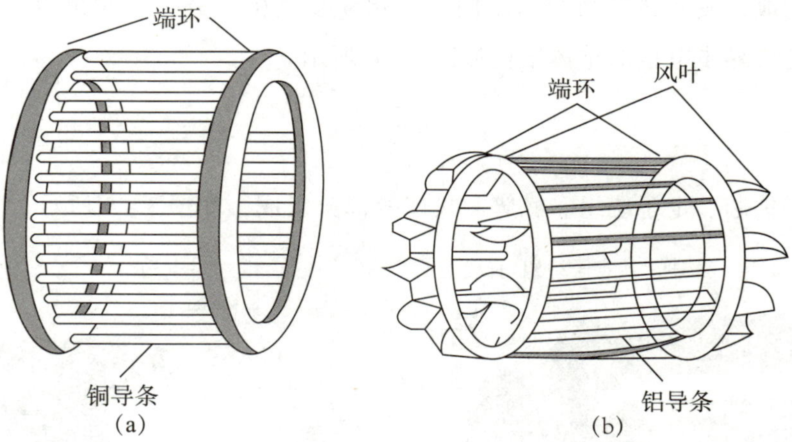

图3－6　笼形绕组

2. 绕线型绕组

绕线型转子的槽内嵌有用绝缘导线组成的三相绕组，绕组的三个出线端连接到装在轴上的三个集电环上，再通过电刷引出。这种转子的特点是可以在转子绕组中串入外加电阻，以改善电机的起动和调速性能。与笼形转子相比较，绕线型转子的结构稍复杂，价格稍贵，通常用于要求起动电流小，起动转矩大，或需要调速的场合，如图3－7所示。

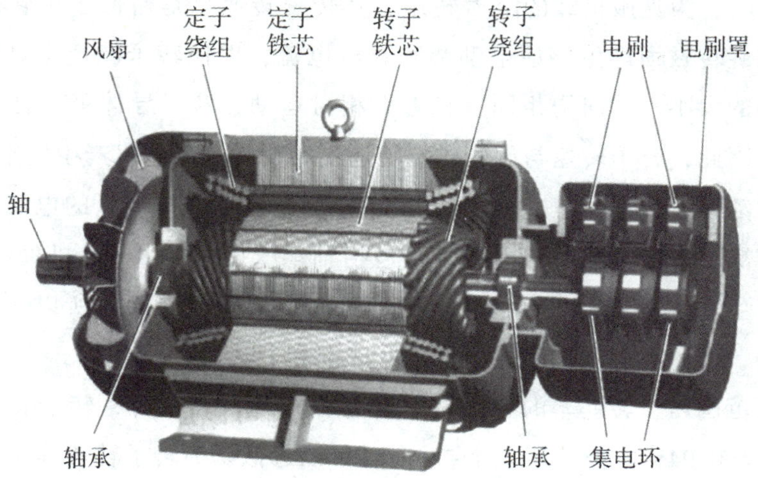

图 3-7　绕线型绕组

(三) 气隙

异步电机的气隙主磁场是由激磁电流产生的。由于激磁电流基本为无功电流，激磁电流越大，电机的无功分量也越多，功率因数也就越低。为减小激磁电流，提高电机的功率因数，异步电机的气隙应尽可能小，但一定要在电机装配的工艺许可范围内。对于中小型电机，气隙一般为 0.2 ~ 2 mm。

二、三相异步电机的工作原理

在三相异步电机的定子绕组中通入三相对称交流电流，将在电机的气隙中产生以同步转速转动的旋转磁场，转子导体在旋转磁场中将切割磁力线，产生感应电动势，其方向可由右手定则判定。由于转子导体通过端环闭合，转子导体中会出现电流，转子电流与旋转磁场相互作用将产生电磁力，其方向可由左手定则判定。转子导体所受的电磁力产生的电磁转矩将驱动转子跟随定子磁场一起旋转，从而把电能转换为机械能，作为电机运行。由于转子导体是靠电磁感应而产生的感应电流使电机运转的，异步电机又称为感应电机。三相异步电机的工作原理如图 3-8 所示。

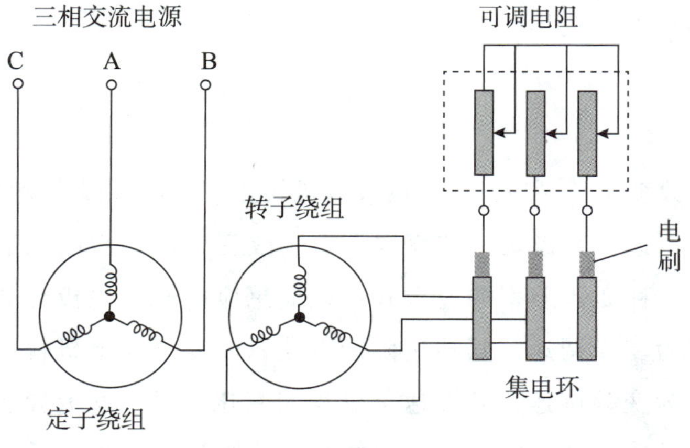

图 3-8　三相异步电机的工作原理

当异步电机运行时，为克服负载的阻力转矩，其转子转速总是略低于旋转磁场的转速，如此转子导体才能切割气隙旋转磁场产生感应电动势和感应电流，以使转子能产生足够的电磁转矩。如果转子转速与旋转磁场的大小、方向均相同，二者无相对运动，转子导体就无法切割气隙磁场，也就无法产生电磁转矩。因此，转子转速与旋转磁场转速不相同是异步电机产生转矩的必要条件。

三相异步电机起动时，转子转速 $n=0$，所以转差率 $s=1$。电机产生的电磁转矩要克服机械负载的阻力转矩，理想情况下，假设此时阻力转矩（包括轴承摩擦）为0，电机处于理想空载运行状态，则转子导体不需要产生感应电流，从而产生电磁转矩来克服负载转矩。所以，此时的转子速度应该等于旋转磁场的转速，即此时的转差率 $s=0$。

一般在正常运行范围内，转差率的数值通常都是很小的。满载时，转子转速与同步转速相差并不是很大，一般，n 为0.94～0.985 ns；而空载时，可以近似认为转子转速等于同步转速。

第三节 交流异步电机控制技术

一、交流异步电机调速原理

交流异步电机控制系统的主要作用是为电机提供变压、变频电源，同时其电压和频率能够按照一定的控制策略进行调节，以使驱动系统具有良好的转矩－转速特性。

由于交流异步电机的直轴和交轴的耦合作用，导致其动态模型的高度非线性，使得交流异步电机的控制比直流电机要复杂得多。交流异步电机转速控制的基本公式为

$$n = n_s(1-s) = \frac{60f}{p}(1-s)$$

式中，n——电机转子转速；

n_s——同步旋转磁场转速；

s——转差率；

p——磁极对数；

f——电源频率。

通过上述公式可知，改变 s、p 和 f，可以调节电机转速，因此可以将交流异步电机的基本调速方式相应分为三种，即调压调速、变极调速和变频调速。改变交流异步电机输入电源的电压进行调速的方式称为调压调速，是一种变转差率调速方式；改变感应电机的磁极对数，从而改变同步旋转磁场转速进行调速的方式称为变极调速，其转速阶跃变化；改变感应电机输入电源频率，从而改变同步磁场转速的调速方式称为变频调速，其转速可以均匀变化。对于交流异步电机调速控制，一般采用控制多种变量的方法。目前高级的控制策略和复杂的控制算法（如自适应控制、变结构控制和最

优控制等）已经得以使用，具有快速响应、高效率和宽调速范围的优势。

为了实现交流异步电机的理想调速控制，许多新的控制方法被应用到交流异步电机驱动系统中，其中较为成功的是变压变频（VVVF）控制、矢量控制（FOC）和直接转矩控制（DTC）。传统的变压变频控制由于其动态模型的非线性不能使电机满足所要求的驱动性能，而矢量控制可以克服由于非线性带来的控制难度，能在线准确辨识出电机的参数，控制性能非常优越。目前随着微处理器性能的不断提高，国内外已经推出了多种型号的基于矢量控制的控制器，控制性能已基本满足汽车的动力性要求。

二、变压变频控制

在对交流异步电机进行调速控制时，希望保持电机中每极磁通量 Φ_m 为额定值不变。若是磁通太小，则不能充分利用电机的铁芯，是一种浪费；若是磁通太大，又会使铁芯饱和，导致励磁电流过大，严重时会因绕组过热而烧坏电机。对于交流异步电机，由于磁通是由定子和转子磁动势合成产生的，因此需要采取相应的控制方式保持磁通恒定。

交流异步电机定子每相感应电动势的有效值表达式为

$$E_g = 4.44 f_1 N_s k_{Ns} \Phi_m$$

式中，E_g——气隙磁通在定子每相中感应电动势的有效值，V；

f_1——定子频率，Hz；

N——定子每相绕组串联匝数；

k_{Ns}——定子绕组系数；

Φ_m——每极气隙磁通，Wb。

由上式可知，只要控制好感应电动势 E_g 和频率 f_1，就可以达到保持磁通 Φ_m 恒定的目的。因此，需要考虑基频（额定频率）以下和基频以上两种情况。

（一）基频以下调速

当频率 f_1 从额定频率向下调节时，若要保持磁通 Φ_m 不变，则必须同时降低感应电动势 E_g，且

$$\frac{E_g}{f_1} = 常数$$

即采用电动势频率比为恒定值的控制方式。

对于定子绕组中的感应电动势是难以直接控制和调节的，当电动势较高时，可以忽略定子绕组的漏磁阻抗压降，认为 $U_s \approx E_g$，则可得

$$\frac{U_s}{f_1} = 常数$$

这就是基频以下的恒压频比控制方式，此时输出转矩保持恒定，属于恒转矩调速。

低频时，U_s 和 E_g 都比较小，定子绕组的漏磁阻抗压降所占比例较高，不能忽略，这时可以人为升高电压 U_s，以补偿定子的漏磁阻抗压降。

（二）基频以上调速

在基频以上调速时，频率应该从f_N向上调节，但定子电压U_s不能超过额定电压U_{sN}，只能保持$U_s = U_{sN}$，这时在频率向上调节的同时，使磁通与频率成反比例降低，即相当于直流电机的弱磁升速，属于恒功率调速。

变压变频调速方式的转矩－转速特性如图 3－9 所示。该特性曲线可以分为三段，第一段在电机频率低于基频时，产生额定转矩，称为恒转矩区；在第二段，定子电压保持恒定，转差增加到最大值，电机功率保持在额定值不变，称为恒功率区；在高速区，转差保持恒定不变，而定子电流衰减，转矩以速度的二次方减小。因为变压变频控制方法有气隙磁通偏移和延时响应等缺点，所以变压变频调速并不适合用于高性能电动汽车驱动系统。

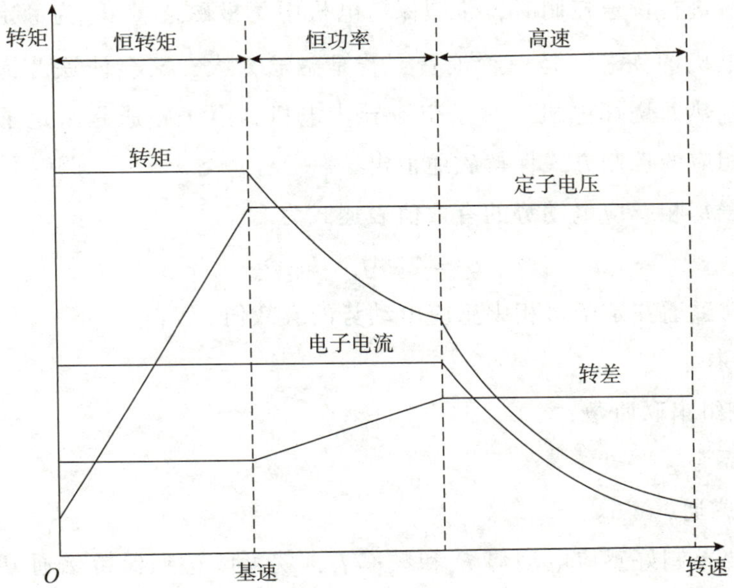

图 3－9　交流异步电机变压变频调速方式的转矩－转速特性

三、矢量控制技术

矢量控制是指将交流电机的定子电流作为矢量，经坐标变换分解成与直流电机的励磁电流和电枢电流相对应的独立控制电流分量，以实现电机转速/转矩控制的方式。交流异步电机的控制通常是通过调节定子三相端电压来实现的。但实际上，施加定子电压后，定子绕组不仅包含电枢电流，同时还包含励磁电流分量。在传统的变压变频控制方式中，由于不能对其中的电枢电流和励磁电流解耦，实施独立控制，所以电机的转矩变化呈现强烈的非线性特征，转矩控制性能远不能与他励直流电机相比。

为了改善动态特性，对于交流异步电机控制系统，应优先选择矢量控制技术而不是变压变频控制。磁场定向矢量控制技术是建立在交流异步电机与直流电机类比基础上的。直流电机工作原理如图 3－10 所示。电机内静止的主磁场 Φ 由定子励磁绕组产生，在图 3－10 中为水平方向。电枢绕组中流过交变的电枢电流，但在电刷和换向器的作用下，电枢反应磁场 Φ_a 成为静止磁场，并且方向与主磁场保持垂直，所以直流电机的转矩公式 $T_e = C\Phi I_a$ 才会如此简单。

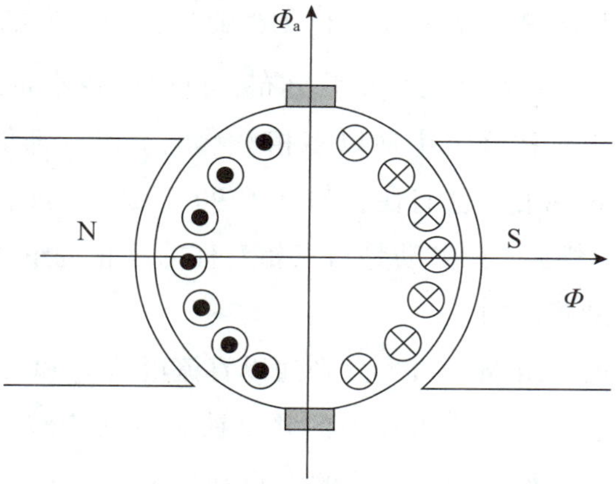

图 3－10　直流电机工作原理

而在数学中，一个稳定的正弦变化量可以等效为某个恒定旋转矢量在静止坐标轴上的投影，并且矢量旋转的速度等于正弦变化量的角速度，所以稳态下感应电机正弦变化的定子电流可以与某个恒定的电流旋转矢量对应起来。如果交流异步电机控制系统立足于选择电流矢量的位置上，并始终与其保持同步运行，那么看到的将是一个恒定的直流电流。即使在动态过程中，看到的也是一个直流电流，只不过直流电流的大小在变化。

交流异步电机转矩的产生是定子电流与气隙磁场作用的结果，而定子电流矢量与气隙磁场都在以同步速度旋转，在图 3－10 中可以看到直流的定子电流与直流的气隙磁场，那么它们的大小与夹角正弦值的乘积就可以表示电机转矩的大小。与他励直流电机不同的是，交流异步电机的磁场需要定子绕组中的电流来产生。所以上述直流电流与直流磁场一般并不能保持垂直。在这种情况下，定子直流电流可以分解为两个分量，一个与直流气隙磁场平行的 I_1，该电流仅与磁场有关系；另一个是与磁场垂直的 I_2，正是它与磁场的作用才产生转矩。这两个电流分量分别称为定子电流的励磁分量和转矩分量，他们与直流电机的励磁电流和电枢电流相对应，并且也都是直流分量，从而就完全可以按照直流电机的控制规律去控制交流异步电机，并且也能够具有与直流电机相同的控制性能。

（一）交流异步电机数学模型

交流异步电机是一个高阶、非线性、强耦合和多变量的系统，通常情况下作如下假设。

（1）不考虑铁芯饱和的影响，从而可以利用叠加原理计算电机各个绕组电流共同作用下产生的合成磁场。

（2）三相绕组对称，绕组所产生的磁动势沿气隙圆周在空间上按正弦分布，忽略空间谐波的影响。

（3）不考虑频率和温度变化对绕组电阻的影响，无论绕线形还是鼠笼形，都等效为绕线转子，并折算到定子侧。

这样把实际的交流异步电机等效为六绕组耦合电路模型。A、B、C 三相静止的定子绕组和 a、b、c 三相旋转的转子绕组都对称分布（空间上各自互差 120°），并且转子绕组以某一电角度 ω 旋转。

（二）矢量控制基本思路

对于交流异步电机三相对称的静止绕组 A、B、C，通过三相平衡的正弦电流 i_A、i_B、i_C时，所产生的合成磁动势是旋转磁动势 F，它在空间呈正弦分布，以同步转速 ω 顺着 A→B→C 的相序旋转。

在两相、三相、四相等多相对称绕组中通以多相对称电流时，都能够产生旋转磁动势，其中以两相最为简单，两相静止绕组 α 和 β，它们在空间互差 90°，通以时间上互差 90°的两相平衡交流电流 i_α、i_β，也可以产生旋转磁动势 F，该磁动势与三相对称的静止绕组 A、B、C 所产生的磁动势大小和转速都相等时，即认为二者是等效的。

两个匝数相等且互相垂直的绕组 M 与 T，分别通以直流电流 i_M和 i_T，产生合成磁动势 F，其位置相对于绕组来说是固定的。让包含两个绕组在内的整个铁芯以同步转速旋转，则磁动势 F 自然也随之旋转起来，成为旋转磁动势。如果这个磁动势的大小和转速与三相对称的静止绕组 A、B、C 所产生的磁动势的大小和转速都相等，也认为二者是等效的。

根据旋转磁场等效的原则，经过三相两相变换和旋转变换等矢量变换，使三相交流异步电机的三相绕组和直流电机的直流绕组等效，从而能模拟直流电机控制转矩的方法对交流异步电机的转矩进行控制，这就是矢量变换控制。

通过把交流异步电机与直流电机对比分析，可以看出矢量控制的基本思路是：模拟直流电机的控制方法对感应电机进行控制，根据线性变换以及变换前后的磁动势和功率不变的原则，通过正交变换将 a－b－c 三相坐标系下的数学模型变换成 α－β 二相静止坐标系的模型，然后通过旋转变换将二相静止坐标系的模型变换成 d－q 二相的旋转坐标系的模型。在（α－β）/（d－q）变换下将定子电流矢量分解成按转子磁场定向的两个直流分量 i_d和 i_q（i_d为励磁电流分量，i_q为转矩电流分量），并对其分别加以控制，控制 i_d相当于控制磁通，控制 i_q相当于控制转矩。

在交流异步电机磁场定向的矢量控制算法中，将旋转坐标系中 d 轴放在转子磁场上为转子磁场定向控制，将旋转坐标系中 d 轴放在定子磁场上为定子磁场定向控制，将旋转坐标系中 d 轴放在气隙磁场上为气隙磁场定向控制，由于后两种控制方式相对难以实现，并且电机的电磁转矩表达式是非线性的。因此通常采用转子磁场定向（RFOC）对交流异步电机模型进行分析和控制。

由三相静止坐标系 abc 变换为二相同步旋转坐标系变换转矩为

$$C_{3s-2r} = C_{2s-2r}C_{3s-2s} = \sqrt{\frac{2}{3}}\begin{bmatrix} \cos\theta & \sin\theta \\ -\sin\theta & -\cos\theta \end{bmatrix}\begin{bmatrix} 1 & -\frac{1}{2} & -\frac{1}{2} \\ 0 & \frac{\sqrt{3}}{1} & -\frac{\sqrt{3}}{2} \end{bmatrix}$$

基于转子磁场定向控制的交流异步电机的磁链方程为

$$\Psi_r = \frac{L_M}{1 + T_r p} i_{sm}$$

式中，T_r——转子回路时间常数，$T_r = L_r/R_r$。

基于转子磁场定向控制的交流异步电机电磁转矩方程为

$$T_e = P_n \frac{L_m}{L_r} i_{st} \Psi_r$$

当转子磁链 Ψ_r 恒定时，上式可变换为

$$T_e = P_n \frac{L_m^2}{L_r} i_{sm} i_{st}$$

从上式可以看出，交流异步电机转子磁链恒定时的转矩方程与直流电机转矩方程相似。从物理结构上看，交流异步电机与直流电机不同，不是依靠换向器来固定磁场的空间位置关系，而是通过坐标变换或矢量变换使转子磁链 Ψ_r 与转矩电流分量 i_{st} 正交解耦。因此可以通过控制 Ψ_r 和 i_{st}，或控制 i_{sm} 和 i_{st} 来控制电磁转矩。对于电动汽车用交流异步电机，在基速以下，保持励磁电流 i_{sm} 为恒定值，只需调节 i_{st} 即可改变电磁转矩，实现转矩控制；在基速以上，调节励磁电流 i_{sm} 与转速 ω_r，保持 $i_{sm}\omega_r$ 恒定，同时调节转矩电流 i_{st}，保持 $T_e\omega_r$ 恒定，实现恒功率控制。

随着磁场定向控制技术的发展，出现了许多实现磁场定向控制的方法，根据转子磁场测量方式的不同，这些方法可以分为两类：直接磁场定向控制和间接磁场定向控制。直接磁场定向控制需直接测量转子磁场，这增加了控制的复杂性和低速运行时测量的不可靠性。因此直接磁场定向控制很少应用于交流异步电机控制系统。

与直接磁场定向控制不同，间接磁场定向控制通过计算确定转子磁场，而不是直接测量，这种方法相对于直接磁场定向控制更易于实现。因此，间接磁场定向控制在高性能的新能源汽车驱动系统中具有很好的应用前景。

（三）典型的交流异步电机矢量控制系统

交流异步电机矢量控制原理如图 3－11 所示，该控制系统采用电流控制的电压型逆变器供电。控制系统首先根据外部给定信号（转速、转矩等），结合被控对象的信息（电机参数），设定电机运行的励磁电流和转矩电流的参考值 i_{sm}^*、i_{st}^*（相当于直流电机的励磁电流和电枢电流），然后利用转子磁场角度进行旋转坐标变换，将参考值变换到三相静止坐标系中，得三相定子电流参考值。根据此电流参考值采用合适的 PWM 技术控制逆变器三相输出电流密切跟随其电流指令值。

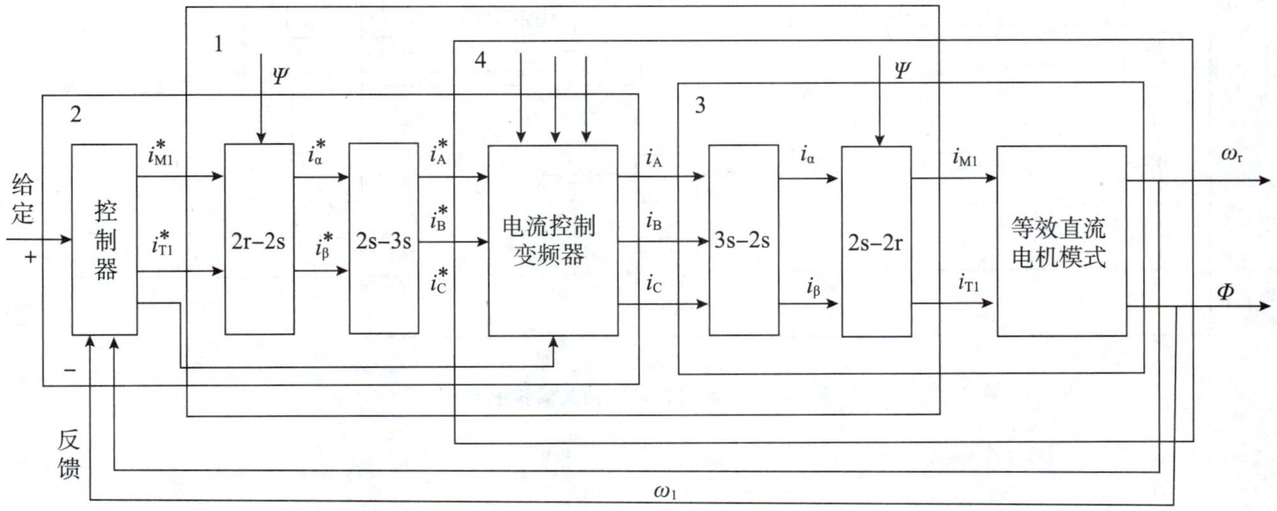

图 3－11　交流异步电机矢量控制原理

理想情况下认为逆变器的电流响应没有延时，图 3－11 中矩形框 1 部分的延时可以忽略，那么交流异步电机调速系统就转换成为直流电机调速系统，这就是矢量控制技术的思路；矩形框 2 是将外部给定信号转换成电机电流指令信号单元，它比直流电机的控制器多两个变换单元，是控制系统软件的主要部分；矩形框 4 是调速系统中的硬件部分，也是调速系统电能变换的部分；矩形框 3 表示被控对象感应电机和与其等效的直流电机之间的关系。

（四）间接磁场定向控制系统

图 3－12 所示为具有较高实用价值的间接磁场定向矢量控制系统，其磁场定向角由转子位置信号和根据电机工作指令计算出的转差角频率的积分合成得到的，采用这种方式进行磁场定向可以弱化控制系统对电机参数的依赖。针对定子电流的闭环控制，该系统采用三相定子电流闭环控制方案。在基速以上运行时，框图中的函数发生器 FG 单元将根据电机速度适当减小励磁电流，从而在电压有限的情况下可以继续进行升速控制。此外，电压型逆变器在图 3－12 所示算法的控制下呈现受控电流源特性。车载储能器件包括燃料电池发动机（FCE）、超级电容器（SC）及蓄电池（BAT）等。通常情况下，储能器件最好通过一个 DC－DC 变换装置与逆变器相连接，特别是燃料电池的特性比较软，大负载情况下过大的电压跌落会严重制约新能源汽车动力性能的发挥。对于超级电容和蓄电池，双向 DC－DC 变换器可以将车辆制动时的电能重新储存一部分，从而改善整车的能耗指标。

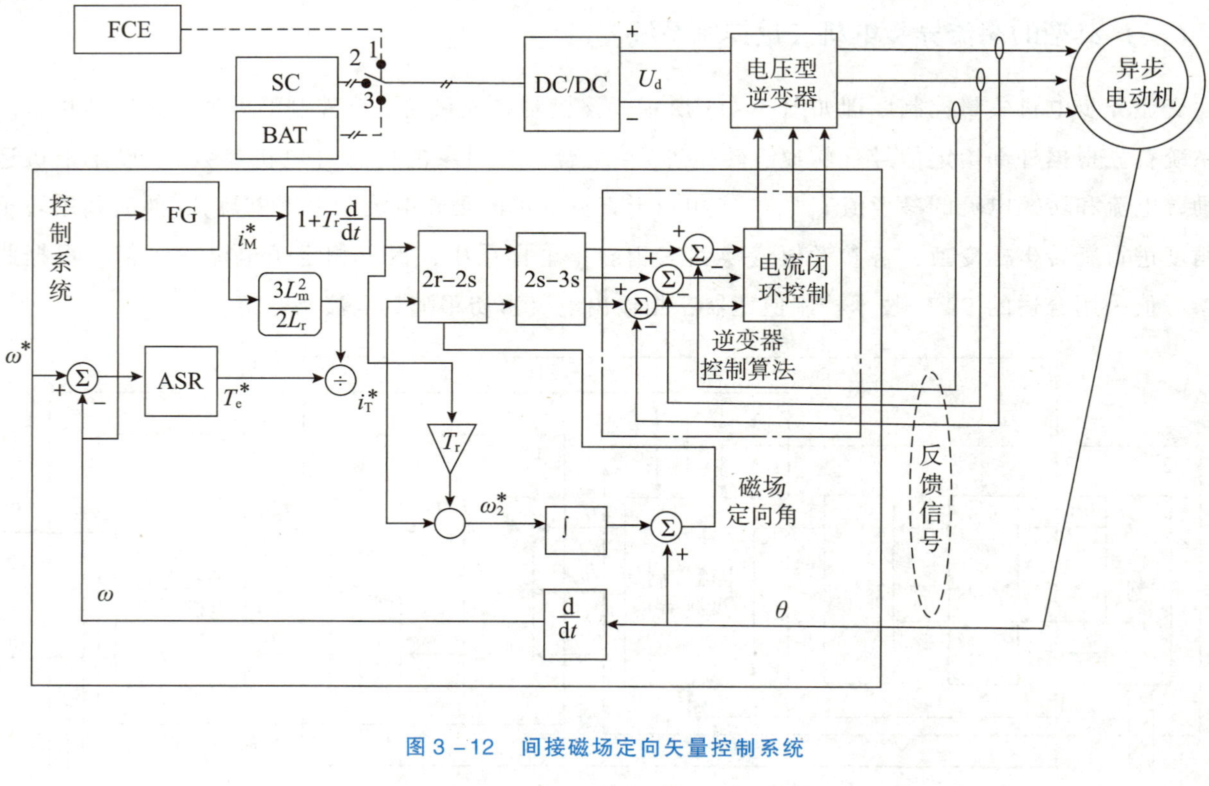

图 3－12　间接磁场定向矢量控制系统

四、直接转矩控制

（一）直接转矩控制基本概念

20 世纪 80 年代中期，德国鲁尔大学 Depenbrock 教授和日本学者 Takahashi 相继提出了直接转矩控制（DTC）技术，它是继矢量控制技术之后发展起来的一种高动态性能的感应电机变压变频调速技术。DTC 技术首先应用于感应电机的控制，后来逐渐推广到弱磁控制和同步电机的控制中。

交流异步电机驱动系统中的直接转矩控制技术是基于定子两相静止参考坐标系，一方面维持转矩在给定值附近，另一方面维持定子磁链沿着给定轨迹（预先设定的轨迹，如六边形或圆形等）运动，对交流异步电机的电磁转矩与定子磁链直接进行闭环控制。最早提出的经典控制结构是采用 bang－bang 控制器对定子磁链与电磁转矩实施起停式控制，分别将它们的脉动限制在预先设定的范围内。bang－bang 控制器是进行比较与量化的环节，当实际值超过调节范围的上、下限时，它就产生动作，输出的数字控制量就会发生变化，然后由该控制量直接决定电压型逆变器输出的电压空间向量。

这种经典的直接转矩控制调速系统具有以下特点。

（1）基于静止坐标系对电机进行闭环控制，控制系统简单，不需要磁场定向矢量控制技术的旋转坐标变换。

（2）没有电流调节单元，不需要磁场定向矢量控制技术中对定子电流的磁场分量和转矩分量进行闭环控制。

（3）设有专门的对定子电压进行脉宽调制的单元，不需要像磁场定向矢量控制技术中采用专门的 PWM 算法（如空间矢量脉宽调制技术和电流滞环脉宽调制技术）。

（4）特有的电压矢量表，这在其他控制方式中是不会出现的。

（5）对定子磁链幅值、电磁转矩均通过 bang－bang 滞环调节器实现闭环控制，这也是经典直接转矩控制技术所特有的。

（二）直接转矩控制方案分析

1. 德国 Depenbrock 教授的直接自控制（DSC）方案

直接自控制方案是针对大功率交流传动系统电压型逆变器感应电机提出来的控制方案。由于当时采用大功率 GTO 半导体开关器件，考虑到器件本身的开通、关断比较慢，还有开关损耗和散热等实际问题，GTO 器件的开关频率不能太高，当时的开关频率要小于 1 kHz，通常只有 500～600 Hz。而即便到现在，大功率交流传动应用场合中开关频率也只能有几千赫兹。在较低的开关频率下，直接自控制方案采用的是利用两点式电压型逆变器的六个非零电压矢量，按照预先给定的定子磁链幅值指令顺次切换六个矢量，从而实现了预设的六边形定子磁链轨迹控制。在定子磁链自控制单元的基础上，通过实时地插入零电压矢量来调节电机的转矩在合适的范围内，这是转矩自控制单元的功能。在插入零矢量时，合适地交替选择两个零电压矢量可以起到减小 GTO 开关频率的作用，直接自控制（DSC）方案如图 3－13 所示。

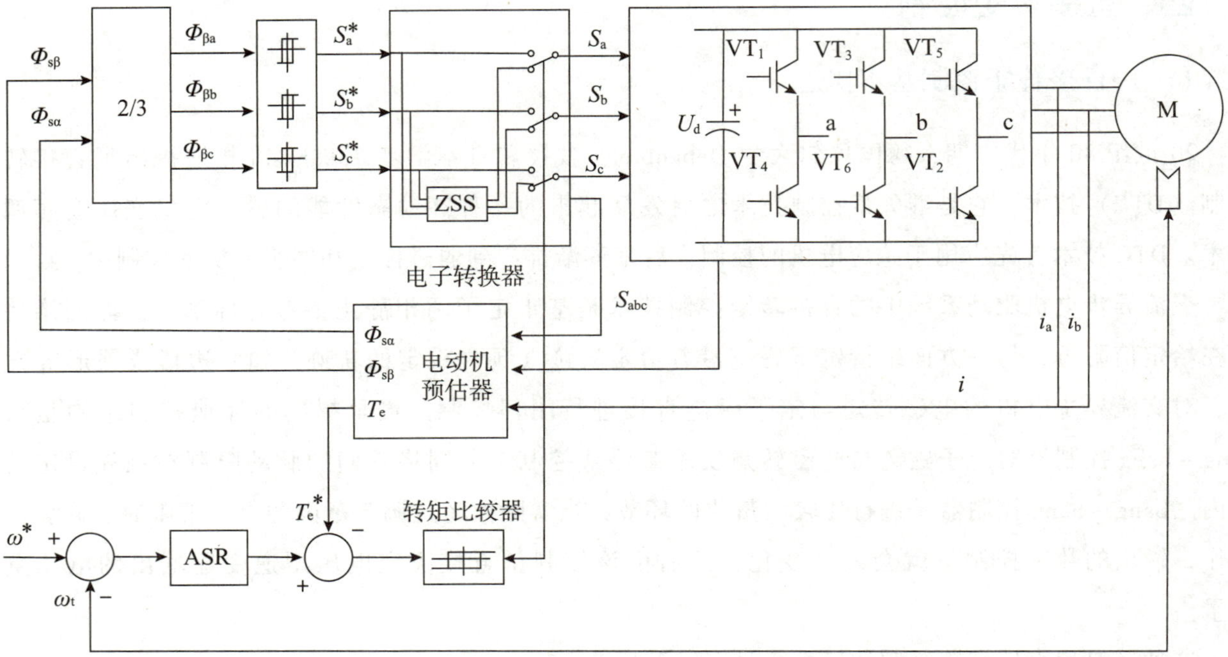

图 3－13　德国 Dependbrock 教授的直接自控制（DSC）方案

六边形定子磁链按轨迹运行时，定子磁链中含有较多的谐波分量。经分析，定子磁链与转子磁链之间是一阶函数的关系。当低速大负载时，转子磁链不再是圆形，由于含有较多的谐波分量，使转矩的低频脉动明显化。这种方案的改进可以采取以下几种方式。

（1）引入多边形定子磁链轨迹的控制（开关频率会增加）。例如，通过在合适的位置引入相应折角的方案，就可以显著减小逆变器直流环路中电流的整数倍数次谐波分量。

（2）从根本上来说，引入占空比的控制，以适当调节定子磁链旋转的平均角速度，可以显著减小低速时转矩的脉动。

（3）引入采用空间矢量脉冲宽度调制（SVPWM）的间接定子量控制（ISR），可以在系统闭环控制周期较大的情况下仍有较好的静、动态性能。

2. 日本学者 Takahashi 的 DTC 方案

该方案是现今研究最多的一种 DTC 方案，它采用了查询电压矢量表的方法，对定子磁链和电机转矩同时进行调节，控制方案如图 3－14 所示。根据定子磁链幅值与电机转矩的滞环式 bang－bang 调节器、定子磁链矢量空间位置形成查表所需的信息，从电压矢量表中直接查出应施加的电压矢量对应的开关信号，以此来控制逆变器。这种方案为了向理想的圆形磁链轨迹靠近，采用了准圆形定子磁链轨迹，以保证定子磁链幅值基本不变，同时也使开关频率有较大增加。

对于该控制方案，不同的电压矢量表会对交流传动系统的静、动态性能有很大的影响。例如，选用反转的电压矢量可以大大加快系统的动态响应，防止定子磁链大幅度地减小，即防止消磁的出现，但稳态时转矩有较大的脉动，同时开关频率也较大。而不采用反转的电压矢量就会出现消磁，其次也会减慢转矩减小时的过渡过程，而其开关频率则会低一些。另外，采用不同阶数的滞环调节器、设置不同的滞环环差，以及不同的负载及电机的速度都会影响逆变器实际的开关频率，这也是直接转矩控制技术的特点之一。

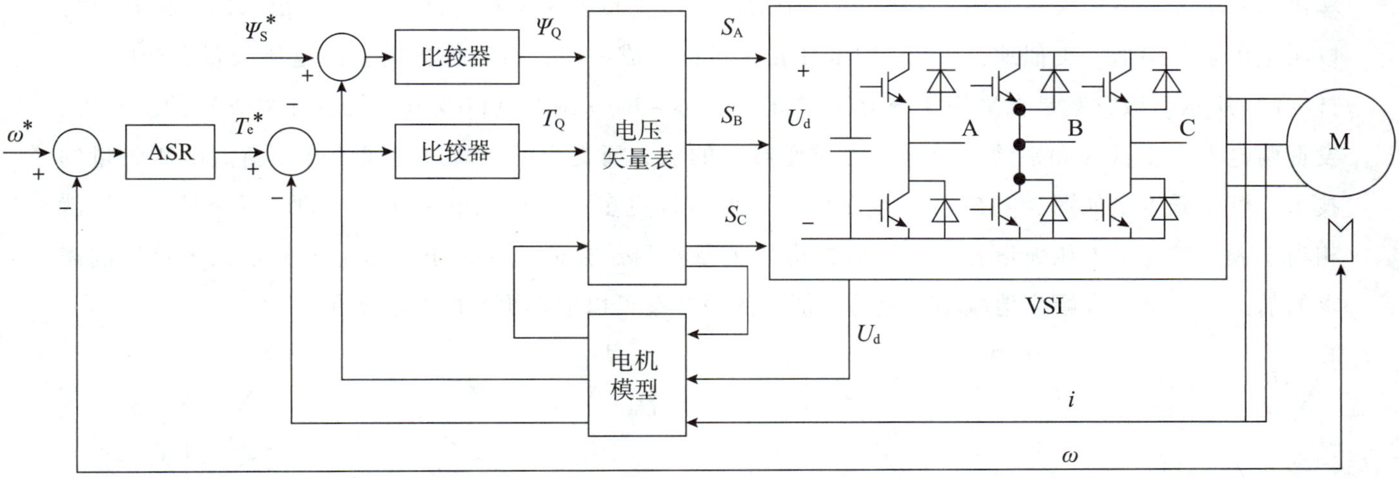

图 3－14　日本学者 Takahashi 的 DTC 方案

传统 DTC 方案均是直接利用逆变器本身输出的电压矢量，并且选中的电压矢量将作用于整个控制周期，这也是 DTC 方案特有的 PWM 技术。因此 DTC 技术中无须使用其他的 PWM 单元，但由于所采用的电压矢量大小、方向均是固定不变的，因此会导致很大的转矩脉动，转矩的脉动只能由转矩滞环式 bang－bang 调节器来限制，但由于控制系统的惯性，转矩脉动往往超出其预设范围。

3. 改进的 DTC 方案

传统直接转矩控制技术虽然具有控制结构简单、动态响应快等优点，但存在着与其特殊的 PWM 技术密切相关的定子磁链与电磁转矩脉动，并且在低速时，转矩的脉动相当大，甚至有时电机的转速也有较大的波动，降低了传动系统低速运行时的稳定性。

为改善系统的性能，就要在电机定子上施加方向、幅值可调的电压矢量，对传统直接转矩控制技术进行改进。电压矢量的调节方式分为以下三类。

（1）对电压矢量幅值大小进行调节，方向仍然为其固有的六个方向。

（2）增加一些较多方向且幅值可调的电压矢量。

（3）电压矢量可以取任意的方向和任意的幅值。

改进的 DTC 方案如下。

第一种方案中可以引入占空比的控制。简单地说，就是调节某一个电压矢量在整个控制周期内作用的时间份额。在进行占空比控制时，有以下两种方案：一种是稳态占空比，即着重考虑电机的速度，同时为了改善动态性能，又必须考虑到定子磁链幅值与其给定值之间的差值以及转矩实际值与给定值之间的差值等；另一种是瞬态占空比控制，即每个控制周期内的占空比均须通过实时计算得到，如计算出以减小转矩脉动为目的而需施加的电压矢量的一个分量，进而就可算出占空比。前者基本不改变传统直接转矩控制系统的简单结构，但却可以在低速时极大地减小转矩脉动，并且选择适当的占比，该系统的动态响应也基本不会变慢。

第二种方案是利用 SVPWM 技术将两电平逆变器与三电平逆变器及多电平逆变器综合应用的一种

方案。例如，如将两电平逆变器原有的电压矢量仅作用半个控制周期，就相当于在整个控制周期内作用的是具有原先幅值一半的同向电压矢量，如图 3－15（b）所示。图 3－15（c）为两点式逆变器输出的六个非零电压矢量，图 3－15（b）中的六个小矢量就是采用上述方法派生出来的，同样也可以派生出别的幅值。类似地，采用 SVPWM 技术可以生成一些具有其他方向上的电压矢量，如图 3－15（c）所示。该方案是在采用传统 DTC 技术（bang－bang 调节器以及电压矢量开关表）的基础上，发掘两电平逆变器（和别的较少电平的逆变器）的能力而提出的。通过上述的合成新型电压矢量的技术，可以派生出如图 3－15（d）所示的（当然可以更多）类似三电平逆变器的电压矢量，这样就相当于大大扩充了电压矢量表中供选取的电压矢量数目。在低速时，小幅值电压矢量在满足控制需求的前提下，可以大幅度地减小转矩的动能。故该方案可以取得更好的控制效果。

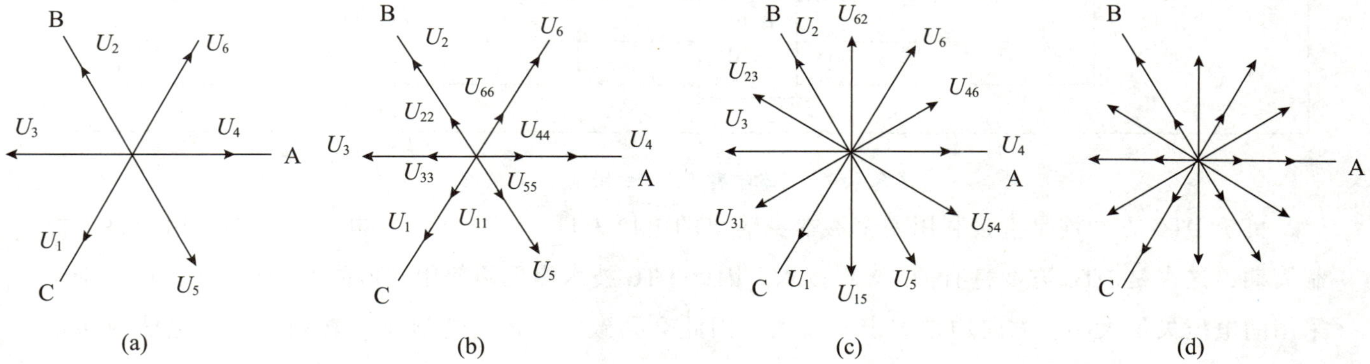

图 3－15　电压矢量的扩充图

第三种方案是应用任意方向、任意幅值（在逆变器的输出范围内的）的电压矢量，这就需要新型的 SVPWM－DTC 控制系统。该系统也称为间接定子量控制系统，该系统仍然是基于定子两相静止坐标系，与传统 DTC 不同的是，它对定子磁链与电机转矩都分别采用经典的 PI 调节器进行闭环控制，并由其输出共同合成电压矢量的指令值。该方案分为基于定子静止坐标系和基于同步旋转坐标系等不同的形式。虽然这些控制方案的结构相对复杂，但由于运用了较成熟的 SVPWM 技术，可以使逆变器输出幅值和方向均可调的电压矢量，因此驱动系统的稳态性能更好，基本上可以取得与矢量控制系统相当的性能。

知识拓展

1. 多相电机概述

与三相电机类似，根据运行原理不同，多相电机可以分为多相感应电机和多相同步电机两大类。多相感应电机的转子绕组可以是笼形或绕线型，目前多为笼形多相感应电机；多相同步电机（图 3－16）按照转子上励磁方式的不同，可以分为多相电励磁同步电机、多相永磁同步电机等。

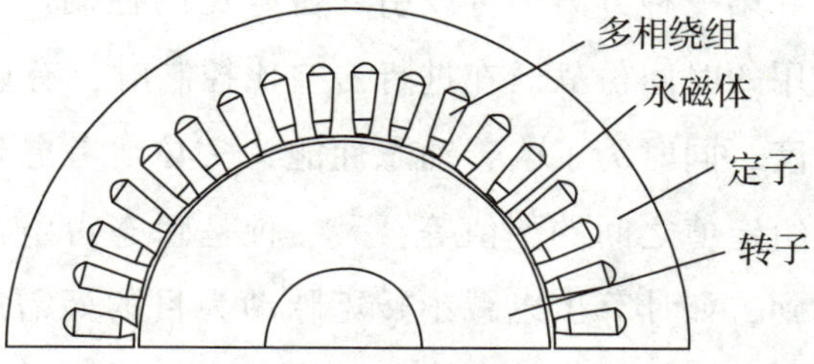

图 3－16　多相同步电机

2. 多相电机变频调速系统的特点

对于由多相逆变器驱动多相电机所构成的调速系统来说，因相数可变，增加了设计和控制自由度，能较好地实现电机本体与逆变器的最优匹配，充分发挥调速系统的整体性能和可靠性。所以，多相电机变频调速系统除具有三相电机的调速特性外，还有以下特点。

(1) 实现低压大功率传动

在供电电压受限制的场合，采用多相电机调速系统是实现大功率的有效途径。通过增加相数分摊电流和功率，降低了功率开关器件的电流和电压等级，同时也可以避免功率器件并联使用带来的动态和静态均流问题，提高了系统的可靠性。

(2) 提高调速系统的整体性能

多相电机相数增大，使电机的谐波次数增大，幅值下降，有效减小了电机的转矩脉动、噪声和振动，并改善了低速运行性能。另外，多相电机由于谐波幅值小，一般情况下不采用短距和分布绕组，故绕组系数大，使产生同样转矩的基波电流减小，定子的铜耗降低。对于感应电机来说，由于磁场谐波含量的降低，转子电流谐波减小，转子铜耗下降。

(3) 容错能力更强，可靠性高

由于相数多，当有一相甚至几相出现故障时，电机仍然能够正常起动并降低功率运行，适时适当的控制策略可以维持较高的性能运行。

(4) 更多的控制自由度

随着相数的增加，电压空间矢量的个数呈指数增加，为电压型逆变器的空间矢量脉宽调制控制等先进控制策略提供了充足的控制资源。例如，多相电机的直接转矩控制性能和三相电机相比有较大的提高。

尽管多相电机及其调速系统具有诸多优点，但与三相电机调速系统相比，在通用场合的应用中并没有多大优势，三相电机调速仍然占据主流地位。其原因是随着相数的增加，电机结构复杂，成本增加。由于每相一般至少需采用一个桥臂进行驱动，功率开关器件的数量成倍增加，成本较高。因此，多相电机适合应用于大功率或可靠性要求高的场合。

实践操作

交流异步电机的拆装

任务准备

一、外围设备、工具的准备

为完成工作任务，每个工作小组需要向仓库工作人员提供借用工具清单，如表 3－1 所示。

表 3－1　交流异步电机的拆装借用工具清单

序号	名称	数量	借出时间	学生签名	归还时间	学生签名	管理员签名
1							
2							
3							
4							
5							
6							
7							

二、团队分配方案

任务实施

一、交流异步电机的拆卸

1. 交流异步电机拆卸注意事项

拆装电机之前应首先拔开电机与控制器的引线，此时一定要记录电机引线颜色与控制器引线颜色的一一对应关系。打开电机端盖之前应清洁作场地，以防止杂物被吸在电机内的磁钢上。注意一定要对角松动螺钉，以免电机外壳变形。电机转子与定子的径向间隙为气隙（空气间隙），一般电机的气隙为0.25～0.8 mm，当拆卸完电机排除电机故障之后，一定要对原来的端盖记号进行装配，这样可以防止二次装配后的扫膛现象。

2. 准备工作

常用拆装工具、拉马器、抹布、手套。

3. 交流异步电机拆解步骤

（1）在前端盖和机体之间做好相对记号。

（2）拆下前端盖螺栓，注意螺栓拆卸顺序，用撬棒轻轻撬动边缘，取下前端盖，如图 3－17 所示。

（a）

（b）

图 3－17　拆卸前端盖

（3）拆卸接线盒端盖，注意螺栓拆卸顺序。

（4）拆下接线盒中的螺栓。注意螺栓拆卸顺序。

（5）将电机后端朝上，在齿轮罩盖和后端盖上做好装配记号，拆下齿轮罩盖固定螺栓。注意螺栓拆卸顺序。

（6）用锤子轻敲四周，取下罩盖。

（7）做好相对标记，拆下后端盖螺栓。注意螺栓拆卸顺序。

（8）将电机卧倒，整体取出后端盖与转子。

（9）用卡簧钳将卡环取出，拆卸后端盖上的 4 个螺栓，用拉马器取下后端盖，分别如图 3－18～图 3－20 所示。

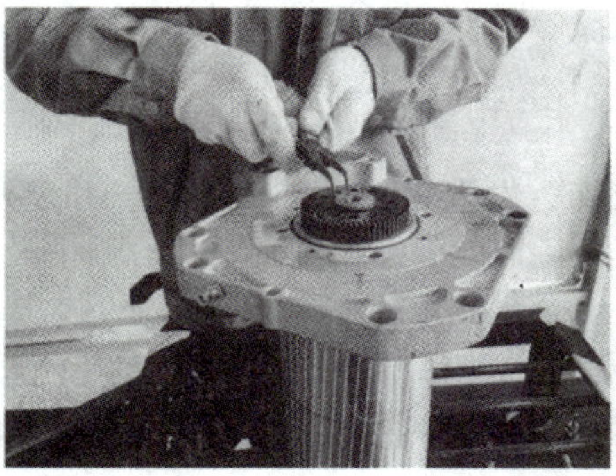

图 3－18　用卡簧钳将卡环取出

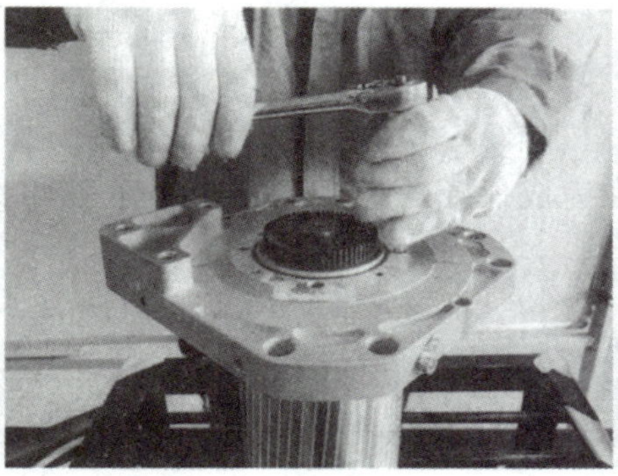

图 3－19　拆卸后端盖上的 4 个螺栓

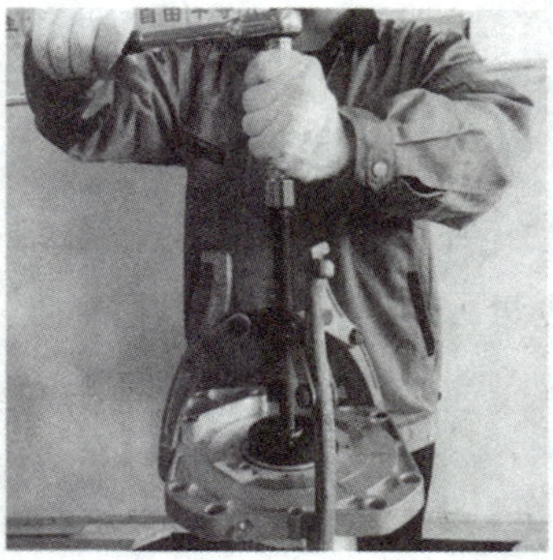

图 3－20　用拉马器取下后端盖

至此，拆卸完成。

二、交流异步电机的装配

1. 交流异步电机安装注意事项

安装电机的时候，首先应清理电机部件表面的杂质，以免影响电机的正常运转，造成部件相互撞击、损坏。

2. 交流异步电机安装步骤

（1）将后端盖安装到转子轴上。注意要用锤子均匀敲击四周，直至端盖到达最底部，用同样方法将齿轮装入转子轴上。注意齿轮的正反面，并用卡簧钳将卡环安装到位，注意操作安全，小心卡簧弹出。将4个螺栓装入后端盖。注意螺栓安装顺序。

（2）将后端盖与转子整体缓缓放入定子，注意装配记号。

（3）按顺序拧紧后端盖螺母，先将两个小固定螺栓装入，再装其余大固定螺栓。

（4）安装传感器罩盖。注意装配记号和螺栓安装顺序。

（5）装入接线盒中固定端盖螺栓。注意安装正确，防止螺栓掉入电机。

（6）安装接线盒，注意UVW一一对应，并按顺序拧紧接线盒螺栓。

（7）装入前端盖，用锤子均匀敲击端盖，注意安装位置与记号和螺纹孔对应，按顺序拧紧螺栓。至此，装配完成。

在操作过程中还遇到了哪些问题，是如何处理的，记录在表3－2中，并写出解决方法。

表3－2　操作过程情况记录表

所遇到的问题	解决方法

任务评价

一、成果展示

各小组派代表上台总结在完成任务的过程中，学会了哪些技能，发现错误后如何改正，并展示成果。

二、学生自我评估与总结

三、小组评估与总结

四、教师评估与总结

五、各小组对工作岗位的“6S”处理

在小组和教师都完成工作任务总结以后，各小组必须对自己的工作岗位进行“整理、整顿、清扫、清洁、安全、素养”，并归还所借的工具和实习工件。

六、评价表

表3－3　认识交流异步电动机评价表

班级：＿＿＿＿ 小组：＿＿＿＿ 姓名：＿＿＿＿		指导教师：＿＿＿＿ 日　期：＿＿＿＿					
评价项目	评价标准	评价依据	评价方式			权重	得分小计
			学生自评 20%	小组互评 30%	教师评价 50%		
职业素养	1. 遵守企业规章制度、劳动纪律 2. 按时按质完成工作任务 3. 积极主动承担工作任务，勤学好问 4. 人身安全与设备安全 5. 工作岗位“6S”完成情况	1. 出勤 2. 工作态度 3. 劳动纪律 4. 团队协作精神				0.3	
专业能力	1. 能掌握交流异步电动机的结构和工作原理 2. 能掌握交流异步电动机的启动方法 3. 会进行交流异步电动机的异步启动控制	1. 操作的准确性和规范性 2. 任务或项目技术总结完成情况 3. 专业技能任务完成情况				0.5	
创新能力	1. 在任务完成过程中能提出自己的有一定见解的方案 2. 在教学或生产管理上提出建议，具有创新性	1. 方案的可行性及意义 2. 建议的可行性				0.2	
合计							

课程思政

新能源汽车的核心技术

随着新能源汽车发展势头的不断加快，关于新能源汽车的技术发展、未来趋势等问题也逐渐成为热点。2021 年 9 月 16 日，在 2021 年世界新能源汽车大会期间清华大学汽车产业与技术战略研究院院长、世界汽车工程师学会联合会终身名誉主席赵福全就大众关心的热点问题接受了记者的采访。

赵福全教授认为：在万物互联的背景下，汽车产业已经进入了一个以生态为主导的全新时代。汽车产业最大的变革，是由过去硬件主导，变成了软件主导、软硬有效的融合发展。只有软硬件有效地融合发展，才能让汽车的功能、性能、尤其个性化的体验做到极致。

新能源汽车的核心技术依旧是“三电”系统，包括电池、电机、电控系统。除此之外，由于智能网联的快速发展，围绕汽车产生的数据进行加工、算法等技术形成的软件技术，也同样是新能源汽车的核心技术。赵福全教授指出：“数据是汽车能够不断进化的 DNA。相对于硬件来说，软件使车更具个性特征；没有硬件不行，但只有硬件不够，需要软件来升华硬件，通过数据让汽车进化。目前中国新能源汽车已经到达突破的关键点，产品、市场都已做好准备，基础设施正在变革，未来新能源汽车可以有很多的期待。

思考练习

一、选择题

1. (　　)指电机在额定状态下运行时轴端输出的机械功率，单位为 W 或 kW。

A. 额定功率　　B. 额定电压

C. 额定电流　　D. 额定转速

2. (　　)用以表明电机的系列、几何尺寸和极数。

A. 功率因数　　B. 额定功率

C. 额定电流　　D. 型号

3. 改变交流异步电机输入电源的电压进行调速的方式称为(　　)，是一种变转差率调速方式。

A. 调压调速　　B. 变极调速

C. 变频调速　　D. 变化调速

二、填空题

1. 交流电机可分为________和________两类。

2. 三相异步电机主要由________、转子和气隙三部分构成。

3. 转子的绕组是转子的电路部分，分为________和________两类。。

4. 交流感应电机的基本调速方式分为三种，即________、变极调速和________。

5. 改变交流感应电机输入________，从而改变________转速的调速方式称为变频调速，其转速可以均匀变化。

三、简答题

1. 交流异步电机的优点是什么？

2. 转子和定子之间有一个非常小的空气气隙，过大或过小有什么影响？

3. 交流感应电机控制系统的主要作用是什么？

第四章

交流同步电机及其控制技术

本章导读

由于能源危机和环境问题的影响，电动汽车受到广泛的关注，交流同步电机驱动是电动汽车驱动系统的主流技术。永磁同步电机的基本结构与交流异步电机类似，都包括定子部分和转子部分。掌握永磁同步驱动电机的结构和工作原理是进行永磁同步电机拆装和检修的基础。永磁同步电机是目前主流电动汽车上运用最多的一种驱动电机。

学习目标

1. 了解同步电动机的基本结构和工作原理。
2. 掌握同步电动机的启动方法及调速方法。
3. 了解永磁同步电动机的结构及工作原理。
4. 掌握永磁同步电动机的运行特性和控制方式。

素质目标

1. 自觉提升职业技能意识，成为新能源汽车维修与服务等行业高素质技术人才。
2. 激发学生科技报国的决心，做担当民族复兴大任的时代新人。
3. 深化爱国主义教育，培养学生自信自强、守正创新的强国意识。

第一节　认识交流同步电动机

一、同步电动机的基本结构

与直流电动机、异步电动机一样，同步电动机也是由定子和转子两大部分组成的。同步电动机的外形如图 4－1 所示。

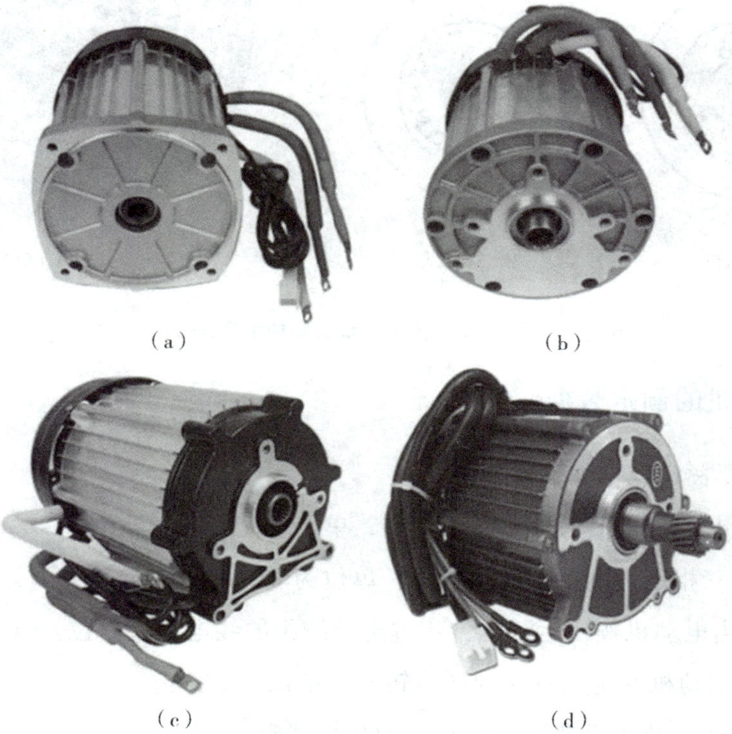

图 4－1　同步电动机的外形

（一）定子

同步电动机的定子与异步电动机的定子结构基本相同，由机座、定子铁芯、电枢绕组等组成。大型同步电动机由于尺寸太大，因此硅钢片通常先制成扇形，再制成圆形。

（二）转子

转子由磁极、转轴、阻尼绕组、滑环、电刷等组成，在电刷和滑环中通入直流电流励磁，产生固定磁极。根据容量大小和转速高低，转子结构分为凸极式和隐极式两种。

1. 凸极式特点

气隙不均匀，有明显的磁极，转子铁芯短粗，适用于转速低于 1 000 r/min，磁极对数$p \geqslant 3$的电动机。

2. 隐极式特点

气隙均匀，无明显的磁极，转子铁芯长细，适用于转速高于 1 500 r/min，磁极对数 $p \leqslant 2$ 的电动机。

图 4－2 所示为同步电动机结构示意图。

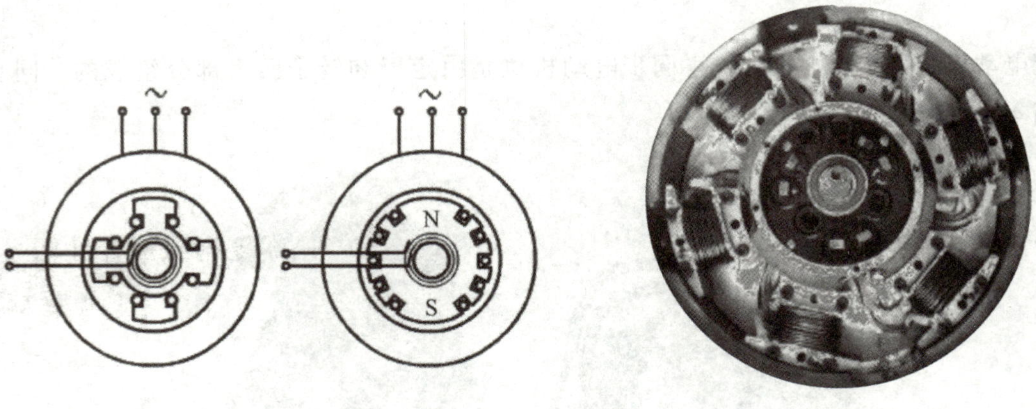

（a）凸极式　（b）隐极式　（c）实物

图 4－2　同步电动机结构示意图

（三）同步电动机的额定数据

同步电动机的主要额定数据如下。

额定容量 P_N：指电动机轴上输出的有功功率，单位为 kW。

额定电压 U_N：指三相定子绕组上的线电压，单位为 V。

额定电流 I_N：指当电动机额定运行时，流过定子绕组的线电流，单位为 A。

额定转速 n_N：指电动机额定运行时的同步转速，单位为 r/min。

额定功率因数 $\cos\varphi_N$：指电动机额定运行时的功率因数。

额定频率 f_N：指电动机额定运行时的频率，单位为 Hz。

额定效率 η_N：指电动机额定运行时的效率。

额定励磁电压 U_{fN}：指电动机额定运行时的励磁电压，单位为 V。

额定励磁电流 I_{fN}：指电动机额定运行时的励磁电流，单位为 A。

二、同步电动机的工作原理

（一）工作原理

当同步电动机的三相定子绕组中通入对称三相交流电流时，对称的三相绕组中产生旋转磁场，当转子的励磁绕组通入励磁电流时，转子好像一个“磁铁”，在旋转磁场的作用下旋转。这时，转子的转速和旋转磁场的同步转速相等。

在转子绕组上加上直流电流励磁，转子将在定子旋转磁场的作用下，带动负载沿定子磁场的方向以相同的转速旋转，转子的转速 n 与定子电源频率 f、磁极对数 p 之间应满足

$$n = n_1 \frac{60f}{p}$$

上式表明，同步电动机的转速与频率之间保持严格不变的关系，当电源频率 f 不变时，转速恒为同步转速，与负载大小无关。这是同步电动机和异步电动机的基本差别之一。图 4－3 为同步电动机工作原理示意图。

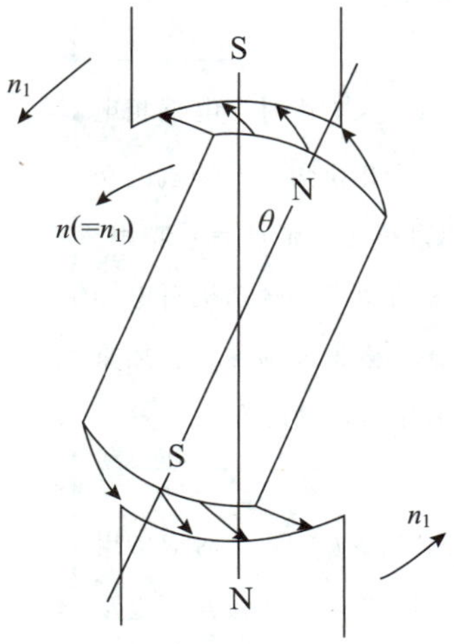

图 4－3　同步电动机工作原理示意图

如果电动机以某种方法启动，并且转速接近 n_1，这时转子的磁场极性与定子旋转磁场极性之间异性对齐（定子 S 极与转子 N 极对齐）。根据磁极异性相吸原理，定转子磁场间产生电磁转矩，促使转子和旋转磁场一起同步转动，即 $n = n_1$，因此称为同步电动机。在同步电动机实际运行过程中，由于其空载时总存在阻力，转子的磁极轴线总要滞后旋转磁场轴线一个很小角度 θ，因此会产生一个异性吸力（驱动性质的电磁转矩），如图 4－3 所示。当电动机负载时，θ 增大，电网输入的电功率 P_1 和相应的电磁功率 P_m 增大，电磁转矩随之增大，电动机仍保持同步状态。当外部转矩负载超过同步异性吸力（电磁转矩）时，转子就无法正常运转。

永磁直流电机工作原理

（二）同步电动机功率因数调节

电网的主要负载是变压器和三相异步电动机，它们都是感性负载，不仅要消耗有功功率，还要从电网中吸取滞后的无功功率，使电网功率因数下降。同步电动机可通过调节励磁电流，来调节同步电动机的无功电流和功率因数，从而提高电网的功率因数。下面分三种情况进行分析，如表 4－1 所示。

表 4－1　同步电动机的功率因数调节

励磁情况	励磁特点	相量图
正常励磁	当正常励磁时，励磁电流为 I_f，电枢相电流 I 和定子相电压 U 同相位，电动机的功率因数 $\cos\varphi=1$，无功功率为零，说明电动机只消耗有功功率，不消耗无功功率，电动机对电网呈纯电阻	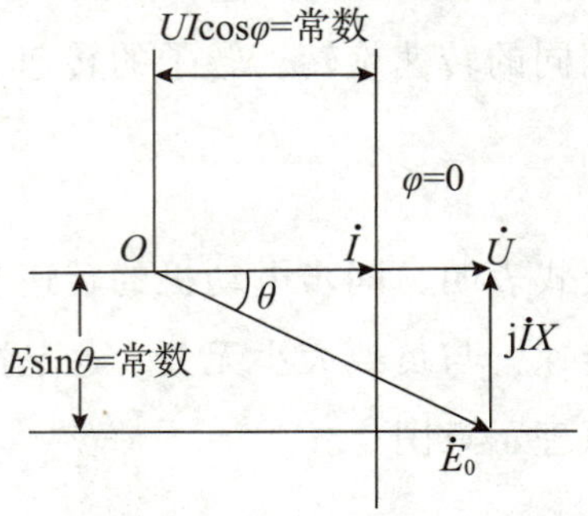
欠励磁	当减小励磁电流为 I'_f（$I'_f<I_f$）时，电枢相电流 I 滞后定子相电压 U 一个相位角，电动机的功率因数 $\cos\varphi<1$，这时电动机不仅消耗有功功率，还要从电网吸收滞后的无功功率，电动机对电网呈感性负载，这种励磁方式称为欠励磁，它加重了电网的负担，一般不采用这种励磁方式	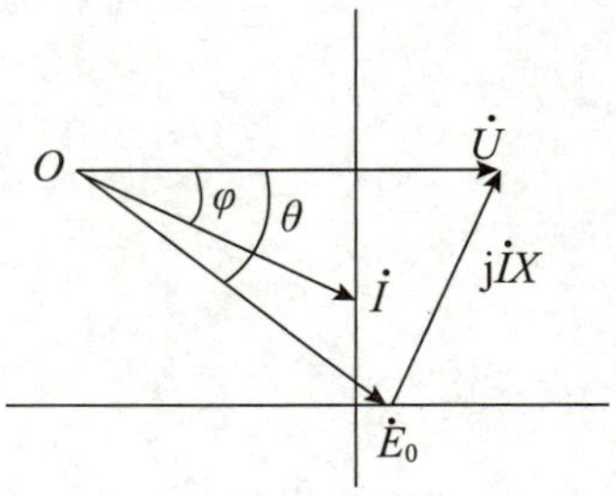
过励磁	当增大励磁电流为 I''_f（$I''_f>I_f$）时，对应的电枢相电流 I 超前定子相电压 U 一个相位角，电动机的功率因数 $\cos\varphi>1$，这时电动机不仅从电网吸收有功功率，同时从电网吸收超前的无功功率，电动机对电网呈容性负载，这种励磁方式称为过励磁，这种励磁方式能提高电网的功率因数	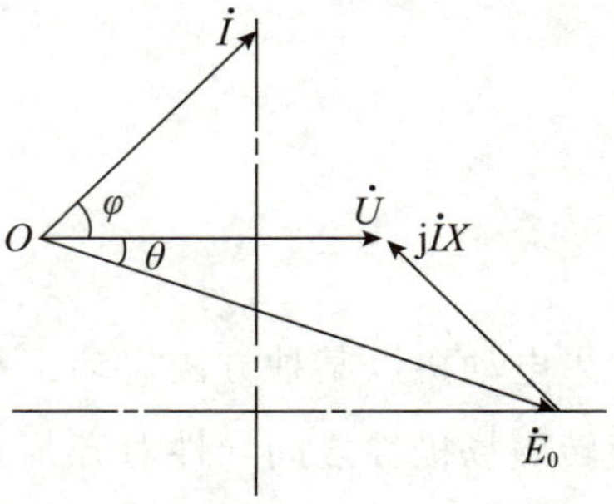

（三）同步电动机的 V 形曲线

同步电动机的 V 形曲线是指在保持电压 U 和负载 T_L 不变的条件下，电枢电流 I_1 与励磁电流 I_f 之间的关系曲线，即 $I_1=f(I_f)$。同步电动机的 V 形曲线可通过实验测得，如图 4－4 所示。

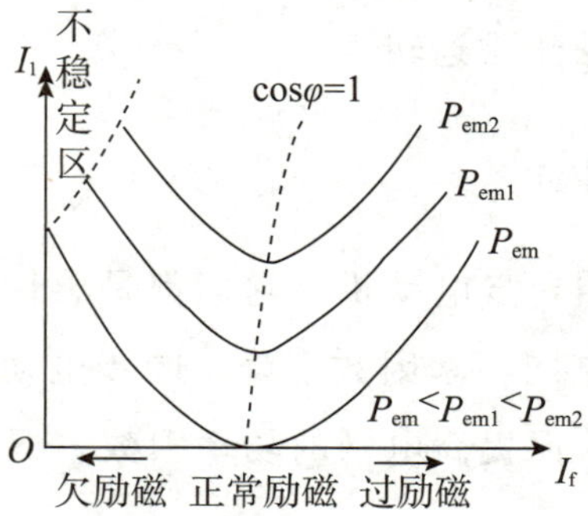

图 4－4　同步电动机的 V 形曲线

从图 4－4 中可见，不同的负载对应不同的 V 形曲线，对于每条 V 形曲线，电枢电流 I_1 都有一个最小值，曲线最低点的功率因数 $\cos\varphi=1$，该点是正常励磁点，以该点为界，左边是欠励磁，右边是过励磁；V 形曲线的左上半部分，其功率因数已超出对应于稳定极限的数值，所以是不稳定区。

当正常励磁时，$\cos\varphi=1$，电枢电流全部为有功电流；当欠励磁时，功率因数是滞后的，电枢电流为感性电流，起增磁作用，电动机从电网中吸收滞后的无功电流和功率；当过励磁时，功率因数是超前的，电枢电流为容性电流，起去磁作用，电动机从电网中吸收超前的无功电流和功率。

三、同步电动机的启动

同步电动机的定、转子通电，三相定子绕组产生旋转磁场，转子绕组产生恒定磁场。假设在启动瞬间，定、转子磁极的相对位置如图 4－5（a）所示。在启动瞬间，转子是静止的，转子磁场也是静止的，定子磁场以同步转速对转子磁场做相对运动，产生逆时针方向的转矩。而转子存在惯性，一下子达不到同步转速。这时定子的旋转磁场已经转过了 180°，如图 4－5（b）所示，转子上产生一个顺时针方向的转矩。可见在一个周期内，作用在同步电动机转子上的平均启动转矩为零。所以，同步电动机不能自行启动。

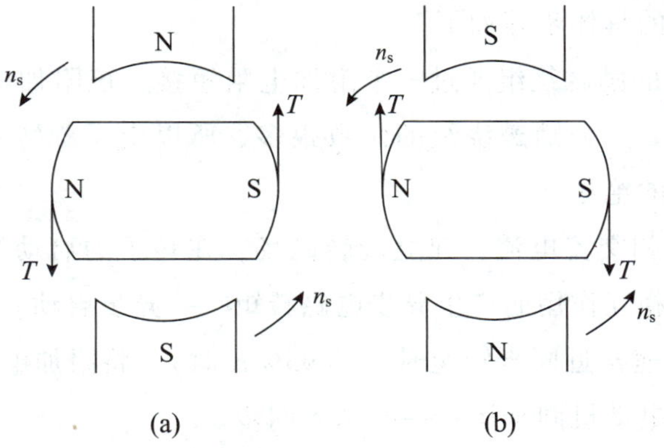

图 4－5　同步电动机启动时定子磁场对转子磁场的作用

同步电动机的启动方法有三种：辅助电动机启动法、变频启动法和异步启动法。

（一）辅助电动机启动法

辅助电动机启动法是指选用一台与同步电动机极数相同的小型异步电动机作为辅助电动机，在启动时，首先启动辅助电动机将同步电动机拖动到异步转速，然后将同步电动机投入电网，加入励磁电流，利用同步转矩把同步电动机转子牵入同步状态，同时断开辅助电动机电源。这种方法适用于同步电动机的空载启动。

（二）变频启动法

当恒频启动时，作用在转子上的平均转矩为零，因此电动机无法自行启动。变频启动法是指在启动前在转子中加入励磁电流，利用变频电源使频率从零缓慢升高，旋转磁场牵引转子缓慢同步加速，直至达到额定转速，启动完毕。这种方法多用于大型同步电动机的启动。

（三）异步启动法

异步启动法是指在转子上加装启动绕组，其结构如同异步电动机的笼型绕组。当启动时，首先不给励磁绕组励磁，将同步电动机定子绕组接通电源，通过启动绕组的作用，产生启动转矩，同步电动机自行启动，当转速达95%同步转速左右后，给同步电动机的励磁绕组通入直流，转子自动牵入同步状态。同步电动机异步启动法的原理接线图如图4-6所示。

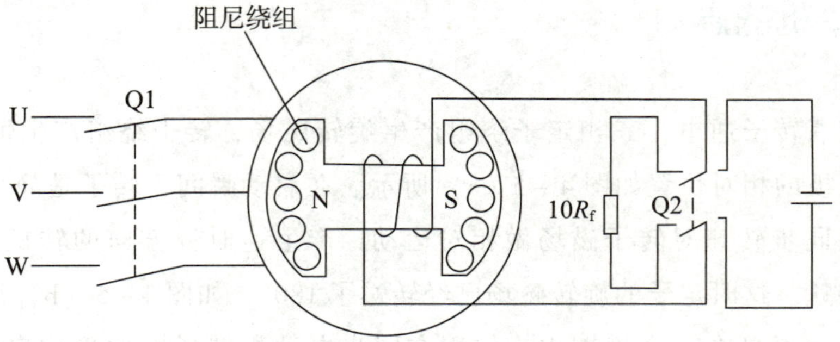

图4-6　同步电动机异步启动法的原理接线图

同步电动机异步启动法的具体步骤如下。

（1）首先将同步电动机的励磁绕组通过一个附加电阻短接，该附加电阻约为励磁绕组电阻的10倍，并且励磁绕组不能开路。因为励磁绕组的匝数很多，所以定子旋转磁场将在该绕组中感应很高的电压，可能击穿励磁绕组的绝缘。

（2）将定子绕组通以三相交流电流，建立旋转磁场，在转子的启动绕组中产生感应电动势及电流，此电流与定子旋转磁场相互作用而产生异步电磁转矩——异步启动。

（3）当同步电动机的转速接近同步转速时（达95% n_1时），将附加电阻切除，励磁绕组与直流电源连接，依靠同步转矩保持电动机同步运行——牵入同步。

在同步电动机异步启动时，为了限制启动电流，可采用降压启动。通常采用自耦变压器或电感器来降压。当转速达到同步转速时，电压恢复至额定值，再给直流励磁，使同步电动机牵入同步状态运行。

四、同步电动机的调速

同步电动机始终以同步转速进行运转，没有转差，也没有转差率，而同步电动机转子的磁极对数是固定的，不能进行变极调速，因此只能进行变频调速。在进行变频调速时需要考虑恒磁通的问题，同步电动机的变频调速也是电压频率协调控制的变压变频调速。从控制的方式来看，同步电动机的变压变频调速方法可分为他控变压变频调速和自控变压变频调速两种。

（一）他控变压变频调速系统

使用独立的变压变频装置给同步电动机供电的调速系统称为他控变压变频调速系统。同步电动机的变压变频装置和感应电动机的变压变频装置相同，分为交—直—交电流型变压变频器和交—交电流型变压变频器两种。对于经常高速运行的电力拖动场合，定子的变压变频装置常用交—直—交电流型变压变频器，其电动机侧变换器（逆变器）较感应电动机更简单。对于低速运行的同步电动机电力拖动系统，定子的变压变频装置常用交—交电流型变压变频器（或称周波变换器），使用这样的调速装置可以省去庞大的机械传动装置。

（二）自控变压变频调速系统

自控变压变频调速系统是一种闭环调速系统。自控变压变频调速系统利用检测装置，检测出转子磁极位置的信号，并用来控制变压变频装置换相，类似于直流电动机中电刷和换向器的作用，因此也称作无换向器电机调速系统或无刷直流电机调速系统。但自控变压变频调速系统绝不是一台直流电动机。与感应电动机相对应，对同步电动机拖动系统的控制近年来也采用了矢量控制的方法：基于同步电动机的状态空间数学模型，运用现代控制理论、状态估计理论等先进的控制方法，对同步电动机的拖动系统进行有效的控制。

第二节　永磁同步电机概述

一、永磁同步电机认知

在20世纪50年代，随着高磁能积永磁体的出现，以永磁体作为励磁源的直流电机得到快速发展。用永磁体代替电励磁磁极可以使直流电机的体积大大减小。同样，在同步电机的应用上，以永磁体转子替换电励磁转子可以取消电刷和滑环，使电机结构简化，具有更好的维护性。与此同时，随着功率变换器件和晶闸管整流器件的出现，机械式换流器也被电子换流器替代。这两大进步促进了永磁电机的发展，如图4－7所示为永磁同步电机。

图4－7　永磁同步电机

永磁同步电机的运行原理与电励磁同步电机相同，二者的主要区别在于永磁同步电机以永磁体提供的磁通替代后者由励磁绕组产生的励磁磁场，因而无须励磁电流，避免了励磁损耗，并能使电机结构更为简单。永磁同步电机不仅降低了加工和装配费用，而且省去了容易出问题的集电环和电刷，提高了电机运行的可靠性，因而是一种研究得较多并在各个领域中得到越来越广泛应用的电机。特别是在新能源汽车大力发展的今天，永磁同步电机的体积和感应式电机相比减小了 20% ~50%，质量减小了 20% ~40%，节能效果可达 30% ~60%。因此，无论是从节能、高效，还是从小型化和轻型化来说，永磁同步电机都将在电动汽车驱动电机领域成为感应电机的最佳替代者。

二、永磁同步电机的分类

永磁同步电机的分类方法比较多。按工作主磁场方向的不同，可分为径向磁场式和轴向磁场式；按电枢绕组位置的不同，可分为内转子式（常规式）和外转子式；按转子上有无起动绕组，可分为无起动绕组的电机（用于变频器供电的场合，利用频率的逐步升高而起动，并随着频率的改变而调节转速，常称为调速式永磁同步电机）和有起动绕组的电机（既可用于调速运行，又可在某一频率和电压下利用起动绕组所产生的异步转矩起动，常称为异步起动永磁同步电机），异步起动永磁同步电机用于频率可调的传动系统时，形成一台具有阻尼（起动）绕组的调速式永磁同步电机；按供电电流波形的不同，可分为矩形波永磁同步电机和正弦波永磁同步电机（简称永磁同步电机）。

三、永磁同步电机的铭牌数据

永磁同步电机与异步电机一样，也需要按照国家标准在电机机壳上标注铭牌数据，图 4－8 为某款永磁同步电机的铭牌。

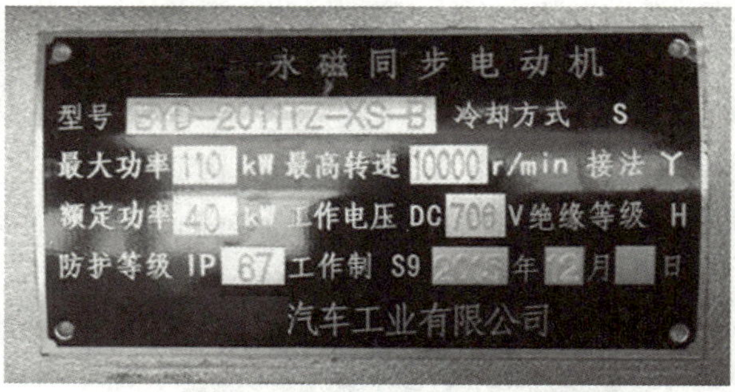

图 4－8　某款永磁同步电机的铭牌

永磁同步电机的铭牌数据是正确、合理地使用电机的参考和依据，铭牌上标明的主要项目如下。

（一）型号

型号用以表明电机的系列、几何尺寸和极数。由汉语拼音字母、国际通用符号和阿拉伯数字组成。例如某款永磁同步电机的型号为 TYJX225M－8，其各字母和数字的含义如图 4－9 所示。

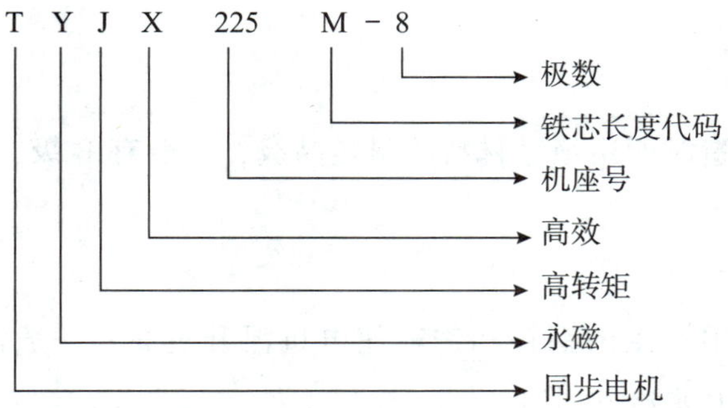

图 4－9　同步电机各字母和数字的含义

（二）额定功率

额定功率指电机在额定状态下运行时电机轴端输出的机械功率，单位为 W 或 kW。

（三）额定电压

额定电压指电机在额定状态下运行时加在定子绕组上的线电压，单位为 V。

（四）额定转速

额定转速是指对应于额定电压、额定电流，电机运行于额定功率时的转速，单位为 r/min。

（五）峰值功率

峰值功率指电机在峰值转矩状态下运行时电机轴端输出的机械功率，单位为 W 或 kW。

（六）最大转速

最大转速是指电机正常运行所能达到的最大速度，体现了永磁同步电机调速能力的大小，单位为 r/min。

（七）最高效率

最高效率指电机在整个运行区间内所能达到的最大效率。

（八）功率因数

功率因数指电机有效功率与视在功率的比值。它表征着电机运行时从电网吸收的无功功率的大小。一般来说，对于相同转速的电机，容量越大，功率因数越高；对于相同容量的电机，转速越高，功率因数越大。

（九）连接方式

永磁同步电机常用的定子绕组接法主要有星形连接和三角形连接。

（十）绝缘等级

绝缘等级指直流电机制造时所用绝缘材料的耐热品级，一般有 B 级、F 级、H 级、C 级。

（十一）冷却方式

为防止电机在工作过程中产生的铜耗和铁耗使电机温升过高，一般需要采取冷却措施。永磁同步电机常用的冷却方式一般有水冷和风冷。

（十二）定额（工作制）

定额即电机的工作方式，指电机在正常使用时的延续时间。一般分为 10 类：S1 ~ S10。连续工作制，其代号为 S1；短时工作制，其代号 S2；断续周期工作制，其代号 S3。

四、永磁同步电机的优缺点

（一）永磁同步电机优点

（1）用永磁体取代绕线式同步电机转子中的励磁绕组，从而省去了励磁线圈、集电环和电刷，以电子换相实现无刷运行，结构简单、运行可靠。

（2）永磁同步电机的转速与电源频率间始终保持准确的同步关系，控制电源频率就能控制电机的转速。

（3）永磁同步电机具有较硬的机械特性，对于因负载变化而引起的电机转矩的扰动具有较强的承受能力，瞬间最大转矩可以达到额定转矩的 3 倍以上，适合在负载转矩变化较大的工况下运行。

（4）永磁同步电机的转子为永久磁铁，无须励磁，因此电机可以在很低的转速下保持同步运行，调速范围大。

（5）永磁同步电机与异步电机相比，不需要无功励磁电流，因而功率因数高，定子电流和定子铜耗小，效率高。

（6）随着高性能永磁材料的不断应用，永磁同步电机的功率密度得到很大提高，和同容量的异步电机相比，体积和质量都有较大的减小，从而适合应用在许多特殊场合。

（7）结构多样化，应用范围广。

（二）永磁同步电机的缺点

（1）永磁同步电机转子为永磁体，无法调节，必须通过加定子直轴去磁电流分量来削弱磁场，这会增大定子的电流，增加电机的铜耗。

（2）永磁同步电机的磁钢价格较高。

由此可见，永磁同步电机体积和质量小、转动惯量小、功率密度高（可达 1kW/kg），适合电动汽车空间有限的特点；另外，转矩惯量比大、过载能力强，尤其低转速时输出转矩大，适合电动汽车的起动加速。因此，永磁同步电机得到国内外电动汽车界的广泛重视。

五、永磁同步电机在电动汽车上的应用

与传统的电励磁电机相比，永磁同步电机特别是稀土永磁同步电机具有结构简单、运行可靠、体积小、质量小、损耗少、效率高、电机的形状和尺寸可以灵活多变等显著优点，在电动汽车电驱动系统中具有很高的应用价值，是目前主流电动汽车上运用最多的一种驱动电机，如北汽新能源系列纯电动汽车、比亚迪系列新能源汽车、丰田系列混合动力汽车、本田 INSIGHT 和日产 LTMA。在欧洲各国也大多采用永磁同步电机，如大众奥迪 A8 Hybrid 1 宝马、Active Hybrid 7。

我国永磁材料资源储备丰富，永磁同步电机制造成本也将进一步降低，相对于其他种类的电机，其优势必将更加显著。

第三节　永磁同步电机的结构与工作原理

一、永磁同步电动机的基本结构

永磁同步电动机分为正弦波驱动电流的永磁同步电动机和方波驱动电流的永磁同步电动机。本节仅介绍三相正弦波驱动电流的永磁同步电动机。

永磁同步电动机的结构和传统电动机一样，主要由定子和转子两大部分构成，如图 4－10 所示。

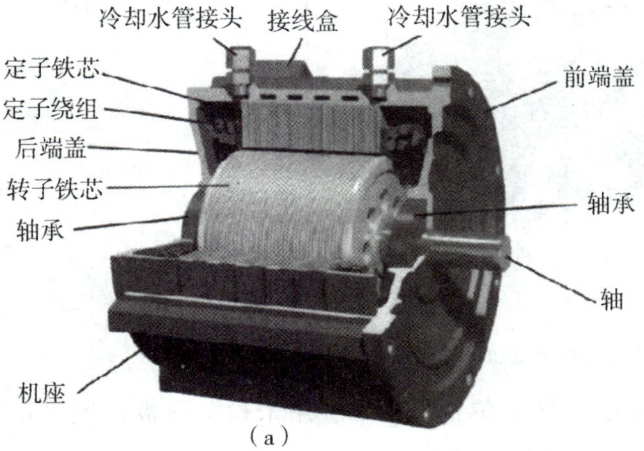

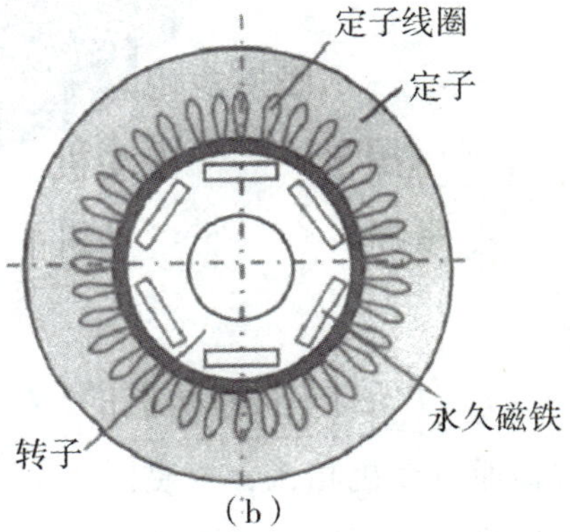

图 4－10　永磁同步电动机的结构

(一) 永磁同步电动机的定子

永磁同步电动机的定子与普通电动机的定子基本相同，由定子铁芯和定子绕组等构成，如图 4－11所示。

图 4－11　永磁同步电动机的定子结构

定子铁芯一般采用0.5 mm硅钢冲片叠压而成，对于具有高效率指标或频率较高的电动机，为了减少铁耗，可以考虑使用0.35 mm的低损耗冷轧无取向硅钢片。定子绕组普遍采用分布、短距绕组。对于极数较多的电动机，定子绕组普遍采用分数槽绕组；当需要进一步改善电动势波形时，可以考虑采用正弦绕组或其他绕组。

（二）永磁同步电动机的转子

永磁同步电动机的转子主要由永磁体、转子铁芯和转轴等构成，如图 4－12 所示。其中永磁体主要采用铁氧体永磁和钕铁硼永磁材料；转子铁芯可根据磁极结构的不同，选用实心钢或钢板或硅钢片冲制后叠压而成。

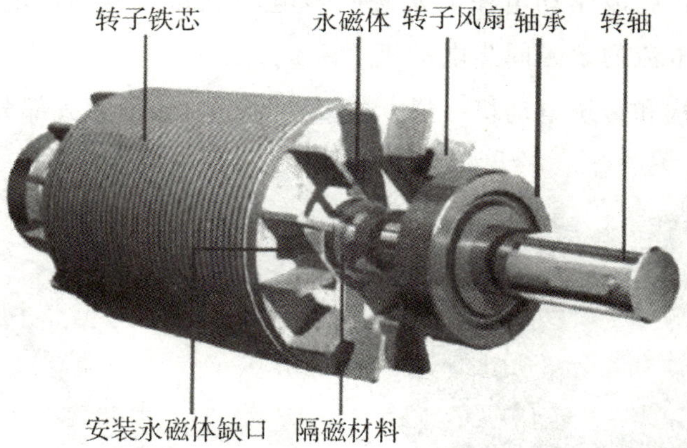

图 4－12　永磁同步电动机的转子结构

与普通电动机相比，永磁同步电动机必须装有转子位置传感器，用来检测磁极位置，并以此对电枢电流进行控制，达到对永磁同步电动机进行驱动控制的目的。

根据永磁体在转子上位置的不同，永磁同步电动机可分为内置式永磁同步电动机和外置式永磁同步电动机。

1. 内置式永磁同步电动机

内置式永磁同步电动机按永磁体磁化方向的不同可分为径向式永磁同步电动机、切向式永磁同步电动机和混合式永磁同步电动机三种，其转子结构如图 4－13 所示。内置式永磁同步电动机转子内部嵌入永磁体，这导致了转子机械结构的凸极特性。

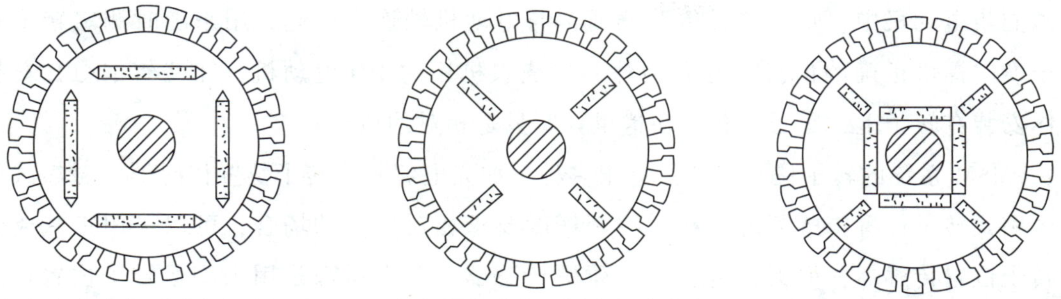

（a）径向式永磁同步电动机　（b）切向式永磁同步电动机　（c）混合式永磁同步电动机

图 4－13　内置式永磁同步电动机转子结构示意图

2. 外置式永磁同步电动机

外置式永磁同步电动机根据永磁体是否嵌入转子铁芯中可分为面贴式永磁同步电动机和插入式永磁同步电动机两种，其转子结构如图 4－14 所示。

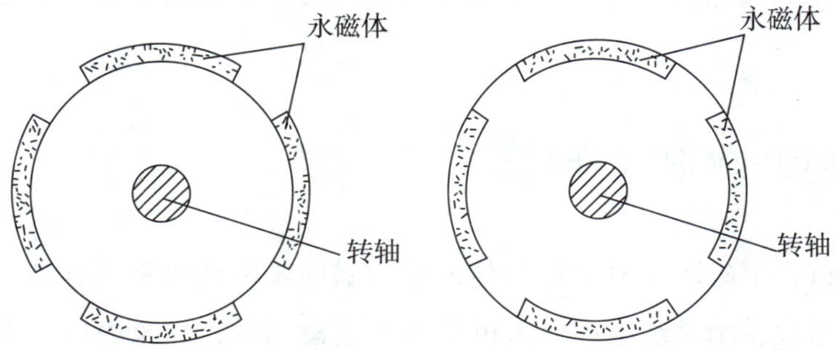

（a）面贴式永磁同步电动机　（b）插入式永磁同步电动机

图 4－14　外置式永磁同步电动机转子结构示意图

（1）面贴式永磁同步电动机的转子永磁体一般为瓦片形，通过合成黏胶黏于转子铁芯表面。在功率稍大的面贴式永磁同步电动机中，永磁体与气隙之间可以通过无纬玻璃丝带进行捆绑保护，防止永磁体因转子高速转动而脱落。插入式永磁同步电动机的永磁体嵌入转子铁芯中，两个永磁体之间的铁芯成为铁磁介质突出的部分。在面贴式永磁同步电动机中，由于永磁体的相对磁导率接近真空磁导率（$\mu = 1.0$），等效气隙基本均匀，所以交、直轴电感基本相符，面贴式永磁同步电动机是一种隐极式永磁同步电动机。插入式永磁同步电动机的交轴方向上的气隙比直轴的小，交轴的电感比直轴大，是一种凸极式永磁同步电动机。相对而言，由于永磁体的存在，面贴式永磁同步电动机定子和转子之间的有效气隙较大，因此定子的电感较小。

（2）外置式永磁同步电动机的结构比内置式永磁同步电动机简单，且具有制造容易、成本低廉的优点，因此在工业上应用较多。面贴式永磁同步电动机转子结构极为简单，与插入式永磁同步电动机相比，它提高了转子表面的平均磁通密度，可以得到更大的电子转矩。

（三）转子位置传感器

在永磁同步电动机中，转子位置传感器通常与电动机轴连在一起，用来随时测定转子磁极的位置，为电子换向提供正确的信息。也有例外，如洗衣机用的 DD 电动机，往往将 HALL 安装到定子上，永磁体安装在转子上，定子、转子在这里其实只是相对的概念。

目前，PMSM 系统的转子位置传感器有很多种，如光电编码式转子位置传感器、磁敏式转子位置传感器和电磁式转子位置传感器等，在对控制精度要求相对较高的场合，可以采用正弦或余弦旋转变压器等转子位置传感器，但无论哪种转子位置传感器，其本质都是用来测量转子位置信息的，只是安装的体积、方便程度、成本及可靠性要求不同而已。

（四）逆变器

转子位置传感器将转子的位置信号电平反馈给控制芯片，控制芯片经过电流采样和数学变换，并根据反馈的位置信息进行闭环运算，重新按照新的 PWM 占空比输出，来触发功率器件（IGBT 或 MOSFET）。实际上逆变器是自控的，由自身运行来保证电动机的转速和电流输入频率同步，并避免震荡和失步的发生。

二、永磁同步电动机的工作原理

从基本原理上来讲，永磁同步电动机与传统电励磁同步电动机是一样的，其唯一区别为传统的电励磁同步电动机是通过在励磁绕组中通入电流来产生磁场的，而永磁同步电动机是通过永磁体来产生磁场的，这导致两者分析方法存在差异。

永磁同步电动机的驱动电路如图 4－15 所示。定子绕组产生旋转磁场的机理与感应电动机是相同的，其转子通过永磁体产生磁场，两个磁场相互作用产生转矩，定子绕组产生的旋转磁场，可看作一对旋转磁极吸引转子的磁极随其一起旋转。当永磁同步电动机带负载时，气隙磁场是永磁体磁动势和电枢磁动势共同建立的，电枢磁动势对气隙磁场有影响，电枢磁动势的基波对气隙磁场的影响称为电枢反应。

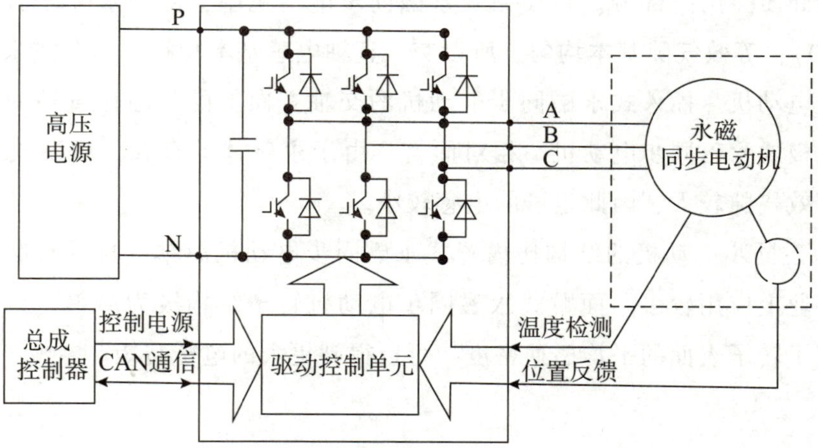

图 4－15　永磁同步电动机的驱动电路

永磁同步电动机的工作原理如图 4－16 所示，其中 θ 为功率角，电机的转子是一个永磁体，N、S 极沿圆周方向交替排列，定子可以看作一个以转速 n_0 旋转的磁场。当电动机运行时，定子存在旋转磁动势，转子像磁针在旋转磁场中旋转一样，随定子的旋转磁场同步旋转。

永磁同步电动机的定子是三相对称绕组，三相正弦波电压在定子三相绕组中产生对称的三相正弦波电流，并在气隙中产生旋转磁场。旋转磁极与已充磁的磁极作用，带动转子与旋转磁场同步旋转并力图使定、转子磁场轴线对齐。当外加负载转矩以后，转子磁场轴线将落后定子磁场轴线一个功率角，负载越大，功率角越大，直到功率角达到一个极限角度，电动机停传。由此可见，永磁同步电动机在运行中，转速必须与频率严格成比例，否则会失步停转。所以，永磁同步电动机的转速与旋转磁场同步，其静态误差为零。在负载扰动下，只是功率角变化，而不引起转速变化，永磁同步电动机的响应时间是实时的。

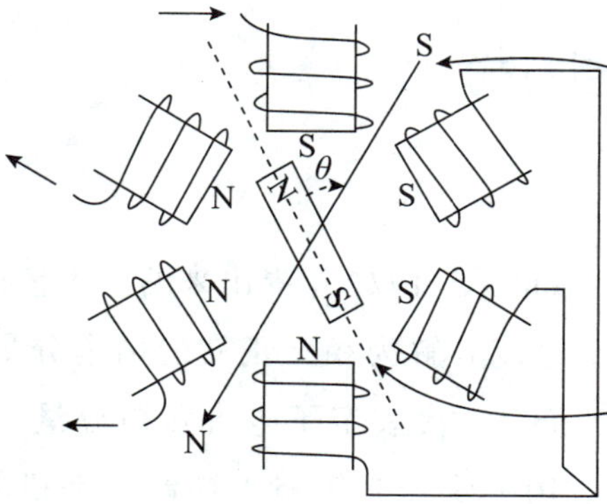

图 4－16　永磁同步电动机的工作原理

第四节　永磁同步电机的运行特性及控制方式

一、永磁同步电动机的运行特性

永磁同步电动机的运行特性主要包括机械特性和工作特性，当永磁同步电动机稳态正常运行时，转速始终保持同步转速不变，因此，其机械特性曲线为平行于横轴的直线，当调节电源频率来调节电动机转速时，转速将严格地与频率成正比变化，如图 4－17 所示。

永磁同步电动机的工作特性是指当电源电压恒定时，电动机的输入功率 P_1、电枢电流 I_n、效率 η、功率因数 $\cos\varphi$ 等随输出功率变化的关系，如图 4－18 所示。

从图中可以看出，在正常工作范围内，永磁同步电动机的功率因数比较平稳，效率特性也能保持较高的水平。电动机的输入功率和电枢电流近似与输出功率成正比。

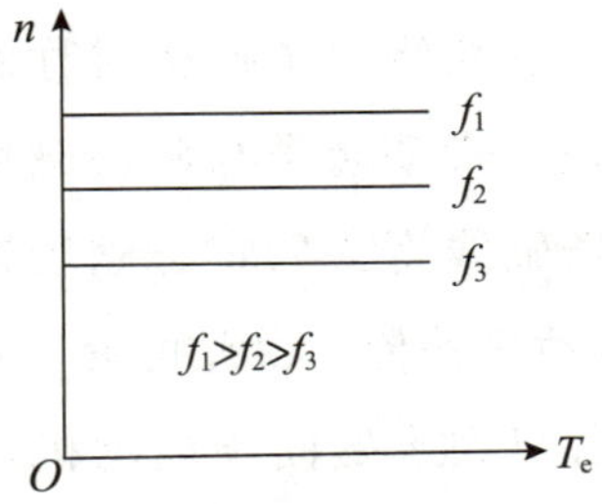

图 4－17　永磁同步电动机的机械特性曲线

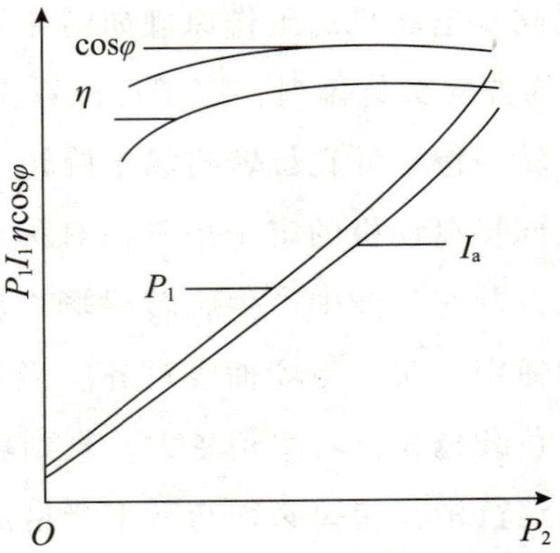

图 4－18　永磁同步电动机的工作特性曲线

二、永磁同步电动机的控制方式

（一）矢量控制

矢量控制策略是由德国教授 F · Blaschke 于 1971 年提出来的。矢量控制策略的基本思想是以转子磁链旋转空间矢量为参考坐标，将定子电流分解为相互正交的两个分量，一个与磁链同方向，代表定子电流励磁分量，另一个与磁链方向正交，代表定子电流转矩分量，分别对其进行控制，从而获得与直流电动机一样良好的动态特性。用矢量控制策略来控制电动机时，电动机的动态性能较好，调速范围宽，控制精度比较理想。矢量控制策略是目前应用较多的基本控制策略。

永磁同步电动机矢量控制策略与异步电动机矢量控制策略有些不同。由于永磁同步电动机转速和电源频率严格同步，其转子转速等于旋转磁场转速，转差恒等于零，没有转差功率，控制效果受转子参数影响小。因此，在永磁同步电动机上更容易实现矢量控制。

由于永磁同步电动机输出的电磁转矩对应多个不同的交、直轴电流组合，不同组合对应不同的系统效率、功率因素及转矩输出能力，因此永磁同步电动机有不同的电流控制策略。

1. 磁场定向控制

磁场定向控制也称为 $i_d=0$ 控制。永磁同步电动机空间矢量图如图 4－19 所示。

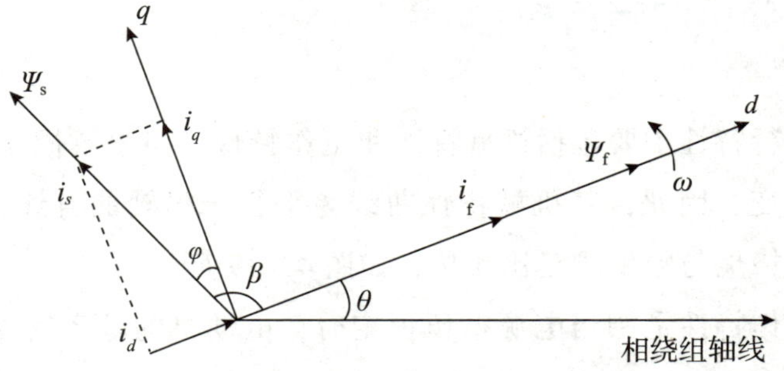

图 4－19　永磁同步电动机空间矢量图

在图 4－19 中，θ 为转子磁极 d 轴的空间位置角，β 为定子电流矢量 i_s 与转子永磁磁链矢量 Ψ_f 间的夹角。目前，在永磁同步电动机伺服系统中，$i_d=0$ 控制是主要的控制方式。检测转子磁极空间位置 d 轴，控制逆变器功率开关器件导通与关断，使定子合成电流位于 q 轴，此时 d 轴定子电流分量为零，永磁同步电动机电磁转矩正比于转矩电流，即正比于定子电流幅值，只需要控制定子电流大小就可以很好地控制永磁同步电动机的输出电磁转矩。

这种控制方式因为直轴（d 轴）上没有电流，所以直轴上没有电枢反应，不会使永磁同步电动机的永磁体退磁；电动机所有电流都用来产生电磁转矩，电流控制效率高。

2. 最大转矩控制

最大转矩控制包括最大转矩电流比控制和最大转矩磁链比控制（最大转矩电动势比控制）。最大转矩电流比控制，是指在产生同样大的转矩时让电流最小，这样电动机的铜损就较低，对逆变器容量的要求较小。当负载增加的时候，电动机端的电压增加，这时功率因数会下降。最大转矩磁链比控制，是指在产生同样大的转矩时让电动机磁链最小，这样就能够降低铁损。

最大转矩控制实质是求电流极值的问题，可以通过建立辅助方程，采用牛顿迭代法求解。但是，这种控制方式计算量较大，在实际应用中无法满足系统实时性，只有离线计算出不同电磁转矩对应的交、直轴电流，以表的形式存放于 DSP 中，在实际运行时才能根据负载情况查表求得对应的 i_d（电枢电流在 d 轴的分量）、i_q（电枢电流在 q 轴的分量）进行控制。

3. 弱磁控制

永磁同步电动机弱磁控制思想来自他励直流电动机调磁控制。对于他励直流电动机来说，当其电枢端电压达到最高电压时，为使电动机能运行于更高转速，会采取降低电动机励磁电流的方法来平衡电压。在永磁同步电动机电压达到逆变器所能输出的电压极限后，要想继续提高转速，应采取弱磁增速的办法。

永磁同步电动机励磁磁动势由永磁体产生，无法像他励直流电动机那样通过调节励磁电流实现弱磁。传统方法是通过调节定子电流的 i_d 和 i_q，增加定子直轴去磁电流分量实现弱磁增速。为保证电动机电枢电流幅值不超过极限值，转矩电流分量 i_q 应随之减小，因此这种弱磁控制过程本质上是在保持电动机端电压不变的情况下减小输出转矩的过程。永磁同步电动机直轴电枢反应比较微弱，因此需要较大的去磁电流才能起到去磁增速的作用。若电动机工作在额定电流情况下，则去磁电流的增加有限，因此采用这种控制方式所能得到的弱磁增速范围是有限的。

图 4－20 所示为某电动汽车用永磁同步电动机矢量控制系统框图。从图 4－20 可知，通过分别控制永磁同步电动机的电流实际值 i_d、i_q 与给定值 i_d^*、i_q^*，可以实现转速和转矩控制。并且 i_d 和 i_q 是独立控制的，便于实现各种先进的控制策略。

根据永磁同步电动机的具体应用的要求不同，可以采用的控制方式主要有 $i_d=0$ 控制、$\cos\varphi=1$ 控制、恒磁链控制、最大转矩/电流控制、弱磁控制、最大输出功率控制等。

当电动汽车正常行驶时，电动机转速处于基速以下，在定子电流给定的情况下，$i_d=0$ 的电磁转矩 $T_e=p_n\Psi_f i_q$，这样只要控制 i_q 的大小就能控制转速和转矩，实现矢量控制；当电动机转速在基速以上时，由于永磁体的励磁磁链为常数，电动机感应电动势随着电动机转速成正比增加，电动机感应电压随之提高，但是电动机相电压和相电流的有效值的极限值受到与电动机端相连的逆变器的直流侧电压和逆变器的最大输出电流的限制，所以必须进行弱磁增速。通过控制 i_d 来控制磁链，通过控制 i_q 来控制转速，实现矢量控制。在实际控制中，i_d、i_q 不能直接被检测到，所以必须通过实时检测到的三相电流和电动机转子位置经坐标变换得到。

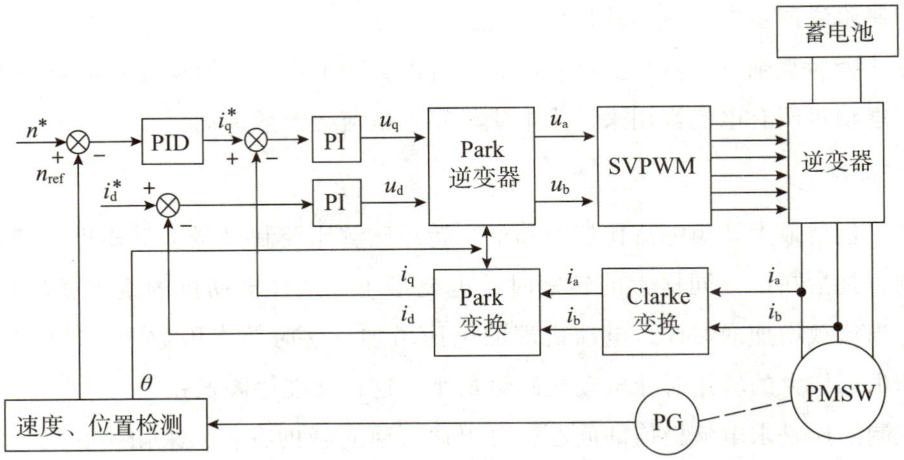

图 4－20　某电动汽车用永磁同步电动机矢量控制系统框图

矢量控制本身存在一定的缺点，具体内容如下。

（1）转子磁链的准确观测存在一定的难度，转子磁链的计算对电动机的参数有较强的依赖性，因此对参数变化较为敏感。为了克服这一问题，出现了多种参数辨识方法，但这些方法进一步增加了系统的复杂性。

（2）由于需要进行解耦运算，采用了矢量旋转变换，因此系统计算比较复杂。

但是，永磁同步电动机矢量控制系统能实现高精度、高动态响应性能和大范围的调速或伺服控制。随着工业领域对高性能伺服系统需求的不断增加，尤其是数控、机器人等方面技术的发展，永磁同步电动机矢量控制系统作为一种相对比较成熟的控制系统具有广阔的应用前景。

（二）直接转矩控制

永磁同步电动机直接转矩控制系统的原理结构图如图 4－21 所示。在该系统中，开关信号是由转矩和定子磁链的给定值与反馈值的偏差经滞环比较得到的，而转矩和定子磁链的给定值是由电磁转矩和定子磁链估算模型计算得到的。

直接转矩控制不需要传统矢量控制中复杂的旋转坐标变换和转子磁链定向，转矩取代电流成为受控对象，电压矢量是控制系统唯一的输入，直接控制转矩和磁链的增加或减小，但是转矩和磁链并不解耦，对电动机模型进行简化处理，没有 PWM 信号发生器，控制结构简单，受电动机参数变化影响小，能够获得极佳的动态性能。

（三）恒压频比开环（VVVF）控制

VVVF 控制的控制变量为电动机的外部变量即电压和频率。控制系统将参考电压和频率输入实现控制策略的调制器中，逆变器产生一个交变的正弦电压施加在电动机的定子绕组上，使之运行在指定的电压和频率下。按照这种控制策略进行控制，供电电压的基波幅值随着速度指令成比例地线性增长，从而保持定子磁通的近似恒定。VVVF 控制策略简单，易于实现，转速通过电源频率进行控制，不存在异步电动机的转差和转差补偿问题。但是，由于系统中不引入速度、位置等反馈信号，因此无法实时捕捉电动机状态，从而无法精确控制电磁转矩；在突加负载或速度指令时，容易发生失步现象，而且没有快速的动态响应性能。因此，VVVF 控制只控制电动机的磁通而没有控制电动机的转矩，控制性能差，通常只用于对调速性能要求一般的通用变频器上。

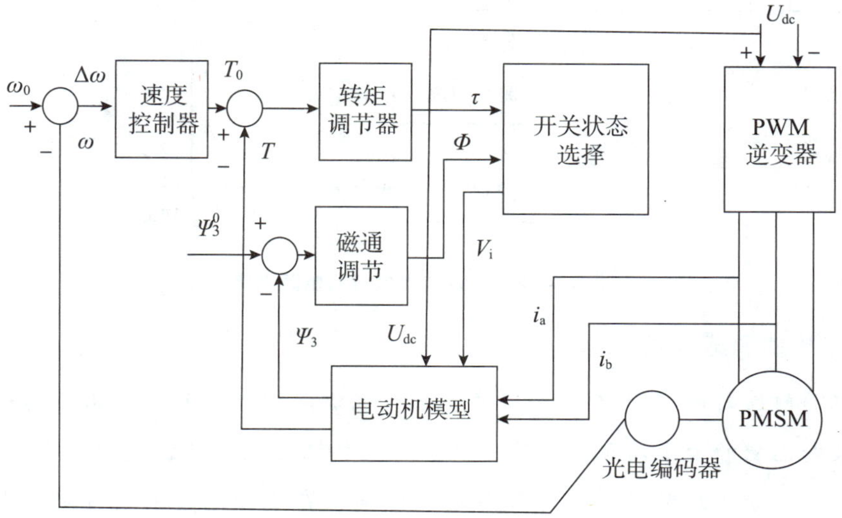

图 4－21　永磁同步电动机直接转矩控制系统的原理结构图

（四）智能控制

为了提高永磁同步电动机的控制性能和控制精度，模糊控制、神经网络控制等开始应用于永磁同步电动机的控制。

采用智能控制的永磁同步电动机控制系统，在多环控制结构中，智能控制器处于最外环充当速度控制器，而内环电流控制、转矩控制仍采用 PI 控制、直接转矩控制这些方式。这主要是因为外环是决定系统的根本因素，而内环主要的作用是改造对象特性以利于外环的控制。各种扰动给内环带来的误差可以由外环控制或抑制。

在永磁同步电动机系统中应用智能控制时，不能完全摒弃传统的控制方式，必须将两者很好地结合起来，才能彼此取长补短，使系统的性能达到最优。

知识拓展

1. 永磁同步电机的驱动电路

永磁同步电机的驱动电路如图 4－22 所示，定子转组产生旋转磁场的机理与感应电机相同，其转子通过永久磁铁产生磁场，两个磁场相互作用产生转矩，定子绕组产生的旋转磁场可看作一对旋转磁极吸引转子的磁极随其一起旋转。永磁同步电机带负载时，气隙磁场是永磁体磁动势和电枢磁动势共同建立的，电枢磁动势对气隙磁场有影响，电枢磁动势的基波对气隙磁场的影响称为电枢反应。

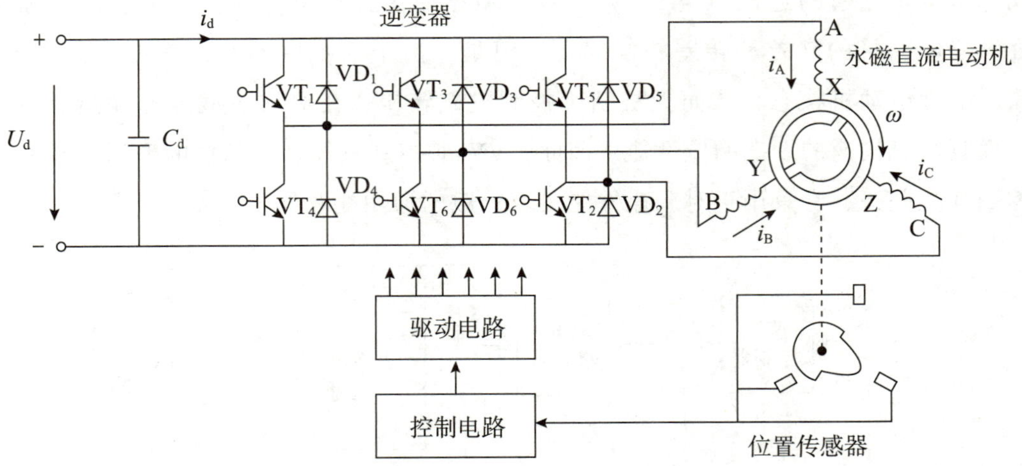

图 4-22　永磁同步电机的驱动电路

2. 永磁同步电机的调速方式

永磁同步电机的转速与频率严格同步。对于一台永磁同步电机而言，由于转子磁场为永磁体励磁，其转子的极数和磁场的大小均无法调节，永磁同步电机的调速只能是改变电源频率的变频调速。永磁同步电机变频调速的电压频率特性与异步电机相同，在基频以下采用带定子电压补偿的恒压频比控制方式（即恒转矩运行），在基频以上采用电压恒定的控制方式（即恒功率运行）。

恒压频比开环控制的控制变量为电机的外部变量，即电压和频率，控制系统将参考电压和频率输入实现控制策略的调制器中，最后由逆变器产生一个交变的正弦电压施加在电机的定子绕组上，使之运行在指定的电压和参考频率下。

矢量控制理论的基本思想是以转子磁链旋转空间矢量为参考坐标，将定子电流分解为正交的两个分量，一个与磁链同方向，代表定子电流励磁分量，另一个与磁链方向正交，代表定子电流转矩分量，分别对其进行控制，获得与直流电机一样良好的动态特性。

实践操作

永磁同步电机的拆装

任务准备

一、外围设备、工具的准备

为完成工作任务，每个工作小组需要向仓库工作人员提供借用工具清单，如表 4-2 所示。

表 4-2　永磁同步电动机的运行控制借用工具清单

序号	名称	数量	借出时间	学生签名	归还时间	学生签名	管理员签名
1							
2							
3							
4							
5							
6							
7							

二、团队分配方案

任务实施

通过交流永磁同步电动机的拆装实训，进一步熟悉永磁同步电动机的结构。

1. 拆装准备工作

（1）在拆卸前，要用压缩空气吹净电动机表面的灰尘，并将电动机表面擦拭干净。

（2）选择合适的拆卸电动机的地点，并清理现场环境。

（3）熟悉电动机结构特点和检修技术要求。

（4）准备好拆卸电动机所需工具（包括专用工具）。

（5）切断电源，拆开电动机外部接线并做好记录。

2. 拆卸步骤

（1）拆除交流永磁同步电动机的所有接线，同时做好复位标记和记录。拆卸电动机转子位置传感器。观察电动机的结构和铭牌并填写工作页。

（2）拆除交流永磁同步电动机的端盖螺栓，并取下前端盖。当拆卸时，首先在前端盖与电动机壳体上做好复位标记，然后在端盖边缘处垫以木楔，用木锤沿端盖的边缘均匀地敲打，使端盖止口慢慢地脱开电动机壳体。

（3）使用拉马工具，取下电动机后端盖。拆卸前应先在后端盖与电动机壳体上做好复位标记，以方便安装。

（4）使用转子拆卸专用用具取出交流永磁同步电动机转子，注意取出时应当确保转子内部的永磁体不掉落，不受到外力冲撞以免永磁体碎裂。

（5）取出交流永磁同步电动机转子后需要检查转子主轴前、后侧两个轴承的工作情况，若轴承损坏，则可以使用拉马工具拉拔出轴承，并进行更换。

在拆卸操作过程中还遇到了哪些问题，是如何处理的，记录在表 4－3 中，并写出解决方法。

表 4－3　拆卸操作过程情况记录表

所遇到的问题	解决方法

3. 安装步骤

（1）在安装电动机前，要清扫定子、转子内外表面尘垢，用沾有汽油或清洗剂的棉布擦拭干净。

（2）将交流永磁同步电动机转子轴安装至定子内。注意，转子轴有极大的磁力，需要规范操作，防止夹伤手指。

（3）对准复位标记，分别安装交流永磁同步电动机前端盖与后端盖。

（4）按照转矩安装电动机端盖螺栓。

（5）安装电动机转子位置传感器。

（6）安装电动机外部接线柱及线束。

（7）检查电动机外观，是否已安装到位。

在安装操作过程中还遇到了哪些问题，是如何处理的，记录在表 4－4 中，并写出解决方法。

表 4－4　安装操作过程情况记录表

所遇到的问题	解决方法

【操作提示】

在拆装时，切记永磁体的磁性，防止退磁，若发现永磁体磁性不足要及时充磁。

任务评价

一、成果展示

各小组派代表上台总结在完成任务的过程中，学会了哪些技能，发现错误后如何改正，并展示成果。

二、学生自我评估与总结

____

____

三、小组评估与总结

____

____

四、教师评估与总结

____

____

五、各小组对工作岗位的“6S”处理

在小组和教师都完成工作任务总结以后，各小组必须对自己的工作岗位进行“整理、整顿、清扫、清洁、安全、素养”，并归还所借的工具和实习工件。

六、评价表

表 4－5　永磁同步电动机的运行控制评价表

<table>
<tr><td colspan="3">班级：________
小组：________
姓名：________</td><td colspan="5">指导教师：________
日　　期：________</td></tr>
<tr><td rowspan="2">评价项目</td><td rowspan="2">评价标准</td><td rowspan="2">评价依据</td><td colspan="3">评价方式</td><td rowspan="2">权重</td><td rowspan="2">得分小计</td></tr>
<tr><td>学生自评 20%</td><td>小组互评 30%</td><td>教师评价 50%</td></tr>
<tr><td>职业素养</td><td>1. 遵守企业规章制度、劳动纪律
2. 按时按质完成工作任务
3. 积极主动承担工作任务，勤学好
4. 人身安全与设备安全
5. 工作岗位“6S”完成情况</td><td>1. 出勤
2. 工作态度
3. 劳动纪律
4. 团队协作精神</td><td></td><td></td><td></td><td>0.3</td><td></td></tr>
<tr><td>专业能力</td><td>1. 能掌握永磁同步电动机的结构和工作原理
2. 能掌握永磁同步电动机的控制方式
3. 会进行永磁同步电动机的拆装</td><td>1. 操作的准确性和规范性
2. 任务或项目技术总结完成情况
3. 专业技能任务完成情况</td><td></td><td></td><td></td><td>0.5</td><td></td></tr>
<tr><td>创新能力</td><td>1. 在任务完成过程中能提出自己的有一定见解的方案
2. 在教学或生产管理上提出建议，具有创新性</td><td>1. 方案的可行性及意义
2. 建议的可行性</td><td></td><td></td><td></td><td>0.2</td><td></td></tr>
<tr><td>合计</td><td colspan="7"></td></tr>
</table>

课程思政

“易四方”四电机驱动技术，新能源汽车多电机化趋势不容忽视

2023 年 1 月 5 日，比亚迪正式发布全新高端汽车品牌仰望及其核心技术“易四方”，百万级新能源硬派越野 U8 和百万级纯电动性能超跑 U9 同步亮相。

易四方”技术是中国国内首个量产的四电机驱动技术，能凭借四电机独立矢量控制技术对车辆四轮动态实现精准控制。

“易四方”技术亮点：(1) 更强的电驱系统感知力，以毫秒级的速度独立调整车辆四轮轮端动态，从而更好地控制车身姿态；(2) 极致安全，整车核心系统防护能力达到 IP68 级别，拥有良好的车身及座舱密闭性；(3) 超强动力性能，“易四方”平台最高转速 20 500 rpm，整车马力超 1100 匹，可适应街道、越野、赛道等多种极限场景的性能需求。

汽车电机的核心部件基础之一便是稀土永磁——“易四方”的四电机有望实现单车稀土永磁用量翻倍增长：多电机下的新能源汽车单车稀土永磁用量有望从 3 KG→5.5 KG。更重要的是，由于多电机的独特性能优势，以及较好的产品投入产出比，不排除中低端车型也会采用从而提升竞争力。

当前，全球新能源汽车产业发展驶入快车道，新产品新技术加快研发运用，技术创新带动产业持续升级。作为引领全球汽车产业转型升级的重要力量，中国积极参与新能源汽车领域国际合作，为促进新能源汽车行业发展贡献力量。

思考练习

一、选择题

1. 以下哪种不是同步电动机的启动方法(　　)。

A. 辅助电动机启动法　　B. 变频启动法

C. 直接启动法　　D. 异步启动法

2. 下列电机中有传统直流电机的电刷和换向器的是(　　)。

A. 永磁同步电机　　B. 永磁无刷直流电机

C. 永磁混合式电机　　D. 永磁直流电机

3. 电机有效功率与视在功率的比值是指(　　)。

A. 峰值功率　　B. 最高效率

C. 功率因数　　D. 绝缘等级

二、填空题

1. 同步电动机的定子结构与________电动机的定子结构相同，通入交流电流后都能产生一个________磁场。

2. 永磁电机的分类方法很多，按工作主磁场方向的不同，可分为________和________。

3. 永磁同步电机主要由轴承、端盖、________、电机引线、________、绕组、转轴、机座、定子铁芯、转子铁芯、永磁体、信号检测器、检测器引线等组成。

4. 永磁同步电机转子主要由________、________和转轴等构成。

5. 永磁同步电机的转矩可以分为两个部分：一是永磁体产生的磁链与定子电流转矩分量作用后产生的________转矩，二是转子的磁凸极效应使定子电流励磁分量与转矩分量产生的________转矩。

三、简答题

1. 同步电动机常用于什么场合？

2. 简述同步电动机的工作原理。

3. 试比较同步发电机与异步电动机结构上的主要异同点。

4. 简述永磁同步电动机运行原理与特性。

5. 简述永磁同步电动机拆装的注意事项。

第五章

开关磁阻电机及其控制技术

本章导读

开关磁阻电机驱动系统是高性能机电一体化系统。开关磁阻电机是20世纪80年代初随着电力电子、微电脑和控制技术的迅猛发展而发展起来的一种新型调速电机。其结构简单坚固，调速范围大，调速性能优异，且在整个调速范围内都具有较高效率，系统可靠性高。目前，开关磁组电机已广泛应用在仪器仪表、家电、电动汽车等领域。

学习目标

1. 了解开关磁阻电机的特点及其应用与发展。
2. 熟悉开关磁阻电机的结构和工作原理。
3. 掌握开关磁阻电机控制技术及调速系统。
4. 学会开关磁阻电机的拆装与检修。

素质目标

1. 培养学生成为思想政治素质过硬，道德情操高尚，身心素质健康的技术人才。
2. 引导认真学习贯彻落实党的二十大精神，高质量推进科教兴国战略，为全面建设社会主义现代化国家积极贡献青春力量。
3. 培养学生安全操作意识、爱岗敬业的工作态度和精益求精的工匠精神。

第一节 开关磁阻电机的认知

一、开关磁阻电机的特点

（一）开关磁阻电机的优点

（1）结构简单，转子上没有任何形式的绕组；定子上只有简单的集中绕组，端部较短，没有相间跨接线。因此，具有制造工序少、成本低、工作可靠、维修量小等优点。

（2）转子的结构形式对转速的限制小，可用于高转速场合，而且转子的转动惯量小，在电流每次换相时可以随时改变相匝转矩的大小和方向，因而系统有良好的动态响应。

（3）损耗主要产生在定子上，电机易于冷却；转子无永磁体，可允许有较高的温升。

（4）转矩与电流极性无关，只需要单向的电流激励，在理想条件下功率变换电路中每相可以只用一个开关元件，且与电机绕组串联，不会像 PWM 逆变器电源那样存在两个开关元件直通的危险。因此，开关磁阻电机驱动系统的线路简单，可靠性高，成本也低于 PWM 交流调速系统。

（5）电机驱动系统可以通过对电流的导通、断开和对幅值的控制得到满足不同负载要求的机械特性，易于实现系统的软起动和四象限运行等功能，控制灵活。另外，电机驱动系统属于自同步系统运行，不会像变频供电的感应电机那样在低频时出现不稳定和振荡问题。

（6）由于开关磁阻电机采用了独特的结构和设计方法及相应的控制技巧，其单位出力可以与感应电机相媲美，甚至还略占优势。电机驱动系统的效率和功率密度在较大的速度和负载范围内都可以维持在较高水平。

（7）适用于频繁起动、停止和正反转运行。

（二）开关磁阻电机的缺点

（1）运行时有转矩脉动。由开关磁阻电机的运行原理可知，其磁场是跳跃性旋转的，故其电磁转矩是由一系列脉冲转矩叠加而成的，由于双凸极结构和磁路饱和非线性的影响，其合成转矩不是一个恒定转矩，而有一定的谐波分量，因而影响了其低速运行性能。

（2）传动系统的噪声与震动比一般电机大。

（3）引出线较多。由于开关磁阻电机上装有位置传感器和电流传感器，其引线要比一般的电机复杂一些。

（4）脉冲电流对供电电源有影响。

二、开关磁阻电动机应用和发展

近年来，开关磁阻电动机得到了快速的发展，并在电动汽车领域、纺织工业、焦炭工业、家电行业得以广泛运用，如图 5－1 所示。功率运用非常之广，达到了 10 W～5 MW 的范围，转速也已经达到了100 000 r/min。

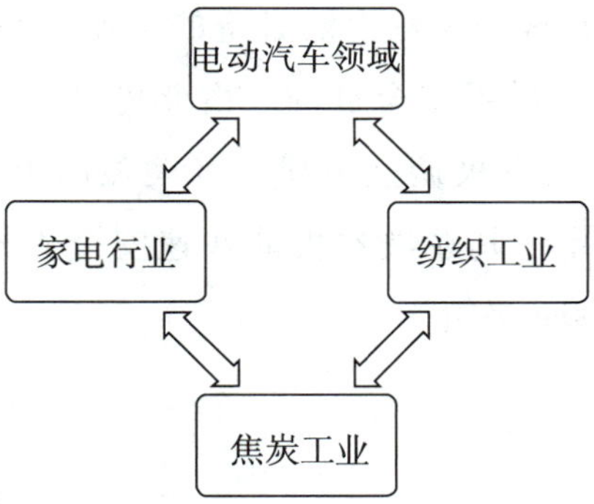

图 5－1　开关磁阻电动机应用

（一）在电动汽车领域的应用

电动汽车是最先使用开关磁阻电动机的领域。现在主要包括永磁无刷和永磁有刷这两种电动汽车及电动自行车驱动，不过开关磁阻电动驱动的优势还是不可取代的。若在关键指标为高能量密度和系统效率的情况下，肯定是首选开关磁阻电动机。SRD 开关磁阻电动驱动系统具有紧凑的特点，在高速运行状态下是非常适用的，而且具有较简单的驱动电路、较低的成本和较可靠的性能等优势，还能进行四象限控制，这都使得 SRD 开关磁阻电动驱动系统可以满足电动车辆运行的各种需要，所以在电动汽车中也得到了普及。

（二）在纺织工业的应用

目前来说，国内的纺织机械行业发展势头非常强劲，机电一体化技术也越来越娴熟化。它是由先进的信息处理和控制技术所组成的，是基于计算机的发展而产生的，主要包括工控机、单片机、可编程逻辑控制器等先进驱动技术组件。棉纺织设备是一种典型的机电一体化产品。无梭织机的主传动技术也利用了开关磁阻电机，这也是在技术上的一大突破，达到了减少器件如电磁离合器、制动盘的使用的目的，并能够节省 10% 的能量。国内已经出现了开关磁阻电机和驱动器等有关的产品，并通过联合无梭织机主机厂进行了应用技术的开发和研究。

（三）在焦炭工业的应用

开关磁阻电动机具有较大的启动力矩和较小的启动电流等优势，因此在频繁重载启动的情况下得到了较多的利用，并达到了维护简单、节能等目的，所以在矿井输送机、电牵引采煤机和中小型绞车等领域得以普及。

国内研制的 110 kW 的开关磁阻电机和 132 kW 的开关磁阻电机的运用比较广泛，并得到了工人们的认可和喜爱。同时国内也尝试在电牵引采煤机中运用开关磁阻电动机，通过试验也获得了较好的反馈。同时还在电机车上采用了开关磁阻电动机并获得了成功，促进了电机车运行的稳定性和效率性的提升。

（四）在家电行业的应用

人们日益富足的生活使得洗衣机成为家庭生活必备的电器，而洗衣机的发展也经历了几个阶段，首先是手动机械化，其次是半自动，最后是全自动。由此可见，其向着智能化方向发展的，并且现在已经由无极调速电机取代了之前的有极调速电机。开关磁阻电动机具有成本低、性能高等特点，所以在洗衣机领域得到了广泛的运用，其在洗衣机的快速安全停机、软启动、电流限幅、衣物分布性以及滚筒平衡性等方面产生了积极的作用。

第二节 开关磁阻电机结构及工作原理

一、开关磁阻电机的结构

磁阻电机工作原理

开关磁阻电机简称 SRM，其基本组成部件有转子、定子和电子开关，如图 5 -2 所示。

（一）转子

开关磁阻电机的转子由导磁性能良好的硅钢片叠压而成，转子的凸极上没有绕组。开关磁阻电机转子的作用是构成定子磁场磁通路，并在磁场力的作用下转动，产生电磁转矩。转子的凸极个数为偶数。实际应用的开关磁阻电机的转子凸极最少有 4 个（2 对），最多有 16 个（8 对）。

图 5 -2　开关磁阻电机的基本组成

（二）定子

开关磁阻电机的定子铁芯也是由硅钢片叠压而成的，成对的凸极上绕有两个串联的绕组。定子的作用是定子绕组按顺序通电，产生的电磁力牵引转子转动。定子凸极的个数也是偶数，最少的有 6 个，最多的有 18 个。定子和转子的极数组合见表 5 -1。

表 5－1　开关磁阻电机定子和转子的极数组合

相数	3	4	5	6	7	8	9
定子极数 N_s	6	8	10	12	14	16	18
转子极数 N_r	4	6	8	10	12	14	16
进步角	30°	15°	9°	6°	4.28°	3.21°	2.5°

图 5－3 是不同的凸极开关磁阻电机的结构示意图。目前应用较多的是四相 8/6 极结构和三相 6/4 极结构。

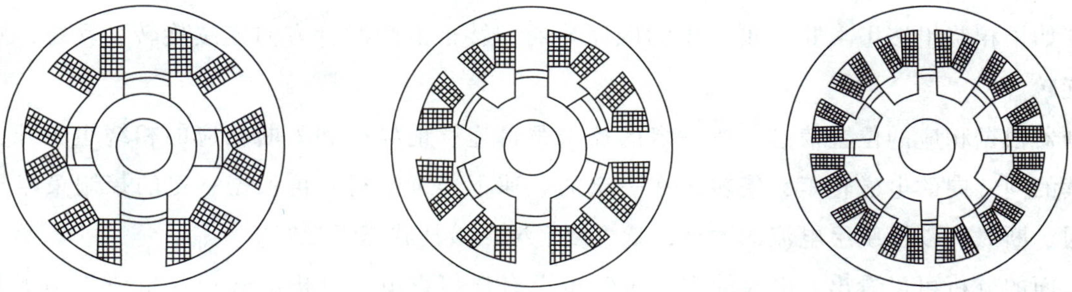
(a)　6/4极　(b)　8/6极　(c)　12/8极

图 5－3　不同的凸极开关磁阻电机的结构示意图

二、开关磁阻电机的工作原理

三相 6/4 极开关磁阻驱动电机原理如图 5－4 所示。控制器根据位置传感器检测到的定转子间相

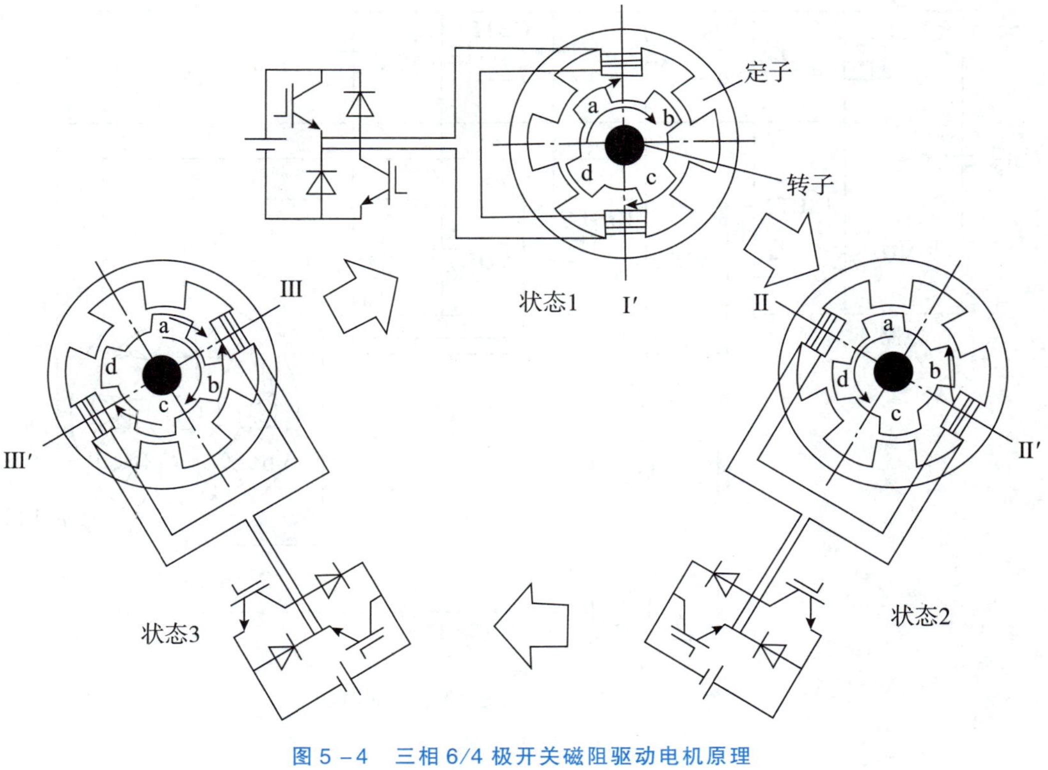

图 5－4　三相 6/4 极开关磁阻驱动电机原理

对位置信息，结合给定的运行命令（正转或反转），导通相应的定子相绕组的主开关元件，对应相绕组中就有电流流过，并产生磁场。开关磁阻电机的工作原理遵循磁阻最小的原则。由于磁场总是趋于“磁阻最小”，因而电磁转矩使转子转向“极对极”位置。当转子转到被吸引的转子磁极与定子激磁相相重合（平衡位置）时，电磁转矩消失。此时控制器根据新的位置信息，在定转子即将达到平衡位置时，向功率变换器发出命令，关断当前相的主开关元件，而导通下一相，则转子又会向下一个平衡位置转动。当Ⅰ相绕组受到激励时，为减小磁路的磁阻，转子顺时针旋转，直到转子极 a 与定子极Ⅰ相对，此时磁路的磁阻最小（电感最大）。切断绕组Ⅰ的激励，给绕组Ⅱ施加激励，磁阻转矩使转子极 b 与定子极Ⅱ相对。切断绕组Ⅱ的激励，给绕组Ⅲ施加激励，磁阻转矩使转子极 c 与定子极Ⅲ相对。如果相绕组按Ⅰ－Ⅱ－Ⅲ－Ⅰ的顺序导通，转子沿顺时针方向连续旋转，反之，则按逆时针方向旋转。

控制器根据相应的位置信息，按一定的控制逻辑连续地导通和关断相应的相绕组主开关，就可产生连续的同转向的电磁转矩，使转子在一定的转速下连续运行；再根据一定的控制策略控制各相绕组的通、断时刻以及绕组电流的大小，就可使系统在最佳状态下运行。

由上面的分析可以看出，电流的方向对转矩没有任何影响，电机的转向与电流方向无关，仅取决于相绕组的通电顺序。若通电顺序改变，则电机的转向也发生改变。为保证电机能连续地旋转，位置检测器要能及时给出定转子极间相对位置，使控制器能及时和准确地控制定子各相绕组的通断，使 SRM 能产生所要求的转矩和转速，达到预计的性能要求。

图 5－5 是三相 6/4 极开关磁阻驱动电机的驱动回路，其等效电路如图 5－6 所示。3 个电感 L 分别表示 SRM 的三相绕组（Ⅰ－Ⅰ′、Ⅱ－Ⅱ′、Ⅲ－Ⅲ′），IGBT1～IGBT6 为与绕组相连的可控开关元件，6 个二极管为对应相的续流二极管。

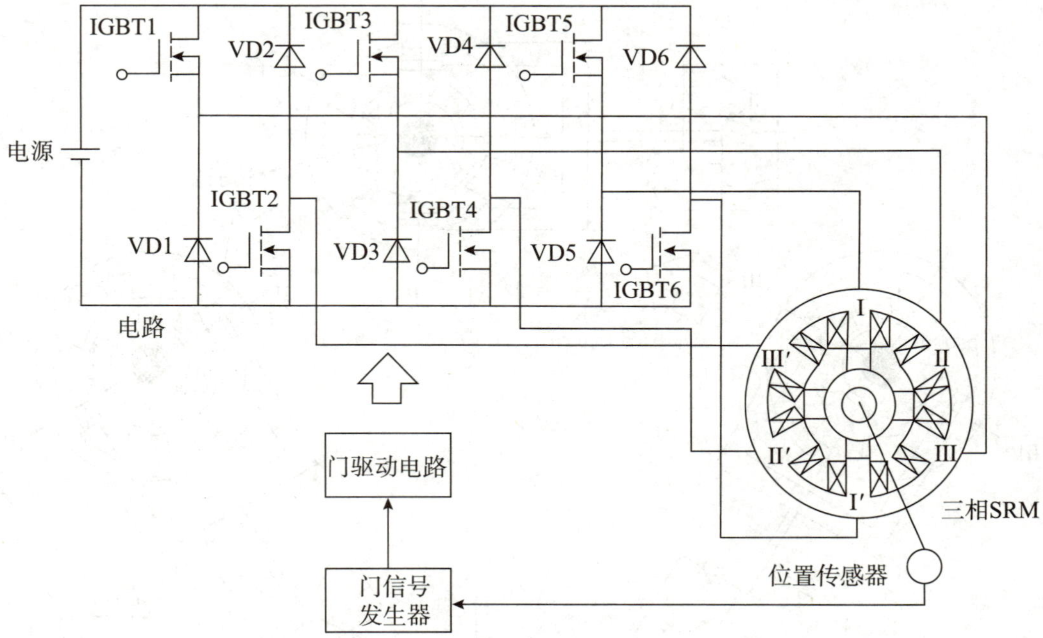

图 5－5　三相 6/4 极 SRM 的驱动回路

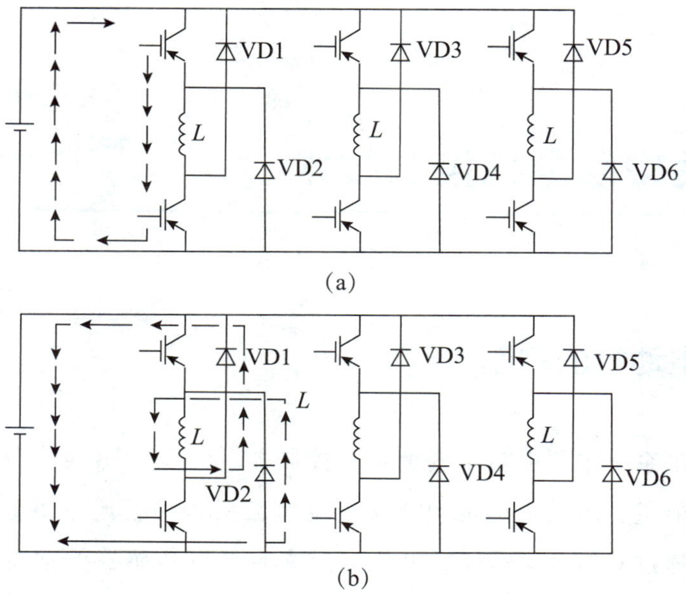

图 5－6　三相 6/4 极 SRM 驱动回路等效电路

当第一相绕组Ⅰ－Ⅰ的开关管导通时，电源给Ⅰ－Ⅰ′相励磁，电流的回路（即励磁阶段）如图 5－6（a）所示，流通顺序为电源正极→上开关管 IGBT1→绕组→下开关管 IGBT2→电源负极，Ⅰ－Ⅰ相绕组的电感处在电感上升区域内，转子转向“极对极”位置。开关管关断时，由于绕组是一个电感，根据电工理论，电感的电流不允许突变，此时电流的续流回路（即去磁阶段）如图 5－6（b）所示，流通顺序为绕组→上续流二极管 VD1→电源→下续流二极管 VD2→绕组，存储于电感的磁场储能一部分转化为电能回馈电源，另一部分则转化为机械能输出。当电机相绕组按Ⅰ－Ⅰ′→Ⅱ－Ⅱ′→Ⅲ－Ⅲ′→Ⅰ－Ⅰ′的顺序导通，使转子沿顺时针方向连续旋转。

图 5－7 为四相 8/6 极开关磁阻驱动电机相绕组按 B→A→D′→C′的顺序导通，转子沿顺时针方向连续旋转。

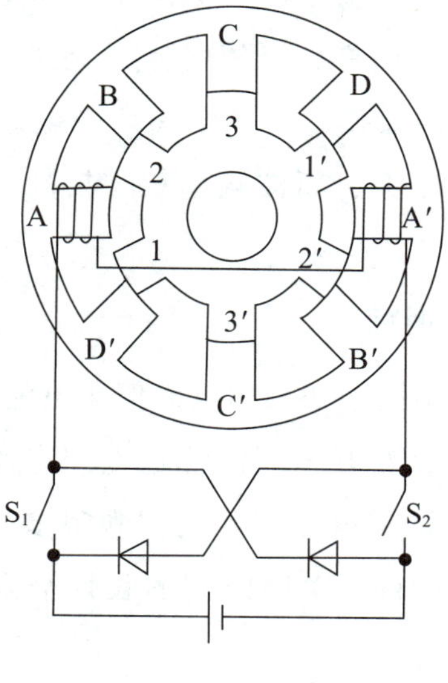

图 5－7　四相 8/6 极开关磁阻驱动电机原理示意图

第三节 开关磁阻电机控制技术

一、开关磁阻电动机的控制

开关磁阻电动机控制系统主要由功率变换器、控制器、位置传感器等组成。功率变换器为开关磁阻电动机的运行输送能量，由动力电池组或交流电整流后得到直流电供电，开关磁阻电动机绕组电流是单向的。控制器通过对指令、速度、电流以及来自位置传感器的信息进行汇总处置，并管控功率转换器的工作模式，最终控制开关磁阻电动机的工作状态。

开关磁阻电动机控制参数包括相电压、相绕组最大值、开通角和关断角等，目前主要使用的控制方式有：电流斩波控制（current chopper control，CCC）、电压斩波控制（chopper voltage control，CVC）和角度位置控制（angle position control，APC）。斩波是指将直流电变成另一个固定电压或可调电压的直流电，也称为直流－直流变换器（DC－DC converter）。

（一）开关磁阻电动机的电流斩波控制

限制电流斩波时，能使电动机的开通角和关断角维持不变。根据限制斩波电流的上限幅值和下限幅值，电动机的转矩和转速可以进行相应的调整。具体操作方法有两种。

1. 对电流的上限幅值和下限幅值进行限制

设置电流的上限幅值和下限幅值，也就是在一个操作周期里面，设置最大电流和最小电流。如果相电流高于设置上限则关断这个功率器件，当相电流下降并达到设置的下限时，该功率器件可再次开通，此过程不断重复。按照这样的操作，在一个周期内电感的变化率一直变化，斩波频率不均匀。当电感变换率大时，电流会快速上升，斩波频率相应较高，开关容易受到损耗，但优势是转矩脉动小。

2. 固定电流最大值和电流关断的时间

这种操作方法与第一种操作有所不同。如果相电流值比电流斩波的最大值高，会关断功率器件，然后需要等待固定时间段后器件才会重新开通。也就是说，达到再次开通的触发条件不再是电流的最小值，而是固定的关断时间。由于影响电流下降的因素很多，比如绕组电感量、电感变化率、转速等，所以每一次电流的最小值各不相同。关断时间的长短会影响相电流的脉动，所以，设置关断时间要以电动机实际的运转情况为基础。

限制电流斩波后会表现出以下三个特点。

（1）适宜的操作状态。电机处于低速运转过程中，绕组旋转电动势低，电流会快速上升；制动过程中，旋转电动势与绕组端电压方向一致，与低速运转相比，电流会更加快速地上升，此时对电流斩波实施限制可以应对电流的峰值，电机可以输出恒转矩。

（2）电机输出恒转矩，电流斩波控制后电流的波形为幅度较宽的平顶形状，所以电动机可以输出稳定转矩，相比其他限制方式，这种方式输出转矩时脉动较低。

（3）调速系统对负载扰动的应激反应较慢，限制电流斩波时，如果电机受到负载扰动，其转速会突然发生改变．因为电流的峰值受到控制，不能进行自主调整，对于负载扰动，系统的应激反应会非常迟缓。

（二）开关磁阻电动机的电压斩波控制

电压斩波控制是在某相绕组处于导通时，将 PWM 信号添加到主开关的控制信号内，控制绕组端电压高低的过程，其采用的手段是控制占空比，相电流值也会随之变化。实际操作方法是，将开通角和关断角进行固定，由 PWM 信号控制主开关器件的开关，而 PWM 信号的占空比是可以调控的，相绕组的平均电压也会随之变化，从而输出不同转矩。电压斩波控制的特点如下。

（1）通过电压斩波控制斩波频率和占空比的方式具有很好的可控性能。通常将斩波频率设置成恒定值，即可确定合适的斩波频率，相电流频率相应可控。

（2）占空比与相电流的最大值的关系是线性的，PWM 的占空比变化时，相电流的最大值也随之变化。

（3）控制 PWM 信号可以调控绕组电压的平均值，从而间接地控制绕组电流，避免电流过大。也就是说，这种方法可同时用于高低速运行状态。

（4）电压斩波控制方式在转速调控系统中优势明显，当遇到负载扰动时，其反应迅速。不过，这种方式也有不足之处，由于转矩脉动相对比较大，限制了系统的调速范围。

（三）开关磁阻电动机的角度位置控制

角度操控方式在实施时需要维持恒定的电压，控制开通角和关断角使电流曲线发生变化，并改变电流曲线与绕组电感曲线的相对位置。在角度位置调控下，开通角发生变化后，电流曲线的宽度和最大值、电流有效值、电流曲线与绕组电感曲线的相对位置都会发生变化，最终影响输出的转矩。关断角的变化通常不会使电流最大值发生改变，但是它会使电流曲线的宽度和与绕组电感曲线的相对位置发生改变，电流的有效值也会因此发生改变。总之，关断角对电机转矩的影响比开通角小，在实际的操作中，通常保持关断角不变，通过变化开通角进行操控。此外，确定哪个关断角保持不变至关重要，当绕组电感降低时，需要保证相绕组电流快速下降为零。不同的转速与转矩会有对应的运行点，开通角与关断角可进行各种不同的组合，设定最好的控制角度，需要综合分析电磁功率、效率、转矩脉动以及电流有效值等多个操作数据。系统运行控制过程中，应始终坚持的准则是，电流曲线必须处于电感曲线的下降区间，当电机运转时，关键的电流曲线需处于电感曲线的上升区间。

角度控制手段有以下几点特性。

（1）转矩可进行大范围的调控，当电流处于角度控制时，占空比的范围可以达到 0～100%。

（2）具有可以变化且数量较大的同时导通相数，当电动机输出大转矩时，其转矩脉动很小，所以电动机出现负载变化后。对同时导通的相数进行自动增减，可以使电动机的负载达到平衡状态。

（3）电动机具有高效性，完善角度后，当电动机处于不同负载情况下可以维持高效率。

（4）低速运行的系统不适合采用角度控制，角度调控下，电流峰值会被旋转电动势约束。低转速下获得的旋转电动势较少，相电流的最大值可轻松超越允许值，所以，角度控制方式多用于高转速系统。

（四）开关磁阻电动机的组合控制

在操控开关磁阻电动机时，基于实际运行状况和不同控制方式的优势与不足，可以将上述不同控制方式进行组合运用，使电动机调速系统达到最优的性能。当前，有两种常见的组合控制方式。

1. 组合运用高速和低速电流斩波控制

高速运行时使用角度控制方式；低速运行时使用电流斩波控制方式，以充分利用它们的优势。这样的组合控制方式的不足之处是当系统处于中速运行时，对过渡阶段不易把控。具体的操作要求是，升速转换点和降速转换点两者之间要预留回差，升速转换点比降速转换点要稍微高一些，这样可以防止电动机遇到速度改变时出现频率变化。

2. 组合运用变角度电压 PWM 进行控制

电压 PWM 可以调控电动机的转速和转矩，对功率器件的触发角进行调控可以防止相电流变化延迟。采用这种操作方式时，转速和转矩可以在较大范围进行调控，电动机在高速和低速运行时都具有良好的可控性，并且两种操控方式不需要进行转换。所以，这种组合操控方式在当前的应用是最为普遍的。

二、开关磁阻电动机调速系统

（一）开关磁阻电动机调速系统特点

与直流调速系统以及交流调速系统相比，开关磁阻电动机调速系统的特点表现在以下几个方面。

（1）调速性能好，系统有四个可控参数：一是开通角，它主要用于控制绕组电流和波形，以此来达到对电动机的转速、转向以及转矩进行控制的目的；二是关断角，主要用于对绕组电流波形等进行控制，并能实现一定范围内转矩的调节和控制等；三是绕组相电流幅值，主要用于控制电动机的转速和转矩；四是直流电源电压，主要是对直流电源电压的输出进行控制，以便更好地调节电动机的转矩和转速等。

（2）调速系统结构简单、可靠，能够在恶劣条件下运行。SR 电动机的转子既没有绕组，也没有永磁体以及集电环，其转子铁芯是由硅钢片叠压而形成的。同时采取了集中式绕组作为定子绕组，具有较短的端部接线，结构非常简单。SR 电动机的转矩方向不会受到绕组电流方向的影响，因此只要具备单向电流就能使用功率变换器，这只需要运用少量的开关器件就能够实现，而且也不存在逆变器直通短路故障等。

（3）在宽广的转速与功率范围内均具有较高的效率。电动机具有较大的转矩脉动，现在的一个研究方向和重点就是如何将电动机的转矩脉动减小。

（二）开关磁阻电动机调速系统组成

开关磁阻电动机调速系统主要由以下部分组成：一是开关磁阻电动机；二是功率变换器；三是微机控制器；四是转子位置传感器。

1. 功率变换器

功率变换器可以对电源提供的能量进行转换并予以传递，经由蓄电池后转变为直流电。因为SRM 绕组是单向电流，所以其功率变换器采用简单结构的主电路即可实现，加上相绕组是串联在主开关器件上的，所以不会出现短路故障等。

2. 微机控制器

系统的中枢部分是微机控制器。它可以对速度指令、电流传感器、位置传感器以及速度反馈信号等予以综合处理，并对功率变换器的主开关器件工作状态进行监控和控制，从而达到控制 SRM 运行状态的目的。

3. 转子位置传感器

电磁式、光电式、磁敏式以及霍尔式是常见的转子位置传感器形式，一般设置在电动机的非输出端。

光电式位置检测器包括齿盘和光电传感器两个部分。齿盘截面类似于转子截面，安装在转子上；光电传感器则安装在定子上。随着转子的运行，光电传感器需要对转子齿的位置信号进行检测。

（三）开关磁阻电机的功率变换器

理想的开关磁阻电机功率变换器主电路结构应同时具备以下条件。

（1）少而有效的主开关器件。

（2）可以将全部电源电压加给电机绕组。

（3）可以通过主开关器件调制有效控制每相电流。

（4）可以迅速增加相绕组电流。

（5）在负半轴绕组磁链减少的同时，能将能量回馈给电源。

1. 双开关型功率变换器

双开关型功率变换器电路每相具有两个主开关器件及两个续流二极管。当两个主开关器件同时导通时，电源向电机绕组供电；当两个主开关器件同时断开时，相电流通过续流二极管续流，将电机绕组中磁场储能以电能形式迅速回馈电源，实现强迫换相，如图 5－8 所示。

2. 双绕组型功率变换器

该功率变换器电路中，每相有主、副两个绕组，主、副绕组双线并绕，同名端反接，匝数比为1:1。当主开关导通时，电源对主绕组供电；当主开关关断时，靠磁耦合将主绕组的电流转移到副绕组，通过二极管续流，向电源迅速回馈电能，实现强迫换相，如图 5－9 所示。

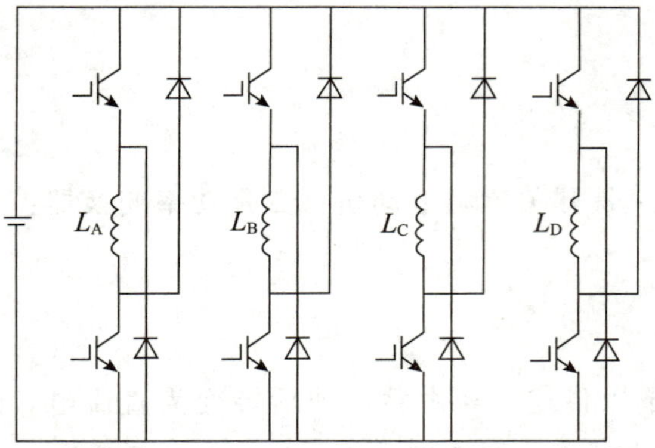

图 5－8　双开关型功率变换器

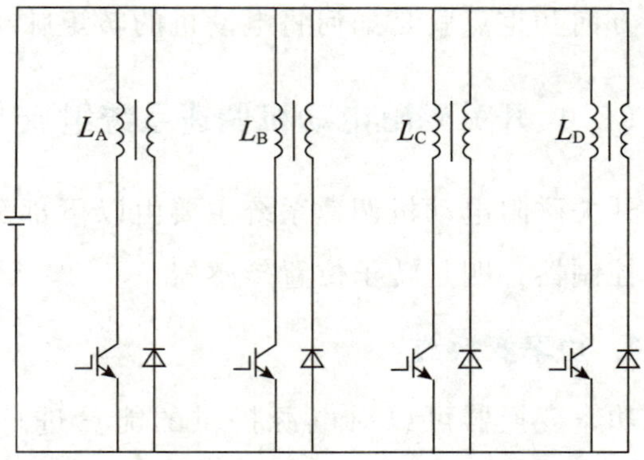

图 5－9　双绕组型功率变换器

3. 电容裂相型功率变换器

电容裂相型功率变换器电路是指将整流输出的电压通过双电容裂相形成的电路，其电容同时还起到滤波、存储绕组回馈能量的作用。采用这种电路可对电机的各相进行独立控制，每相只需要一个主开关器件和一个续流二极管，如图 5－10 所示。

4. H 桥型功率变换器

H 桥型功率变换器电路可以看作电容裂相电路取消了电容器分压，并将各相绕组中点浮空而形成的电路。换相时磁能以电能形式一部分回馈电源，另一部分注入导通相绕组，引起中点电位的较大浮动，如图 5－11 所示。

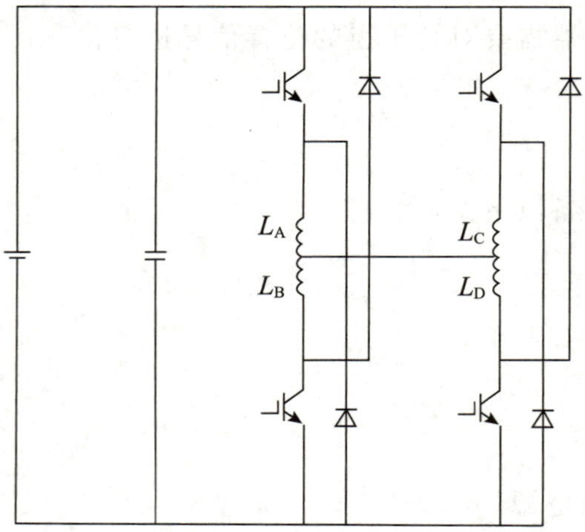

图 5－10　电容裂相型功率变换器

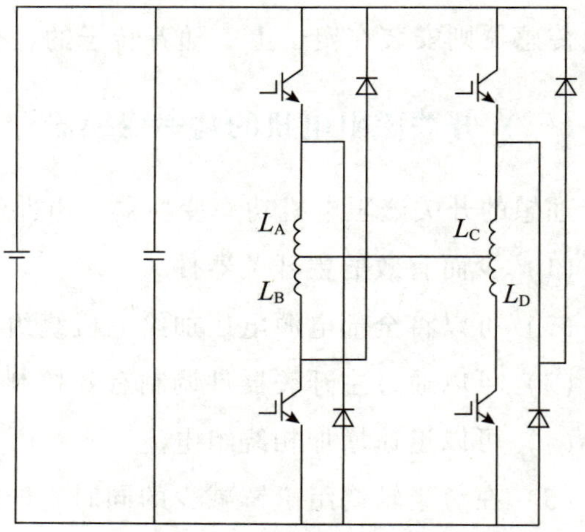

图 5－11　H 桥型功率变换器

5. 能量回收型功率变换器

能量回收型功率变换器通常有谐振能量回收、阻尼能量回收以及斩波能量回收几种形式，如图 5－12所示。

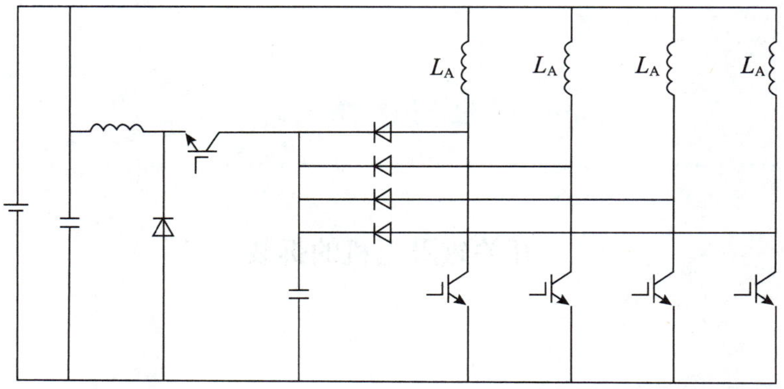

图 5－12　能量回收型功率变换器

三、开关磁阻电动机的检修

（1）按正确流程操作，避免发生电气故障，延长电动机的使用时间。在开机之前应接通冷却水，防止电动机或者功率元件受到损伤，避免电动机烧毁。机器关闭后，冷却水需要保持接通状态，并保持10 min以上，这样可以降低功率元件和电动机绕组的温度。

（2）严格限制开机的间隔时间。两次开机务必保证间隔 10 min 以上，以便为 SRD 系统的电容器预留充足的放电时间，保证启动正常。

（3）在修理或者替换电源装备的过程中需要防止静电带来的损害。在查验时，必须对控制面板上的电位器进行固定，避免出现过电流保护动作时而发生误动作，否则很可能出现牵引电动机的过流保护造成发动机损坏。

知识拓展

开关磁阻电机在电动汽车中的应用

开关磁阻电机转子上没有绕组和永磁体，其结构比直流电机、交流异步电机和永磁同步电机坚固，而且这样的结构使得电机制造简单、成本低、散热特性较好。相对于直流电机和交流电机，开关磁阻电机具有更高的效率，而且可以在较宽的功率和转速范围内高效率运行，这种特性十分符合电动汽车驱动的要求。但是，由于外加电压的阶跃性变化，使得定子电流、电机径向力变化率突变，使得开关磁阻电机工作时产生较大的脉动，再加上其结构和各项工作时的不对称，导致开关磁阻电机工作时产生较大的噪声和振动，这是开关磁阻电机在电动汽车驱动系统中应用普遍存在和急需解决的问题。

开关磁阻电机作为最新一代无级调速系统尚处于深化研究开发、不断完善提高的阶段，其应用领域也在不断拓展之中。

实践操作

开关磁阻电机的拆装

任务准备

一、外围设备、工具的准备

为完成工作任务，每个工作小组需要向仓库工作人员提供借用工具清单，如表 5 –2 所示。

表 5 –2　开关磁阻电机的拆装借用工具清单

序号	名称	数量	借出时间	学生签名	归还时间	学生签名	管理员签名
1							
2							
3							
4							
5							
6							
7							

二、团队分配方案

任务实施

一、开关磁阻电机的拆卸

某开关磁阻电机的性能参数如表 5 – 3 所示。

表 5－3　某开关磁阻电机的性能参数

型号	LAZ－60/72V7500W180#80#2200/2800
额定功率/W	7 500
绝缘等级	F 级
防护等级	IP33
工作制	SI
额定电压/V	72

1. 准备工具

常用拆装工具、拉马器、橡胶锤、撬具、抹布、手套。

2. 拆卸步骤

（1）拆下散热罩螺钉，并取下散热罩，如图 5－13 所示。

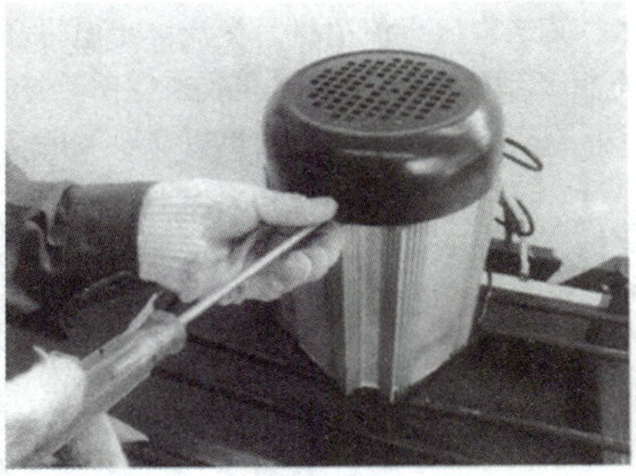

（a）

（b）

图 5－13　拆下散热罩螺钉并取下散热罩

（2）在前端盖与壳体之间做好相对标记，并按顺序拆卸前端盖螺栓，注意对角分多次拧松螺栓。

（3）用撬具分多次均匀撬下前端盖，如图 5－14 所示。

（4）整体取下转子与前端盖，如图 5－15 所示，注意操作安全。

图 5－14　撬下前端盖

图 5－15　整体取下转子与前端盖

（5）用拉马器将前端盖与转子分离。注意需两人操作。

（6）在后端盖与壳体之间做好相对标记，按顺序拆下后端盖螺栓。

（7）用撬具分多次均匀撬下后端盖。

（8）拆卸完成的开关磁阻电机如图 5－16 所示。

图 5－16　开关磁阻电机分解图

二、开关磁阻电机的安装

（1）按相对标记装入后端盖，如图 5－17 所示。

（2）拧紧后端盖螺母，如图 5－18 所示。注意对角并分多次均匀拧紧。

图 5－17　按相对标记装入后端盖

图 5－18　拧紧后端盖螺母

（3）装入转子，如图 5－19 所示。用橡胶锤轻轻均匀敲击转子轴，使其安装入位。

（4）安装前端盖，注意与壳体之间的相对记号，轻轻敲击四周使其安装到位。

（5）拧紧前端盖螺栓。注意对角均匀分多次拧紧。

（6）安装散热罩，如图 5－20 所示。注意螺栓拧紧顺序。

图 5－19　装入转子

图 5－20　安装散热罩

在安装操作过程中还遇到了哪些问题，是如何处理的，记录在表5－4中，并写出解决方法。

表5－4　安装操作过程情况记录表

所遇到的问题	解决方法

任务评价

一、成果展示

各小组派代表上台总结在完成任务的过程中，学会了哪些技能，发现错误后如何改正，并展示成果。

二、学生自我评估与总结

____

____

三、小组评估与总结

____

____

四、教师评估与总结

____

____

五、各小组对工作岗位的“6S”处理

在小组和教师都完成工作任务总结以后，各小组必须对自己的工作岗位进行“整理、整顿、清扫、清洁、安全、素养”，并归还所借的工具和实习工件。

六、评价表

表 5－5　开关磁阻电动机的运行控制评价表

班级： 小组： 姓名：								指导教师： 日　期：
评价项目	评价标准	评价依据	评价方式			权重	得分小计	
			学生自评 20%	小组互评 30%	教师评价 50%			
职业素养	1. 遵守企业规章制度、劳动纪律 2. 按时按质完成工作任务 3. 积极主动承担工作任务，勤学好 4. 人身安全与设备安全 5. 工作岗位“6S”完成情况	1. 出勤 2. 工作态度 3. 劳动纪律 4. 团队协作精神				0.3		
专业能力	1. 能掌握开关磁阻电机的结构和工作原理 2. 能掌握开关磁阻电机的控制方式 3. 会进行开关磁阻电机的拆装	1. 操作的准确性和规范性 2. 任务或项目技术总结完成情况 3. 专业技能任务完成情况				0.5		
创新能力	1. 在任务完成过程中能提出自己的有一定见解的方案 2. 在教学或生产管理上提出建议，具有创新性	1. 方案的可行性及意义 2. 建议的可行性				0.2		
合计								

课程思政

创新技术引领行业变革

2022 世界新能源汽车大会于 8 月 26 日在北京、海南以线下、线上方式召开，集中展现新能源汽车产业链上下游技术创新和应用场景。

在大会现场，来自全球新能源汽车领域的 40 余家参展企业的新能源汽车整车、综合零部件、动力电池、驱动电机、汽车电控、氢燃料电池等方面的产品及技术参展，吸引了大量观众驻足、交流。

在从事新能源汽车充电网建设和运营的特来电公司展台，展示着“风光储充放”一体的新能源充电网的沙盘。通过光伏板和储能系统，这套系统可以进行能量储存并调节车辆在用电峰谷的不同时段进行充电。特来电公司有关负责人表示，希望能够通过这套系统继续提升用电效率。目前公司正加紧在全国 350 多个城市中的充电站进行更新和布局。

在新能源汽车电池研发制造企业宁德时代的展台，一台为新能源汽车更换电池的换电站正进行演示。公司有关负责人表示，未来换电模式将和充电模式互为补充，共同支撑消费者的补能需求。

以新能源汽车为代表的装备、材料、制造等全产业链，将重塑未来能源和交通格局。在未来场景中，新的产业生态将以更加开放的姿态引导全球创新，并有望带动全球经济加速复苏。

思考练习

一、选择题

1. 开关磁阻电机的转子由导磁性能良好的(　　)叠压而成。

A. 硅钢片　　B. 铁片

C. 钢片　　D. 铜片

2. 开关磁阻电动机调速系统特点不包括哪一点(　　)。

A. 调速性能好

B. 调速系统结构简单、可靠，能够在恶劣条件下运行

C. 在宽广的转速与功率范围内均具有较高的效率

D. 调速系统机构复杂

二、填空题

1. 开关磁阻电机简称__________，开关磁阻电机基本组成部件有__________、__________、电子开关。

2. 电流斩波控制法主要靠控制__________来调节电流的峰值，从而起到__________的目的。

3. 开关磁阻电机驱动系统主要由__________、__________、__________、传感器等组成。

4. 斩波是指将直流电变成为另一个__________或__________的直流电，也称为__________。

三、简答题

1. 开关磁阻电动机的优点是什么？

2. 开关磁阻电机的控制形式有哪些？

3. 开关磁阻电动机调速系统主要由哪几个部分组成？

第六章

新能源汽车驱动电机的控制技术

本章导读

电机驱动控制器是新能源汽车控制电机驱动系统的重要零件，也是组成新能源汽车的关键部分。同时电机驱动控制技术是现代汽车最为核心的技术，对于新能源汽车的推行和发展有着不可忽视的影响力。

学习目标

1. 熟悉驱动电机控制器的组成。

2. 了解电机控制器结构及功能。

3. 掌握电机控制器保险丝、低压电源电压及接地电阻的检查方法。

4. 熟悉电机控制器系统检测相应故障代码，能描述相应电路简图，掌握故障诊断步骤。

素质目标

1. 培养学生成为与我国社会主义现代化建设要求相适应，德、智、体、美全面发展，具有综合职业能力，在生产、服务、管理一线工作的高级技能人才。

2. 践行社会主义核心价值观，深化爱国教育，培养学生为全面推进中华民族伟大复兴团结奋斗的责任感和使命感。

3. 具有学生良好的适应企业或行业要求的职业理想、职业道德、人文素质、团队合作精神、创新精神和创业能力。

第一节 驱动电机控制器

一、电机控制器的组成和功用

电机控制器是电动汽车的核心系统之一，是车辆行驶的主要驱动系统，其特性决定了车辆的主要性能指标，直接影响车辆的动力性、经济性和用户驾乘感受。以下介绍电机控制器的主要部件结构和检测技术。

（一）驱动电机管理模块

驱动电机管理模块（machine control unit，MCU）主要用于管理和控制驱动电机的运转速度、方向，以及将驱动电机作为逆变电机发电。MCU 的功能类似于传统汽车的发动机控制模块。

目前使用在纯电动汽车上的驱动电机管理模块主要有两种类型：一种是仅用于控制驱动电机的，即 MCU；另一种是具有集成控制功能的驱动电机管理模块，即 MCU 与 DC－DC 转换器功能，这类驱动电机管理模块也被称为电力控制单元（power control unit，PCU）（图 6－1）。

图 6－1　PCU 驱动电机管理模块

DC－DC 转换器是直流－直流的电压变换器，用于将动力电池或逆变器产生的电能转换成 12 V 低压电能，给 12 V 蓄电池充电和给车身电气设备供电。

将 MCU 与 DC－DC 转换器集成化是目前纯电动汽车与混合动力汽车驱动电机管理模块发展的一个趋势，集成度更高的系统既节省了成本，又利于系统之间信息的共享与车辆部件位置的布置设计。

（二）逆变器

为了提高电机驱动系统的效率，混合动力电动汽车主要采用交流电机驱动。为了驱动交流电机，从直流获得交流电力的电力转换装置就被称为逆变器。

1. 构成

图 6－2 为丰田普锐斯内置逆变器之后的车载用动力控制单元。

图 6－2　丰田普锐斯车载用动力控制单元

动力控制单元由内置了动力装置元器件的 IPM、M/GECU（motor/generator electric control unit）、电容器、电抗器、冷却系统、电流传感器等构成，如图 6－3 所示。

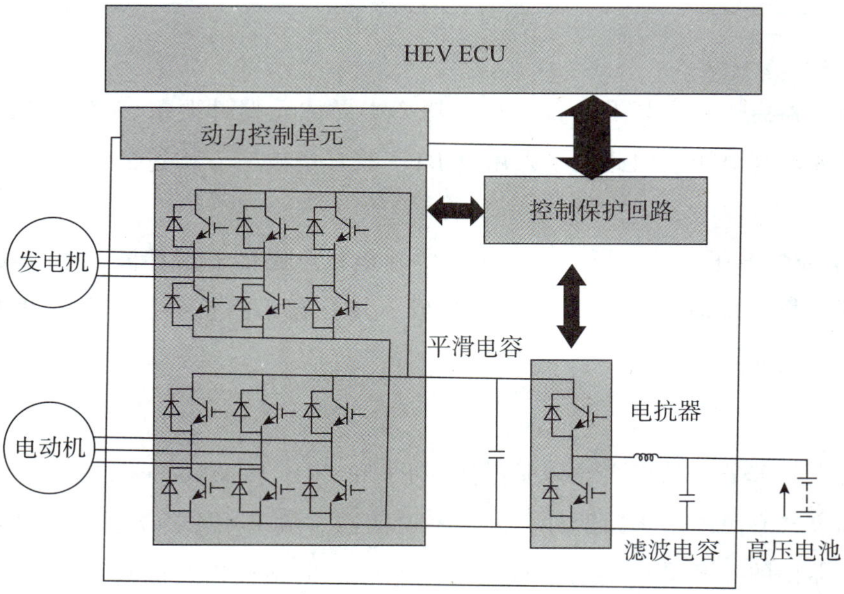

图 6－3　动力控制单元的组成

2. 控制

新能源汽车采用的驱动电机要求在停止及低速区域输出大转矩，在最高车速区域实现大功率输出等。现在主流电机为永磁交流同步电机，其通过弱磁场控制，可以实现大范围的转速区域输出。

逆变器大多采用的是电压输出式，PWM 方式的矩形波输出电压的脉冲幅度定期变化。频率在数千赫兹以上的高频进行转换，将直流电压转换成交流电压。

影响电机输出的电压成分取决于基波分量，因此为了加大该基波，采用使逆变器输出电压波形变形增大电压基波分量的方法。在此，所谓的调制度是指逆变器电源电压与输出电压基波分量的比。电压波形可划分为正弦波 PWM、过调制 PWM 和矩形波三种。表 6－1 所示的为各自的适用区域。

表 6－1　电压波形与调制度

类型	正弦波 PWM	过调制 PWM	矩形波（1 脉冲）
电压波形	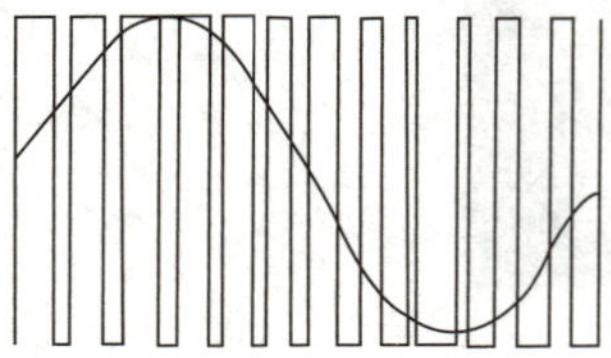	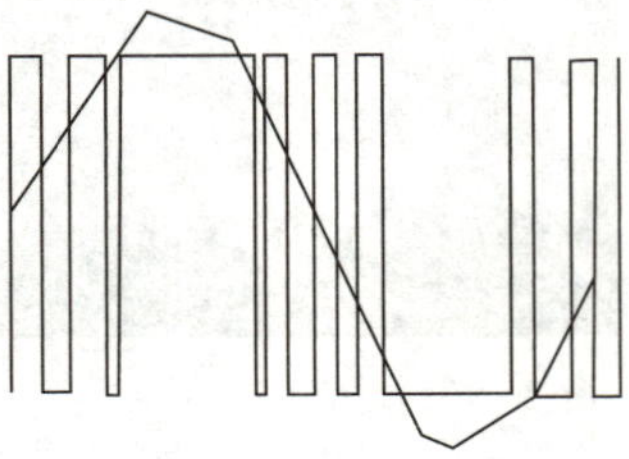	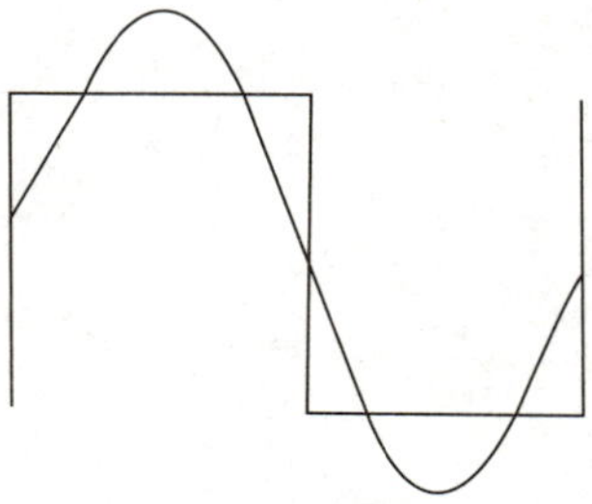
调制度	10～0.61	0.61～0.78	0.78

3. 内部元件

车辆驱动用逆变器由于在高频下进行转换，功率半导体元器件要求转换高速化。另外，为了应对大功率输出，也要求高电压。因此大多采用 IGBT，兼具场效应管构造的电压驱动特性与双极晶体管的强电力特性。

IGBT 是复合全控型电压驱动式压开关，用于实现电机电路的非通即断。该开关是一种功率半导体器件，由绝缘栅型场效应管和双极型三极管组成，具有输入阻抗高、工作速度快、通态电压低、阻断电压高、承受电流大等优点。

4. 冷却器

逆变器的主要发热部分是功率半导体元器件 IGBT 和 FRD（fast recovery diode），需要对其进行高效率的冷却。冷却方式有风冷与水冷两种。大功率逆变器一般采用水冷方式。图 6－4 为动力模块剖面。功率半导体元器件的冷却借助动力模块内部绝缘印制电路板以及散热板，通过冷却器冷却。因此，降低热阻与提高冷却器能力至关重要。

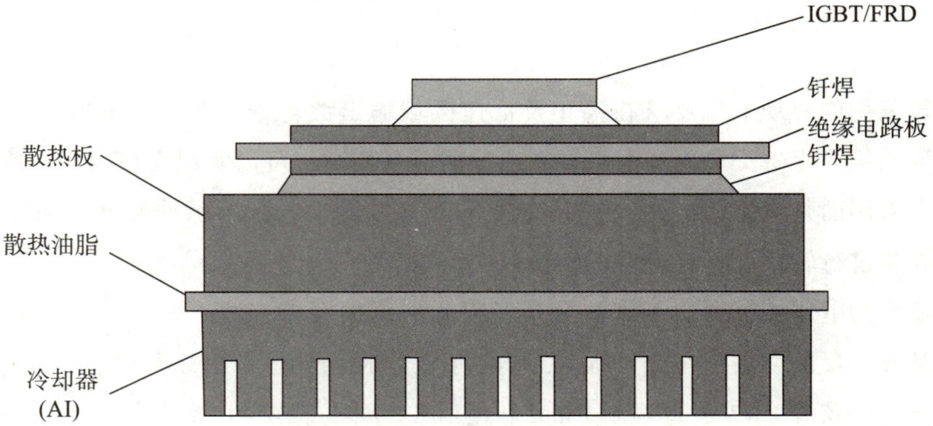

图 6－4　动力模块剖面

为了提高散热能力，新的技术中不使用散热润滑剂，而是采用将功率半导体元器件直接安装在冷却器上的直接冷却构造与双面冷却方式。

直接冷却构造中，线性膨胀系数较高的冷却器的热应力直接作用于绝缘电路板，因此，如何确保热收缩的长期可靠性是一项重要的技术。

5. 电容器

主电路电容器有平滑电容器和滤波电容器，前者用于平滑电机控制用电压，而后者主要用于高/电池的脉动平稳化。这些电容器由于具有等效串联电阻低、耐压能力强、寿命期限长、耐温特性良好等优点，采用薄膜电容器的情况有所增加，电容器元器件中，通过采用薄聚丙烯膜，可以实现电容器装置的小型化。单位体积的静电容量与薄膜厚度的二次方大致成正比，因此，薄膜化对于实现小型、轻量化来说是最为有效的手段。另外，可以通过开发各种蒸镀方式，以最佳形式来应对较大的脉动和实现高安全性（自我保障功能）。

（三）DC－DC 转换器

混合动力电动汽车、电动汽车配置两种电池，一种是作为行驶用电机电源的高电压主机电池（动力电池），另一种是作为车辆附件类及电子控制单元电源的 12 V 辅助电池。

图 6－5 为混合动力系统组成示意图。电动汽车无法利用发动机的动力进行发电，因此一般搭载 DC－DC 转换器，进行主机电池向辅助电池的降压式直流－直流电力转换。电动汽车可以通过交流发电机发电，但是混合动力系统为了改善油耗，要反复进行怠速停机与起动发动机，因此一般采用可以输出稳定电压、可高效率完成电力转换的 DC－DC 转换器。

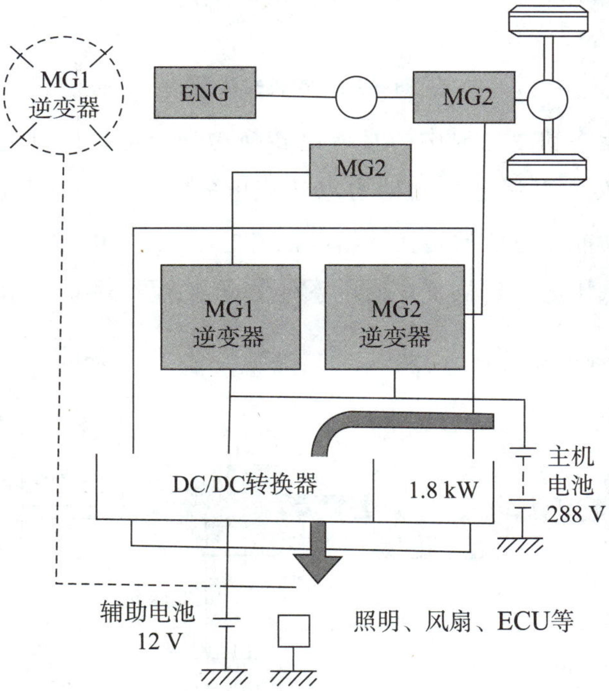

图 6－5　混合动力系统组成示意图

另外，在 DC－DC 转换器的冷却方式中，有的在发动机舱内与逆变器整体化配置，通过冷却系统进行水冷冷却；有的搭载在行李舱内主机电池的电池盒上，通过风扇进行风冷。冷却方式根据配置位置的环境温度与 DC－DC 转换器自身的损耗来决定，无论哪种，提高效率是共同的目标。

与一般使用的 DC－DC 转换器不同，车辆用转换器要求输入电压范围广泛、温度范围广泛等。另外，由于搭载在行李舱内，冷却方式一般采用风冷方式。

二、电机控制器

（一）电机控制器的认知

电机控制器安装在前舱内，采用控制器局域网（controller area network，CAN）通信控制，控制着动力电池组到电机之间能量的传输，同时采集电机位置信号和三相电流检测信号，精确地控制驱动电机运行，如图 6－6 所示。

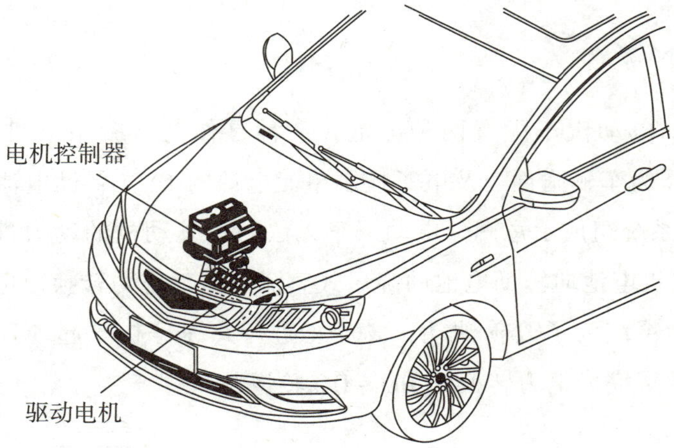

图 6－6　电机控制器

电机控制器是一个既能将动力电池中的直流电转换为交流电以驱动电机，又能将车轮旋转的动能转换为电能（交流电转换为直流电）给动力电池充电的设备。减速阶段，电机作为发电机应用。它可以完成由车轮旋转的动能到电能的转换，给电池充电。DC－DC 集成在电机控制器内部，其功能是将电池的高压电转换成低压电，提供整车低压系统供电，如图 6－7 所示。

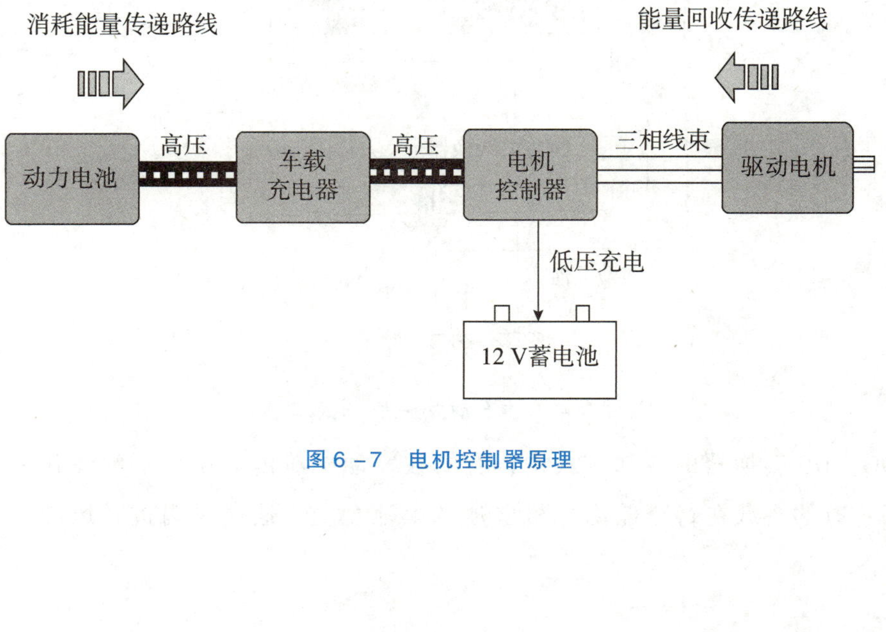

图 6－7　电机控制器原理

（二）电机控制器结构

电机控制器内部包含一个 DC－AC 逆变器和一个 DC－DC 直流转换器，逆变器由 IGBT、直流母线电容、驱动和控制电路板等组成，如图 6－8 所示；实现直流（可变的电压、电流）与交流（可变的电压、电流、频率）之间的转变。直流转换器由高低压功率器件、变压器、电感、驱动和控制电路板等组成，实现直流高压向直流低压的能量传递。电机控制器还包含冷却器（通冷却液）给电子功率器件散热。

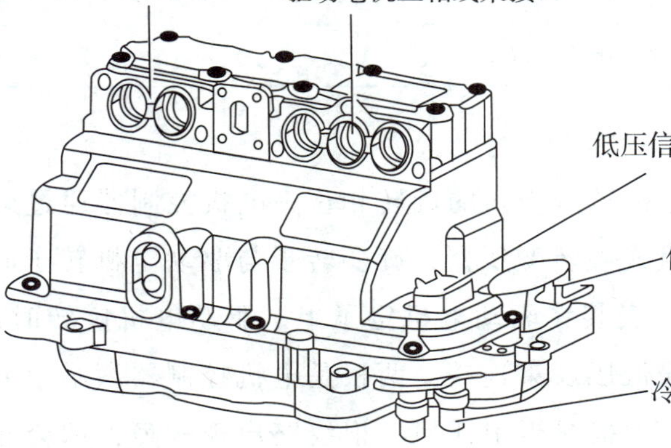

图 6－8　电机控制器结构

（三）电机控制器功用

电机控制器功用有以下几点。

1. 转矩控制模式

电机控制系统控制电机轴向四象限的转矩。由于没有转矩传感器，转矩指令（由整车控制器发送）被转换成为电流指令，并进行闭环控制。转矩控制模式只有在获得正确的初始偏移角度时才能进行。

2. 静态模式

静态模式在电机控制器处于被动状态（待机状态）或故障状态时被激活。

3. 主动放电模式

主动放电用于高压直流端电容的快速放电。主动放电指令来自整车控制器的指令或由电机控制器内部故障触发。

4. DC－DC 直流转换

电机控制器中的 DC－DC 转换器将高压直流端的高压转换成指定的直流低压（12 V 低压系统），低压设定值来自整车控制器指令。

5. 系统诊断功能

当故障发生时，软件根据故障级别使电机控制器进入安全状态或限制状态。安全状态包括主动短路或 Freewheel 模式，限制状态包括四个级别的功率/转矩输出限制。电机控制器软件中提供基于 ISO—14229 标准的诊断通信功能，如表 6－2 所示。

表 6－2　系统诊断功能

诊断项目	诊断内容
传感器诊断	电流传感器、电压传感器、温度传感器、位置传感器等故障诊断
电机诊断	电流调节故障、电机性能检查、主动短路或空转条件不满足、转子偏移角诊断等
CAN 通信诊断	包括 CAN 内存检测，总线超时，报文长度、CHECKSUM 校验，收发计数器的诊断
硬件安全关诊断	相电流过流诊断、直流母线电压过压诊断、高/低压供电故障诊断、处理器监控等
DC－DC 诊断	DC－DC 传感器以及工作状态诊断

6. 旋转变压器

旋变信号的作用是反映驱动电机转子当前的旋转相位，电机控制器通过旋变信号计算当前驱动电机的转速。旋转变压器采用磁阻式旋转变压器，旋变转子与驱动电机转子同轴连接，随电机转轴旋转。旋变定子内侧有感应线圈，安装在驱动电机定子上。驱动电机旋转时，带动旋变转子旋转。旋变器与电机控制器中间通过六根低压线束连接，两根是电机控制器激励信号，另外四根分别是旋变器输出的正弦信号和余弦信号。六根线当中任何一根线路出现故障，都会导致驱动电机无法正常工作，如图 6－9 所示。

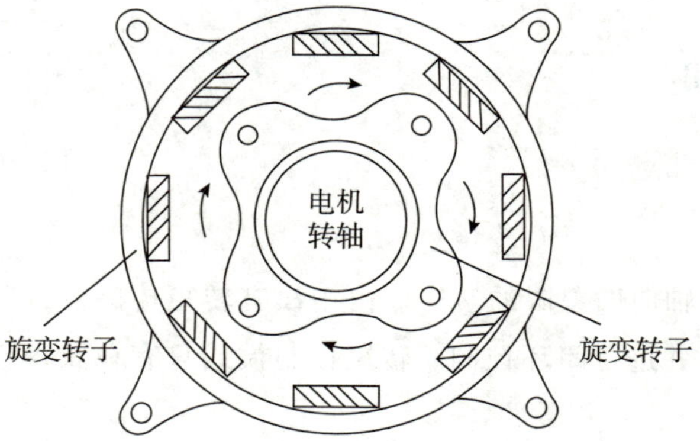

图 6－9　旋转变压器

7. PWM 信号

由软件来控制 IGBT 的通断，使其输出端得到一系列幅值相等而宽度不相等的脉冲，可用这些脉冲来代替交流正弦波形。再按照一定的规则对各脉冲的宽度进行实时调制，就可改变逆变电路输出电压的大小，也可改变输出频率。这样就可使其输出所需要的 PWM 信号，实现对驱动电机的电压或频率的调整，如图 6－10 所示。

8. 驱动电机温度控制

驱动电机定子上设置有两组温度传感器，其采用负温度系数的电阻（温度越高，电阻越低），通过传感器电阻的变化，电机控制器可实时监控驱动电机的温度，防止电机温度过高。

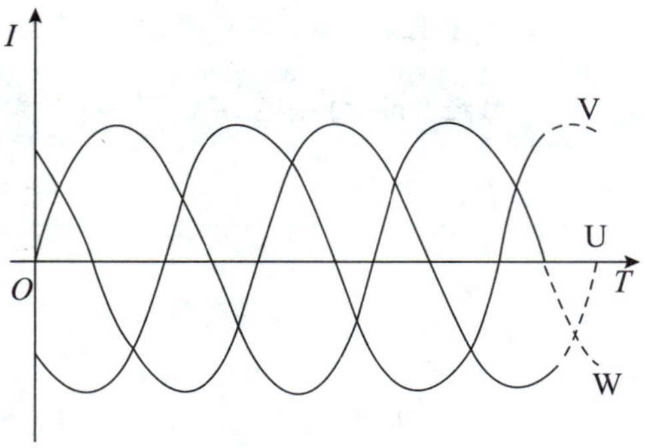

图 6－10　PWM 信号

三、电机控制器故障检修

（一）检修电机控制器供电回路故障

应在熟悉电机控制系统功能和操作内容以后再开始诊断，这样在出现故障时有助于正确进行故障诊断，更重要的是，这样有助于确定客户描述的状况是否属于正常操作。

1. 电机控制系统诊断

驱动电机控制系统

（1）诊断方法

① 了解用户车辆在什么工况下出现的故障现象。

② 验证用户反映的故障是否属实（间歇性故障）。

③ 读取系统软件版本信息，确认是否在最新状态。

④ 读取系统故障码，根据故障码含义分析故障部件。

（2）目视检查

① 检查可能影响电机控制系统操作的售后加装装置。

② 检查易于接触或能够看到的系统部件，以查明其是否有明显损坏或存在可能导致故障的情况。

（3）电机控制系统端子列表

电机控制模块线束连接器如图 6－11 所示，端子定义如表 6－3 所示。

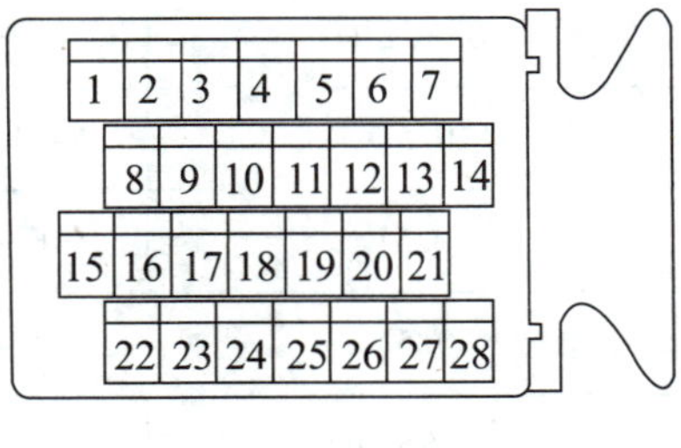

图 6－11　电机控制模块线束连接器

表 6-3　电机控制模块线束连接器端子定义

端子号	端子定义	线径（mm²）颜色	端子状态	状态
1	高压互锁输入	0.5Br	E-S-PLTIN	—
2	—	—	—	—
3	—	—	—	—
4	高压互锁输出	0.5W	E-S-PLOUT	
5	温度传感器输入	0.5Br/W	E-A-EMTI	
6	温度传感器接地	0.5R	M-A-EMTO	
7	温度传感器输入	0.5L/R	E-A-EMTO	
8	—	—	—	—
9	—	—	—	—
10	屏蔽线接地	0.5B	M-SCHIRM-VOGT	
11	接地	0.5B	—	—
12	—	—	—	—
13	温度传感器接地	0.5W/G	E-A-EMTI	—
14	唤醒输入	0.5L/W	E-S-唤醒	—
15	resolver + EXC	0.5G		
16	resolver + COSLO	0.5P		
17	resolver + SINLO	0.5W		
18	—	—	—	—
19	—	—	—	—
20	CAN-H	L/R	总线	
21	CAN-L	0.5Gr/O	总线	
22	resolver - EXC	0.5O	A-F-LG-ERR-NEG	
23	resolver + COSHI	0.5L	E-F-LG-COSHI	
24	resolver + SINHI	0.5Y	E-F-LG-SINHI	
25	KL15	0.5R/B	E-S-KL15	
26	KL30	0.5R/Y	U-UKL30	
27	调试 CAN-H	0.5P/W	总线	
28	调试 CAN-L	0.5B/W	总线	

2. 电机控制器低压供电回路故障

电机控制器低压供电回路故障故障代码如表 6－4 所示。

表 6－4　电机控制器低压供电回路故障故障代码

故障码	说明
P056300	蓄电池电压过电压故障
P056200	蓄电池电压欠电压故障
P113600	低压端输出与蓄电池连接断开故障

(1) 电机控制器低压供电回路故障电路简图

电机控制器低压供电回路故障电路简图如图 6－12 所示。

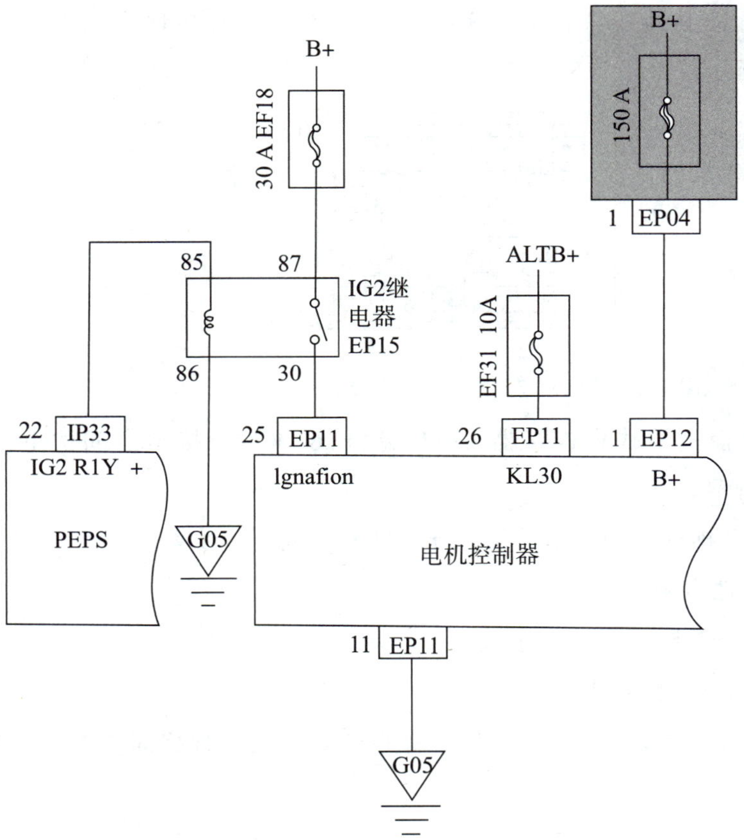

图 6－12　电机控制器低压供电回路故障电路简图

(2) 电机控制器低压供电回路故障诊断步骤

① 检查蓄电池电压。

a. 操作起动开关，使电源模式至 OFF 状态。

b. 用万用表测量蓄电池正负极之间的电压（电压标准值：11～14 V）。

c. 确认测量值是否符合标准。如不符合，检查充电系统或对蓄电池充电。

② 检查电机控制器保险丝 EF18、EF31 和蓄电池正极柱头保险丝是否熔断。

a. 操作起动开关，使电源模式至 OFF 状态。

b. 拔下保险丝 EF31，检查保险丝是否熔断（保险丝额定容量：10 A）。如果熔断，检修保险丝线路，更换额定容量保险丝。

c. 拔下保险丝 EF18，检查保险丝是否熔断（保险丝额定容量：30 A）。如果熔断，检修保险丝线路，更换额定容量保险丝。

d. 拔下蓄电池正极柱头保险丝，检查保险丝是否熔断（保险丝额定容量：150 A）。如果熔断，检修保险丝线路，更换额定容量保险丝。

③ 检查电机控制器电源电压。

a. 操作起动开关，使电源模式至 OFF 状态。

b. 断开电机控制器线束连接器 EP11。

c. 操作起动开关，使电源模式至 ON 状态。

d. 用万用表测量电机控制器线束连接器 EP11 端子 25 和车身接地之间的电压值（标准电压：11 ~ 14 V），如图 6 – 13 所示。

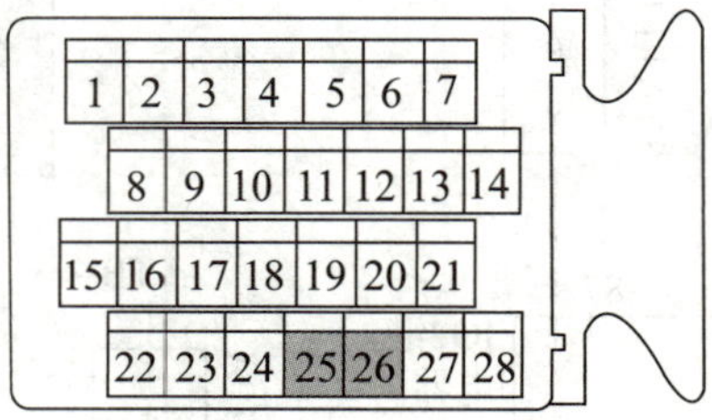

图 6 – 13　电机控制器线束连接器 EP11 端子 25、26

e. 用万用表测量电机控制器线束连接器 EP11 端子 26 和车身接地之间的电压值（标准电压：11 ~ 14 V），如图 6 – 13 所示。

f. 确认测量值是否符合标准。如果不符合标准，则修理或更换线束。

④ 检查电机控制器接地电阻。

a. 操作起动开关，使电源模式至 OFF 状态。

b. 断开电机控制器线束连接器 EP11。

c. 用万用表测量电机控制器线束连接器 EP11 端子 11 和车身接地之间的电阻（标准电阻：小于 1 Ω），如图 6 – 14 所示。

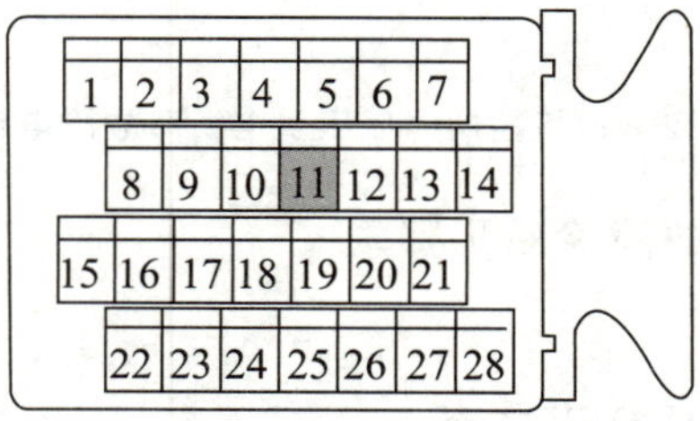

图 6 – 14　电机控制器线束连接器 EP11 端子 11

d. 确认测量值是否符合标准。如果不符合标准，则修理或更换线束。

⑤ 检查检测 DC – DC 与蓄电池之间的线路。

a. 操作起动开关，使电源模式至 OFF 状态。

b. 断开蓄电池负极电缆。

c. 断开电机控制器线束连接器 EP12。

d. 断开蓄电池正极电缆。

e. 用万用表测量电机控制器线束连接器 EP12 端子 1 和蓄电池正极电缆之间的电阻（标准电阻：小于1 Ω），如图 6－15 所示。

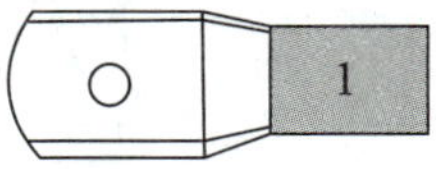

图 6－15　EP12 线束连接器

f. 确认测量值是否符合标准。如果不符合标准，则修理或更换线束。

⑥ 更换电机控制器。

a. 操作起动开关，使电源模式至 OFF 状态。

b. 断开蓄电池负极电缆。

c. 拆卸维修开关。

d. 更换电机控制器。

e. 确认故障排除。

（3）电机控制器高压电回路故障

电机控制器高压供电回路故障，故障代码 P114D00：高压端过电压检测。

通过数据流读出数值，对比电池管理系统上报的母线电压与电机控制器上报的母线电压，判断两者的电压相差是否过大。如果不过大，则系统正常；如果过大，则更换电机控制器，诊断结束。

（二）检修电机控制器通信故障

进行电机控制器通信故障检修时，应先熟悉电机控制器通信故障代码和故障电路简图，再开始故障诊断操作。

1. 电机控制器通信故障

电机控制器通信故障故障代码如表 6－5 所示。

表 6－5　电机控制器通信故障故障代码

故障码	说明
U007388	Hybrid CAN 发生 BusOff 故障
U007387	Hybrid CAN 发生 Timeout 故障
U120000	ID 1B6 接收超时
U120100	ID 1B6 长度错误
U120200	ID 1B6 校验和错误
U120300	ID 1B6 循环计数错误
U120400	ID 1CA 接收超时

续表

故障码	说明
U120500	ID 1CA 长度错误
U120600	ID 1CA 校验和错误
U120700	ID 1CA 循环计数错误
U120800	ID 364 接收超时
U120900	ID 364 长度错误
U120A00	ID 364 校验和错误
U120B00	ID 364 循环计数错误
U110000	ID 230 BMS_ General 帧超过一段时间
U110100	ID 230 BMS_ Genera DLC 长度错误
U110200	ID 230 BMS_ General 校验和错误
U110300	ID 230 BMS_ General 循环计数错误
U110400	ID 246 帧接收超过一段时间
U110500	ID 2A6 长度错误
U130000	ID 2A8 接收超时
U130100	ID 2A8 长度错误
U130200	ID 2A8 校验和错误
U130300	ID 2A8 循环计数错误
U110600	ID 2A6 校验和错误
U110700	ID 2A6 循环计数错误

2. 电机控制器通信故障电路简图

电机控制器通信故障电路简图如图 6－16 所示。

3. 诊断步骤

（1）使用故障诊断仪读取故障代码

① 操作起动开关，使电源模式至 ON 状态。

② 连接故障诊断仪，读取系统故障代码。

③ 确认系统是否存在其他故障代码。如果存在，则优先排除其他故障代码指示故障。

（2）检查电机控制器的通信屏蔽线路

① 操作起动开关，使电源模式至 OFF 状态。

② 断开电机控制器线束连接器 EP11。

③ 用万用表测量电机控制器线束连接器 EP11 端子 10 与车身可靠接地之间的电阻（电阻标准值：小于1 Ω），如图 6－17 所示。

④ 确认测量值是否符合标准。如果不符合，则修理或更换线束。

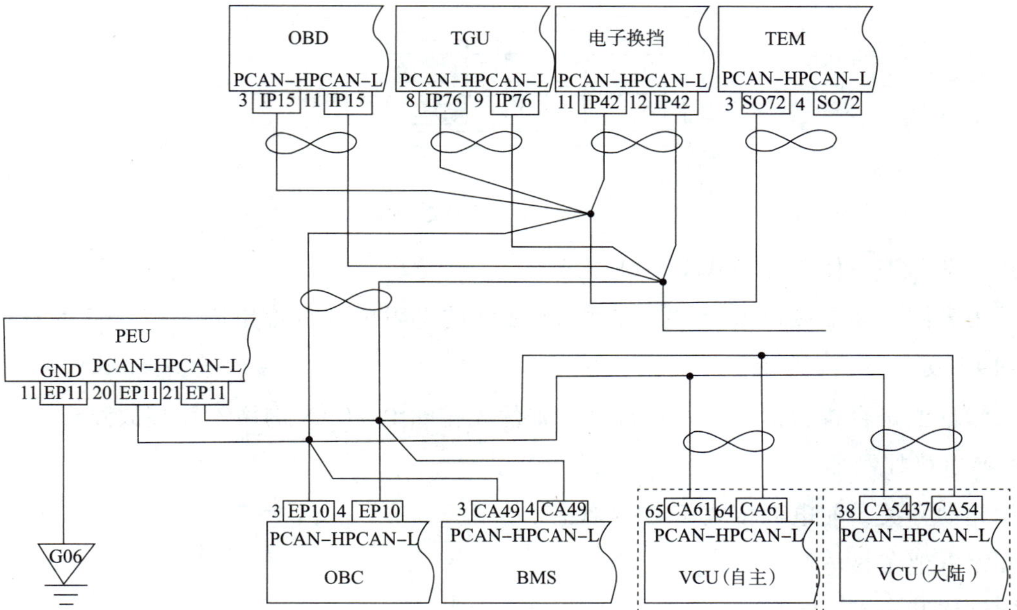

图 6－16　电机控制器通信故障电路简图

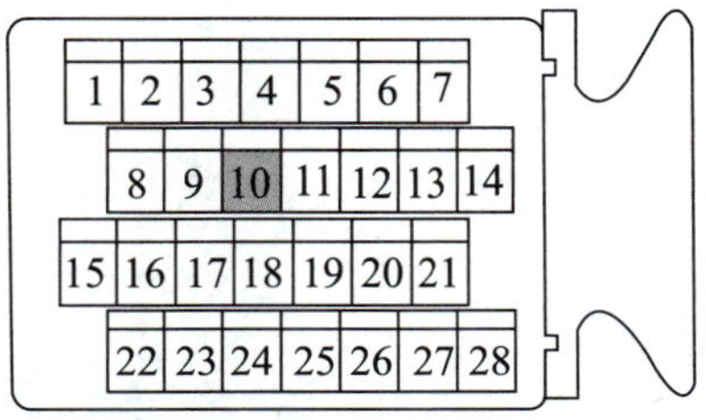

图 6－17　电机控制器线束连接器 EP11 端子 10

（3）检查电机控制器的通信线路

① 操作起动开关，使电源模式至 OFF 状态。

② 断开电机控制器线束连接器 EP11。

③ 用万用表测量电机控制器线束连接器 EP11 端子 21 和诊断接口 IP15 端子 11 之间的电阻（电阻标准值：小于1 Ω），如图 6－18 和图 6－19 所示。

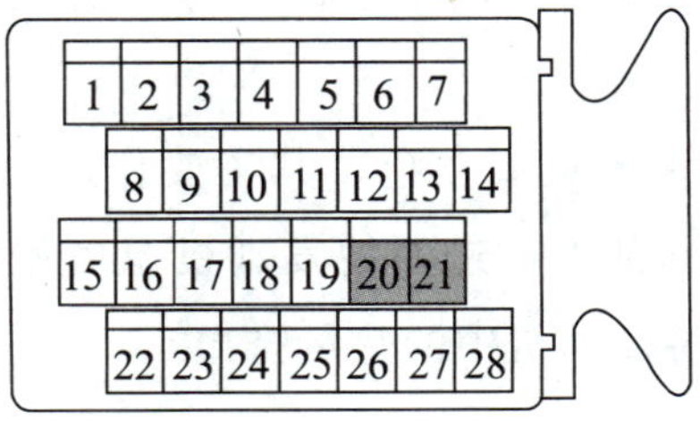

图 6－18　电机控制器线束连接器 EP11 端子 20、21

④ 用万用表测量电机控制器线束连接器 EP11 端子 20 和诊断接口 IP15 端子 3 之间的电阻（电阻标准值：小于1 Ω），如图 6－18 和图 6－19 所示。

⑤ 确认测量值是否符合标准。如不符合，则修理或更换线束。

（4）进行 P－CAN 网络完整性检查

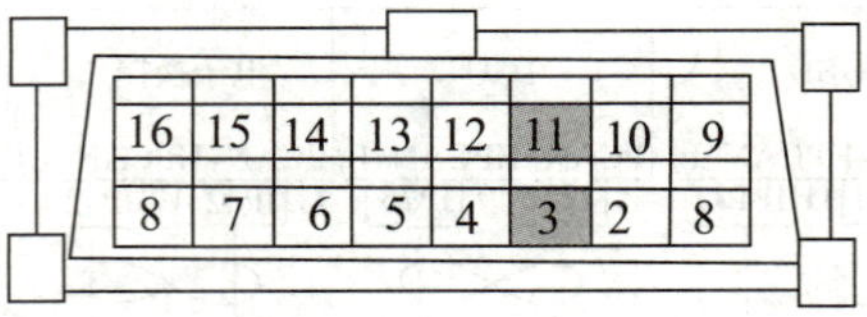

图 6－19　IP15 诊断接口线束连接器端子 3、11

① 操作起动开关，使电源模式至 OFF 状态。

② 用万用表测量终端接口 IP15 端子 3 和 11 之间的电阻值（标准电阻：55～67.5 Ω），如图 6－18 和图 6－19 所示。

③ 确认测量值是否符合标准。如不符合，则优先排除 P－CAN 网络不完整故障。

（5）更换电机控制器

① 操作起动开关，使电源模式至 OFF 状态。

② 断开蓄电池负极电缆。

③ 拆卸维修开关。

④ 更换电机控制器。

⑤ 确认故障排除。

第二节　新能源汽车驱动电机控制技术的实践应用

一、新能源汽车中电动水泵的应用

从动力源角度分析，汽车水泵大致可以分为机械式以及电动式两种基本类型。两者相较而言，电动水泵展现出了独有的优势，这是因为电动水泵的冷却系统在发动机停止工作后仍然能够起到制冷效果，其效率更高、效果更好。

水泵在整个冷却系统中扮演着十分重要角色，其主要作用是为发动机提供源源不断的冷却液，使冷却液更加快速、高效地送往不同部件，进而使发动机温度始终保持在正常工作的范围之内。发动机中还设有散热器，主要功能是将发动机中的热量排出。

（一）汽车用水泵的类型划分

根据驱动形式的不同，汽车用水泵大致可分为机械型以及电动型两种基本类型。就目前发展而言，我国采用的绝大多数汽车用水泵均为机械水泵，只有一些相对高级的发动机才使用电动水泵。

1. 机械水泵

机械水泵的运行依赖发动机的曲轴，通过皮带传动，按照特定速率与发动机同时工作，存在一定的优势，但仍具有很多不足之处。随着负载的不断增加，发动机所产生的热量也会随之增多，发动机的转速也相对较快，这时水泵也处于高速工作的状态；但当转速相对较低，而负载又较大时，就会出现散热过多而冷却液不足的现象，这是因为发动机的转速会直接影响水泵的转速，进而影响工作效果。转速过低就会导致热量无法散发，发动机的温度自然也会升高，最终影响发动机的正常工作。下面就机械水泵的基本结构进行介绍（图 6－20）。

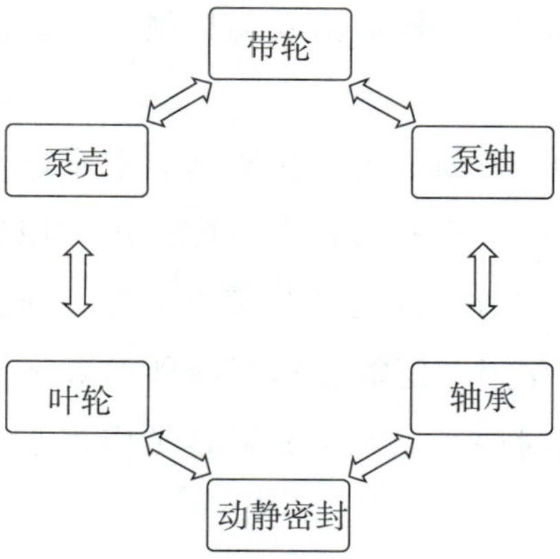

图 6－20　机械式水泵的基本结构

（1）带轮。皮带传动采用的齿形不同使传动带轮存在一定差异，常见的传动带轮有胶带轮以及齿形轮两种。随着发动机设计的不断进步，齿形传动带轮的应用越发广泛，水泵与压缩机以及发动机之间依靠齿形带轮连接在一起。

（2）泵轴。泵轴是机械式水泵的重要组成部分，材料通常为锻钢。泵轴的一侧是水泵叶轮，而另一侧则安装皮带轮系。发动机正是通过曲轴完成驱动的。

（3）轴承。水泵轴承在水泵工作过程中发挥着至关重要的作用。若水泵不能正常工作，绝大多数时候就是因为轴承出现故障，可见轴承在发动机中的重要地位。随着科技的不断进步，发动机也逐步向大功率方向迈进，这对轴承的耐热能力以及稳定性提出了更高的要求。除此之外，轴承还应当具备一定的封闭性，这样才能提升其工作效率。发动机中的各个轴承实际上是紧密相连的，双支承轴并不依赖内圈工作，而是依靠外圈进行整体工作的。在承载度保持不变的情况下，此类轴承的尺寸会直接影响其承载能力。

（4）动静密封。密封的主要目的是防止冷却液溢出，除此之外，发动机内部要求冷却液与轴承必须分离，以免影响轴承工作。目前绝大多数水泵都有动静密封装置，陶瓷水封是最常见的密封形式，但容易被冷却液中的一少部分固体划伤，尽管水封的工艺在不断加强，但仍存在着一系列的技术难题。

（5）叶轮。叶轮也是水泵的核心组成部分，一般叶轮的材料大多为工程塑料，一部分为金属，形状多为圆弧状的叶片，这也是将其称为叶轮的主要原因。叶轮的叶型并不是随机设定的，而是要与水流动的方向保持一致。金属叶轮被广泛应用于轿车上，一旦金属出现腐蚀现象，叶轮的工作就会受到影响，而工程塑料所制成的叶轮的抗腐蚀性明显优于金属叶轮，这也就使塑料叶轮的使用率大大提升。

（6）泵壳。水泵的外部一般都装有泵壳，泵壳与发动机是一体化的，两者在制作过程中保持同步，泵壳的出口与发动机直接相连，将冷却液直接作用于发动机。

（二）电动水泵

相比于机械水泵，电动水泵设有控制单元，主要通过对转速的控制，进而控制整个水泵，而又不会对发动机的工作造成影响。电动水泵最大的优势在于可以根据发动机的实际情况，对水泵进行智能控制，结合发动机的实时工作状况，按需为发动机提供冷却液，并且电动水泵所消耗的功率也相对较低。

根据结构的不同，电动水泵可以被划分为直接驱动型水泵以及间接驱动型水泵。前者与机械式水泵的工作原理基本相同，实质上就是将机械式水泵中的皮带用发动机代替；后者则是对水泵的内部结构进行了调整，将机械式水泵中所用到的动静密封去掉，换为橡胶轴承，让冷却液直接与转子相接触，这样不仅能够起到润滑的作用，还能够达到冷却的效果。采用该结构，能够在极大程度上节约成本，但对技术工艺的要求相对较高。此结构通常被应用于直流供电的电动水泵中，以满足一些高压电机的要求。

（三）电动水泵在新能源汽车上的应用

1. 电动水泵的应用选型

电动水泵在新能源汽车的应用选型格外重要，具体步骤如下。

（1）准确计算热负荷。冷却系统的热载荷的计算需符合叠加性原理，通过叠加性可以计算出整个系统能承受的最大热量。除此之外，精确计算热负荷还能够绘制出相应的散热曲线。

（2）模拟系统零件水阻。在满足系统正常工作的前提下，系统的水阻以及流量可以在一定范围内上下浮动，波动范围与部件的散热特性有关。上面所提到的最大散热量，实际上就是结合系统水阻所计算出的值。

（3）结合流量、最大散热量、水阻的具体情况，对水泵进行预选。

（4）预选后，需要对水泵的特性进行模拟仿真，观测其流量、转速以及水阻变化，通过采集、分析数据，最终选择最合适的水泵。

2. 电动水泵的应用实践

新能源汽车是指采用非常规的车用燃料作为动力来源，技术原理先进、具有新技术和新结构的汽车。新能源汽车的发动机与汽车的运行速度互不影响，下面以混动汽车为例展开具体介绍。当汽车处于纯电动工作状态时，汽车的发动机并不工作，导致曲轴也不能转动，此时采用机械水泵，主发动机需始终处于工作状态，发动机依然需要一定量的冷却液，这就要求冷却系统必须设置电动水泵。

新能源汽车在使用过程中均会面临上述所提到的问题，这也正是电动水泵被广泛应用于冷却系统的重要原因。与传统的机械水泵相比，两者在设计理念上存在一定的差异，且电动水泵的优势更加明显。其一，机械水泵的稳定性相对较差，传输的准确性也远不及电动水泵，工作效率也与电动水泵具有较大差距；其二，叶轮设计有所不同，机械式水泵的叶轮多为半封闭型，电动水泵则采用全封闭式的叶轮，在提高稳定性的前提下，还能够减少不必要的损失。随着电动水泵零部件高度集成化的逐步实现，还应当将水泵的转速提升，这样才能够减少叶轮所占据的面积，而这一切的前提是水阻需要保持在正常工作范围内。电动水泵的发电机与其他水泵也存在一定差异，电动水泵采用的是自感电机，此电机最明显的特点就是它是与控制器直接相连，可以通过 PWM 控制电机的工作速度。

新能源汽车的各个零部件对冷却液的需求各不相同，这也使得其对水泵的需求也存在差异。轿车所需要的功率相对较小，通常在 200 W 以下，这种电动水泵可以使用直流电源进行供电，也不需要动静密封。对于一些燃料消耗型汽车而言，电动水泵的功率需要达到 400 W，这是因为此类汽车对冷却液的需求相对较大，水阻也很高，综合考虑，燃料消耗型汽车应当采用高电压的水泵。

二、独立循环水恒温控制系统应用

当前，新能源汽车发展迅速，研究、开发和测试新能源汽车核心零部件的需求越来越多，这其中，电磁兼容测试项目具有至关重要的作用。根据国际和行业电磁兼容执行标准，测试的正确性和可重复操作性是前提条件。测试时，样品的工作状态应做到与实际工作状态十分接近。所以，样品需要保证精确的恒温。

（一）新能源汽车中独立循环水恒温控制系统的硬件组成

独立循环水恒温控制系统的主要部件有三菱 PLC 可编程控制器、触摸屏、温度传感器、压力传感器等（图 6－21）。

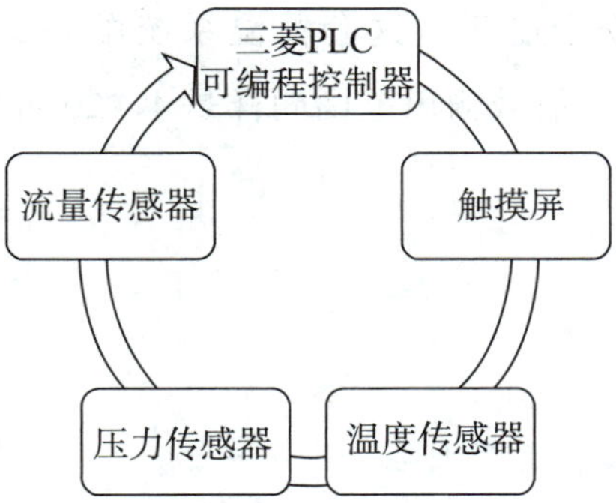

图 6－21　独立循环水恒温控制系统的主要部件

1. 三菱 PLC 可编程控制器

在工业控制领域，三菱 PLC 可编程控制器用途甚广，它具有多种功能，并且价格适中、性能可靠、方便修理。独立循环水的恒温控制系统的主控制器是三菱的 FX3U－16M 型 PLC，这款控制器属于第三代，可进行编程，内存的 RAM 存储器容量为 64 K；内核具备高速处理能力，可快速进行处理；触点可以进行扩充，最多可达到 384 个触点。

2. 触摸屏

这套恒温系统的人机交互操作界面使用触摸屏。操作人员可通过触摸屏设置温度、压力以及流量数据，将数据录入 PLC。与此同时，PLC 可将系统的各项参数实时呈现在触摸屏上相应的界面中。如威纶 MT8121iE 型号的触摸屏，屏幕尺寸为 12.1 in（1 in = 2.54 cm），分辨率为 1 024 × 768，已达到高清标准，通信方式有 USB、RS－232 和 RS－485 三种。

3. 温度传感器

安装温度传感器后可以实时监控系统内循环水的温度，这样可以做到对水温精准的把控。温度传感器将水温数据传输至 PLC，根据这些数据，可以精准地闭环管控水温。这套恒温系统所使用的温度传感器是 PT100 型热敏电阻，通过对流过热敏电阻的电流值进行测算，并采用映射关系，可计算出所需的温度数值。

4. 压力传感器

压力传感器负责测算压力数值，PLC 通过实时监控压力数据掌握系统内各条管道的压力情况，预防压力过大产生不良后果。当出现压力瞬间下降的情况时，PLC 可以做出推断，如果是系统管道出现接口脱落的情况，可以通过操控管道的电子阀门采取紧急指令。独立循环水恒温控制系统配备的压力传感器型号是MIK－P300G型，测压范围为 0 ~ 0.6 MPa，输出信号范围为 4 ~ 20 mA。压力传感器连接方便，可直接连接计算机接口卡、控制仪表、智能仪表或 PLC 等，同时可以满足较远距离信号传递的需求。此外，此型号的传感器全部为不锈钢材质，具有密封结构，体积和质量适中，可以满足各种不同的工作环境。

5. 流量传感器

流量传感器可对循环水的流量进行实时监控，PLC 根据监控的数据对水泵输出转速进行把控，从而将流量控制到合适的大小。分析输入和输出水箱的数据，可以对管道中是否有缓慢流动的漏液做出推断，尽早发现问题可以排除安全隐患。这套恒温系统配备的流量传感器型号为 MIK－LDG－DN20，每小时可测算 1.2 ~ 5.0 m^3，信号输出范围同样是 4 ~ 20 mA。

知识拓展

1. 电流互感器的主要技术名词和技术规范

（1）额定电流比。额定电流比是指一次额定电流与二次额定电流之比。

（2）准确度等级。由于电流互感器存在一定的误差，需根据其允许误差划分出不同的准确度等级。电流互感器的准确度等级分为 0.001 ~ 1 多个级别，能够适应多种不同的应用场合。用于发电厂、变电站、用电单位配电控制盘上的电气仪表，一般采用 0.5 级或 0.2 级；用于设备、线路的继电保护，一般不低于 1 级；用于电能计量时，视被测负荷容量或用电量多少，依据规程要求来选择。

（3）额定容量。即额定二次电流通过额定二次负载时所消耗的视在功率，也可以用二次额定负荷阻抗表示。

（4）额定电压。电流互感器的额定电压是指一次绕组长期对地所能承受的最大电压，其有效值应不低于所接线路的额定相电压。电流互感器的额定电压分为 0.5 kV、3 kV、6 kV、10 kV、35 kV、

110 kV、220 kV、330 kV、500 kV 等多种电压等级。

（5）极性标志。一次绕组出线端的首端标为 L1，末端为 L2。当多量限一次绕组带有抽头时，首端标为 L1，末端为 L2，L3，…，以此类推。二次绕组出线端，首端标为 K1，末端为 K2。当二次绕组带有中间抽头时，首端标为 K1，自第一个抽头起依次为 K2，K3，…，以此类推。对于具有多个二次绕组的电流互感器，应分别在各二次绕组的出线端标志“K”前加注数字。由于供电线路与用电线路中电流电压的大小相差悬殊，从几安倍到几万安倍都有，为便于二次仪表测量，需要转换为比较统一的电流。此外，线路上的电压一般比较高，如果直接测量是非常危险的，电流互感器可以起到隔离的作用。

因为电流互感器的显示仪表大部分是指针式的电流表，所以电流互感器的二次电流大多数是安培级的（如 5A 等）。而现在的电流测量大多采用数字化，计算机的采样信号一般为毫安级（0～5 V、4～20 mA 等）。因此，微型电流互感器的二次电流为毫安级，主要起到大互感器与采样之间的桥梁作用。微型电流互感器也称为仪用电流互感器，电流互感器准确度各级别误差列表如表 6－6 所示。

表 6－6　电流互感器准确度各级别误差列表

电流互感器的准确度级别	额定电流百分数/%	允许误差	
		变比误差 γ/%	δ/（′）
0.01	10～120	±0.01	±0.3
0.02	10～120	±0.02	±0.6
0.05	10～120	±0.05	±2
0.1	50	±0.15	±7
	100～120	±0.1	±5
0.2	50	±0.65	±13
	100～120	±0.20	±10
0.5	50	±0.65	±40
	100～120	±0.5	±30
1	50	±1.3	±80
	100～120	±1.0	±60

2. 传统的电流传感器

传统的电流传感器就是指电流互感器，电流互感器拾取的电流信号可以直接通过电流表显示出来，也可以接入控制、保护设备里，用来控制设备的运行状态。现有的检测和测量电流所使用的互感器，由一个封闭的铁芯和缠绕在铁芯上的一次绕组及二次绕组组成，其原理和结构与一般的小型变压器相同，如图 6－22 所示。

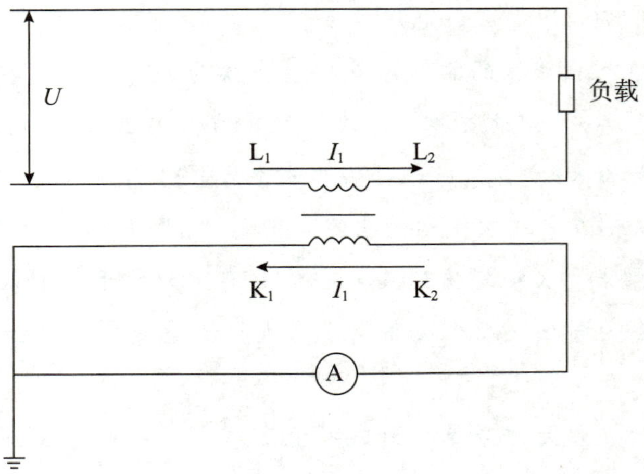

图 6－22　传统的电流传感器原理和结构

（二）独立循环水恒温控制系统的界面设计

独立循环水恒温控制系统的操作界面由四部分组成：开机界面、主界面、系统参数设置和报警记录查询（图 6－23）。

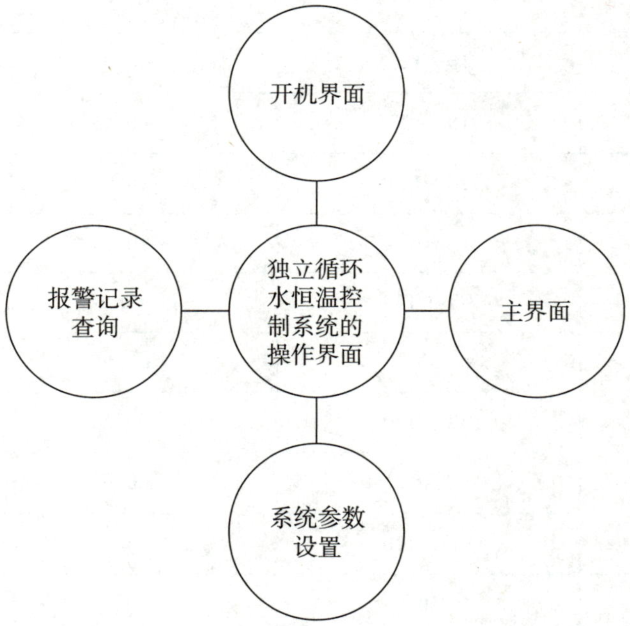

图 6－23　独立循环水恒温控制系统的操作界面

1. 开机界面

开机后，系统第一次待机会出现开机界面，开机界面可以设计成不同的背景图案，进入主界面可点击右下方的按钮。显示开机界面时，系统的状态为给电待机，系统操作员可在此时间段检查连接系统和测试样品的管道是否合格。

2. 主界面

顾名思义主界面是系统的主体界面，可以由此进入其他的界面。在主界面的最上方滚动显示着时间日期和报警提示，系统遇到警情时，这个位置将通报显示警情内容、发生时间以及次数，系统操作员可以根据这个提示及时处置故障。当解除警情危险以后，按“消除声光报警”键可以恢复声光报警功能。

3. 系统参数设置

与主界面相同，从系统参数设置界面也可以进入其他的界面，处于这个界面还可以显示警情信息和关闭警情提示音。除此之外，这个界面还具有两种功能。

（1）设置系统参数和确定操作模式。首先在数字输入模块录入温度、压力和流量的预期值用于后续的测试，然后由系统操作人员输入系统参数发出警报的数值范围，确定压力或者流量并对其进行控制，这个数值范围需要以经验或客户的要求为基础。

（2）系统的点控操作模式。该模式主要用于系统开机前或者检查系统故障，点击“点控按钮”方可启动点控模式。此时系统操作员需要对每个电磁阀进行单独通断操作，开启冷却风机、水泵和加热装备。这种模式下，系统操作员还可以为水箱防水以及补液，此操作可减少人工体力消耗。

4. 报警记录查询

报警记录查询界面可保存系统运行过程中所有的警情信息。系统操作员通过参考历史警情记录，可以对当前警情做出判断，确定是否具有安全隐患。尤其是遇到多次警情信息不准确时，可通过分析历史警情记录判断系统是否出现安全故障。

实践操作

驱动电机控制器的检查与维护

任务准备

一、外围设备、工具的准备

为完成工作任务，每个工作小组需要向仓库工作人员提供借用工具清单，如表 6 -7 所示。

表 6 -7　驱动电机控制器的检查与维护借用工具清单

序号	名称	数量	借出时间	学生签名	归还时间	学生签名	管理员签名
1							
2							
3							
4							
5							
6							
7							

二、团队分配方案

任务实施

注意：操作之前要设置隔离，放置警示标识，穿戴好防护用品。将电源开关至于 OFF 档，钥匙放安全处，断开蓄电池负极，负极电缆、蓄电池桩头用绝缘胶布包好。拆下维修开关放好。静置车辆 5～10 分钟。举升车辆，断开动力电池低压线束和高压线束。验电，如果有电需放电，确保高压母线无电才可进行下一步操作。

1. 驱动电机控制器的检查与清洁

（1）检查驱动电机控制器表面是否脏污。如果脏污可以使用压缩空气或干的抹布进行清洁。

（2）目测驱动电机控制器外观有无磕碰、变形或损坏。

（3）检查驱动电机控制器冷却水管，接头处有无裂纹、渗漏。

2. 驱动电机控制器插接件的检查

（1）检查驱动电机控制器高压插接件是否连接到位，是否有退针现象，或存在触点烧蚀的情况。

（2）检查驱动电机控制器低压插接件是否连接到位，是否有退针现象或触点烧蚀的情况，如图 6－24 所示。

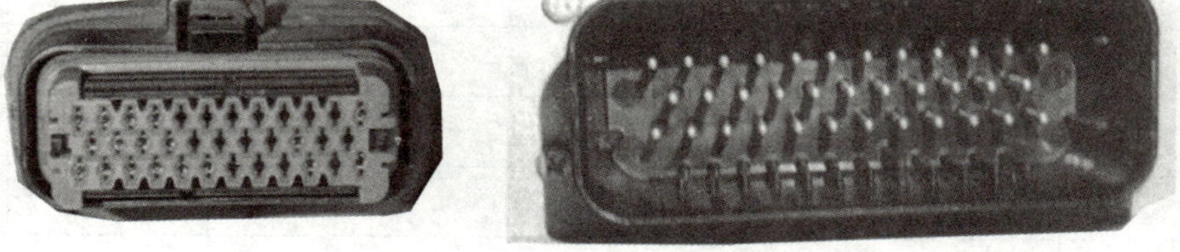

（a）　　　　（b）

图 6－24　检查驱动电机控制器低压插接件

北汽新能源 EV160/200 纯电动汽车驱动电机控制器低压插接件的端子定义如图 6－25 和表 6－8 所示。

图 6－25　北汽新能源 EV160/200 纯电动汽车驱动电机控制器低压插接件端子编号

表 6－8　EV160/200 驱动电机控制器低压插接件端子定义

<table>
<tr><th>编号</th><th>定义</th><th>说明</th><th>编号</th><th>定义</th><th>说明</th></tr>
<tr><td>12</td><td>激励绕组 R1</td><td rowspan="7">高低压互锁接口</td><td>26</td><td>HVIL2 （＋L2）</td><td>高低压互锁接口</td></tr>
<tr><td>11</td><td>激励绕组 R2</td><td>32</td><td>CAN_ H</td><td rowspan="4">CAN 总线接口</td></tr>
<tr><td>35</td><td>余弦绕组 S1</td><td>31</td><td>CAN_ L</td></tr>
<tr><td>34</td><td>余弦绕组 S3</td><td>30</td><td>CAN_ PB</td></tr>
<tr><td>23</td><td>正弦绕组 S2</td><td>29</td><td>CAN_ SHIELD</td></tr>
<tr><td>22</td><td>正弦绕组 S4</td><td>10</td><td>屏蔽层</td><td rowspan="3">电机温度传感器接口</td></tr>
<tr><td>33</td><td>屏蔽层</td><td>9</td><td>TH</td></tr>
<tr><td>24</td><td>12 V_ GND</td><td rowspan="2">控制电源接口</td><td>28</td><td>TL</td></tr>
<tr><td>24</td><td>12 V_ GND</td><td>8</td><td>485＋</td><td rowspan="2">RS－485 总线接口</td></tr>
<tr><td>15</td><td>HVIL1 （＋L1）</td><td>高低压互锁接口</td><td>7</td><td>485－</td></tr>
</table>

3. 驱动电机控制器高压电缆绝缘性的检查

用绝缘测试仪黑表笔搭铁，红表笔逐个测量电机控制器上的高压端子和高压线缆端子的绝缘阻值，按下测试按钮，显示的数值为绝缘阻值。驱动电机控制器的搭铁绝缘值大于 100 MΩ。

在操作过程中还遇到了哪些问题，是如何处理的，记录在表 6－9 中，并写出解决方法。

表 6－9　安装操作过程情况记录表

所遇到的问题	解决方法

任务评价

一、成果展示

各小组派代表上台总结在完成任务的过程中，学会了哪些技能，发现错误后如何改正，并展示成果。

二、学生自我评估与总结

____

____

三、小组评估与总结

____

____

四、教师评估与总结

____

____

五、各小组对工作岗位的“6S”处理

在小组和教师都完成工作任务总结以后，各小组必须对自己的工作岗位进行“整理、整顿、清扫、清洁、安全、素养”，并归还所借的工具和实习工件。

六、评价表

表 6－10　驱动电动机控制器的检查与维护评价表

班级：______ 小组：______ 姓名：______		指导教师：______ 日　期：______					
评价项目	评价标准	评价依据	评价方式			权重	得分小计
			学生自评 20%	小组互评 30%	教师评价 50%		
职业素养	1. 遵守企业规章制度、劳动纪律 2. 按时按质完成工作任务 3. 积极主动承担工作任务，勤学好 4. 人身安全与设备安全 5. 工作岗位“6S”完成情况	1. 出勤 2. 工作态度 3. 劳动纪律 4. 团队协作精神				0. 3	

专业能力	1. 能掌握驱动电机控制器结构和工作原理 2. 能掌握驱动电机系统检查与维护 3. 会进行驱动电机控制器的检查与维护	1. 操作的准确性和规范性 2. 任务或项目技术总结完成情况 3. 专业技能任务完成情况				0.5	
创新能力	1. 在任务完成过程中能提出自己的有一定见解的方案 2. 在教学或生产管理上提出建议，具有创新性	1. 方案的可行性及意义 2. 建议的可行性				0.2	
合计							

课程思政

重庆轨道交通 15 号线启用国内首台动力分散式新能源电机车

2022 年 7 月 7 日，我国首台动力分散式新能源电机车在渝投用，加入到重庆轨道交通 15 号线一期 6 标段（两江大道站至复盛站）盾构区间施工。

电机车是盾构隧道施工中用于运输渣土、砂浆、管片等物料的重要工具。本次投用的动力分散式新能源电机车由中铁工程服务有限公司自主研发。动力分散式新能源电机车，外形像一列小火车，由车头和渣土车、管片车等后配套设备组成，根据需要可灵活配置动力渣土车的数量。

中铁工服相关负责人介绍，动力分散式新能源电机车，借鉴动车技术路线，采用动力分散式驱动、多电机同步控制等技术，在不增加机车轴重的前提下，相较于传统电机车可提升牵引力 50% 以上，节约动力能耗超过 20%，爬坡能力可达 70‰。此外，该设备数字化程度较高，不仅通过动力分散降低溜车风险外，还设计有轨距自动测量、坡道自动限速、自动接车、打滑报警、自动撒砂等装置组成的安全管理系统，提升了设备安全性，将进一步助力重庆轨道建设。

重庆市住房城乡建委相关负责人介绍，重庆轨道交通15号线是重庆首条城轨快线，重庆轨道交通15号线一期工程建成通车后，将串联起龙盛片区、江北国际机场、复盛高铁站等区域。待二期建成通车后，该线路将延伸到大学城，届时，从大学城到两江影视城，市民乘坐轨道交通只需要1个小时左右。

思考练习

一、选择题

1. 驱动电机管理模块简称(　　)。

A. DC－DC　　B. PCU

C. MCU　　D. MPU

2. 为了驱动交流电机，从直流获得交流电力的电力转换装置就被称为(　　)。

A. 冷却器　　B. 逆变器

C. 电容器　　D. 控制器

二、填空题

1. 驱动电机管理模块主要用于管理和控制驱动电机的________、________，以及将驱动电机作为逆变电机发电。

2. 电机控制器是一个既能将动力电池中的直流电转换为交流电以驱动电机，又能将________转换为________给动力电池充电的设备。

3. 从________获得________的电力转换装置就被称为逆变器。

4. 直流转换器由________、________、________、驱动和控制电路板等组成，实现直流高压向直流低压的能量传递。

5. 独立循环水恒温控制系统的主要部件有________、________、________、________等。

三、简答题

1. 简述电机控制器结构。

2. 简述电机控制器高压电回路故障诊断步骤。

3. 简述新能源汽车中电动水泵的应用。

第七章

新能源汽车驱动电机及其管理系统

本章导读

新能源汽车驱动电机及其管理系统是车辆行驶的主要执行机构，其特性决定了车辆的主要性能指标，直接影响车辆动力性、经济性和用户驾乘感受。驱动电机和电机控制器工作时，会散发热量，需要冷却系统对其冷却，当驱动电机系统温度过高时，需对其进行检修。另外，安装在整车上的驱动电机系统由于工作环境恶劣，当出现故障时，需对其进行检修，在某些情况下，还需要更换驱动电机。通过对本章内容的学习，读者将进一步熟悉驱动电机及其管理系统，能正确对电动汽车驱动电机冷却系统进行检修，并能对驱动电机就车检查与维护和更换驱动电机总成。

学习目标

1. 了解驱动电机性能检测；了解电动汽车冷却系统的形式和组成。

2. 熟悉电动汽车冷却系统的作用。

3. 掌握驱动电机的拆卸与安装；掌握驱动电机管理系统结构原理，能对驱动电机就车检查与维护。

素质目标

1. 培养学生具有一定的科学文化水平和较强的就业能力和可持续发展的能力。

2. 弘扬伟大建党精神，培养学生自信自强、踔厉奋发成为德才兼备的高素质人才。

3. 加强本专业知识和技术技能，致力成为面向新能源整车制造、汽车修理与维护行业的汽车工程技术人员。

第一节 驱动电机性能检测

一、性能参数的检测

（一）驱动电机的性能评价参数

驱动电机通常都有以下性能评价参数。

1. 电量参数

电量参数包括电压、电流、功率、频率、相位、阻抗、介电强度、谐波等。

2. 非电量参数

非电量参数包括转速、转矩、温度、噪声、振动等。

通过这些参数能够了解电机运行时的工作特性，对被测电机进行性能评价。

（二）驱动电机基本电量参数的检测

要测量驱动电机的电量参数，就要关注最基本的电量参数：电压、电流、功率、频率、相位。这些参数是通过电子测量仪器进行测量的，根据测量项目的不同，一般会用到电压表、电流表、功率表、频率表等各种仪表。实际上，当前的电流参数测量技术非常成熟，通常使用功率分析仪（或功率计）即可满足电机所有基本电量参数的测量需求。

功率分析仪（图 7－1）实际上是电压表、电流表、功率表和频率表的有机融合，它实现了高精

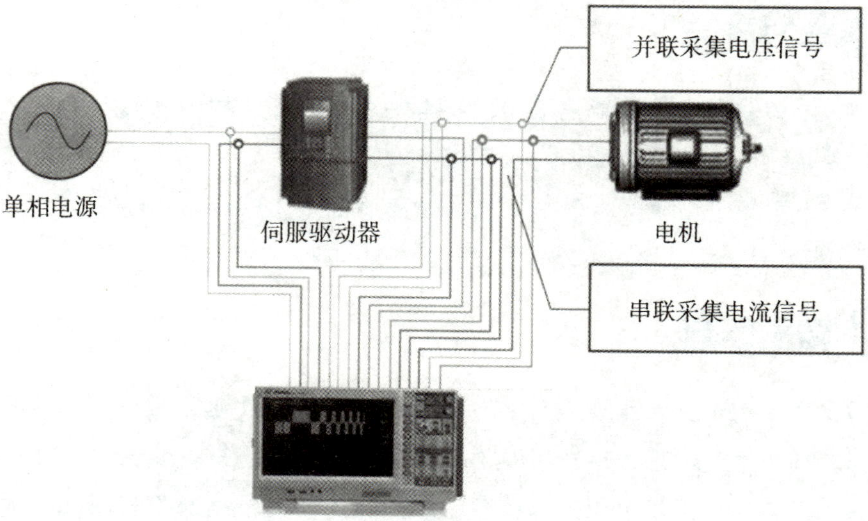

图 7－1 功率分析仪

度的电压、电流、频率、相位实时采集，并实时运算出功率结果，可以为使用者提供精准的电机电量参数测试结果，且不同参数之间的采集在时基上是同步的，保证了数据的有效性。

（三）电机性能参数的测量

电机性能的测量参数有负载特性测试、T－N 曲线测试、耐久性测试、空载测试、堵转测试、起动电流。下面重点介绍前三种。

1. 负载特性测试

测试目的：确定电机的效率、功率因数、转速、定子电流等。

测试方法：用伺服电机给被测电机加载，从 150% 额定负载逐步降低到 25% 额定负载，在此间至少选取 6 个测试点（必包含 100% 额定负载点），测取其电压、电流、功率、转矩、转速等参数并进行计算。

从负载特性作用上看，主要是针对不同负载情况下电机特性的测试，保证电机在不同适用场合下仍能良好运行，保证电机质量，提高生产生活效率。

2. T－N 曲线测试

测试目的：描绘出电机的转速、转矩关系特性曲线。

测试方法：测量从 0 转速到最高转速下，在不同转速点能输出的最大扭矩，绘制出其关系曲线，如图 7－2所示。

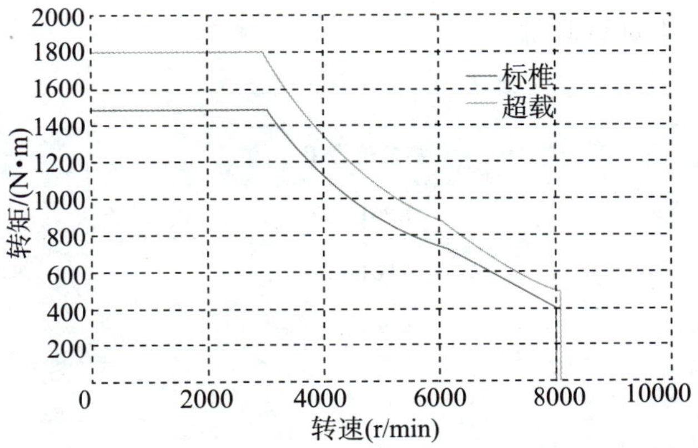

图 7－2　电机的转速、转矩关系特性曲线

根据不同转速对应下的扭矩来判断电机基本特性，直观地表现电机运行性能，更好地评估电机的运行状态。

3. 耐久性测试

在测试软件中，可由用户设定电机按某个测试方案来进行耐久性测试。例如，设定被测电机以 80% 的额定转速运行 10 min，之后暂停 5 min，再以 120% 的额定转速运行 10 min。测试该运行过程中的电压、电流、效率、转矩、转速等关键信息。

二、驱动电机三相线束是否相互短路检测

驱动电机三相线束是否相互短路检测流程如下。

（1）操作起动开关，使电源模式至 OFF 状态。

（2）断开蓄电池负极电缆。

（3）拆卸维修开关。

（4）断开驱动电机三相线束连接器 EP61，如图 7－3 所示。

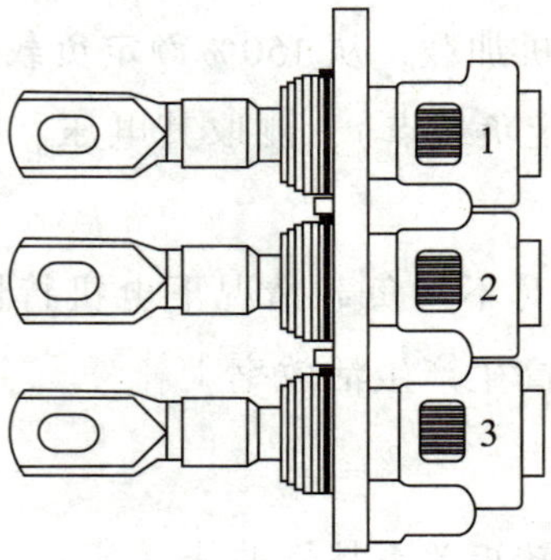

图 7－3　驱动电机三相线束连接器 EP61

（5）断开驱动电机三相线束连接器 EP62。

（6）用万用表按表 7－1 进行测量。

表 7－1　测量标准值表（一）

测量位置 A	测量位置 B	测量标准值
EP61－1	EP61－2	标准电阻：20 kΩ 或更高
EP61－1	EP61－3	
EP61－2	EP61－3	

三、驱动电机三相线绝缘电阻检测

驱动电机三相线绝缘电阻检测流程如下。

（1）操作起动开关，使电源模式至 OFF 状态。

（2）拆卸维修开关。

（3）断开驱动电机三相线束连接器 EP61。

（4）断开驱动电机三相线束连接器 EP62。

（5）用万用表按表 7－2 进行测量。

表 7-2　测量标准值表（二）

测量位置 A	测量位置 B	测量标准值
EP61-1	车身接地	标准电阻：20 kΩ 或更高
EP62-1	车身接地	
EP61-2	车身接地	

知识拓展

1. 驱动电机操作注意事项

驱动电机工作时的环境是高电压、大电流，在操作时一定要注意以下几点。

(1) 产品运输及安装过程中应避免碰撞、跌落及和人体的挤压。

(2) 存储环境应干燥，拆开电机包装时的环境要求：温度为 -25 ℃ ~ +55 ℃，相对湿度为10% ~70%。

(3) 电机在安装使用前，必须进行绝缘检查（接线端子对机壳的绝缘电阻应大于250 MΩ）。

(4) 电机在安装使用前，旋转电机输出轴应能灵活转动，电机外观应无机壳破损或异常形变情况。

(5) 电机在安装使用前，三相线束导电部分及电机强电接口应清洁无异物。

(6) 低压接插件为塑料件，安装过程中应避免与坚硬物体直接碰撞或受力。

(7) 电机转子带强磁性，电机除高低压盖板外，禁止拆装其余零部件。

2. 驱动电机系统集成

驱动电机系统越来越朝着低成本、轻量化、小型化、高效率、集成化方向发展，而驱动电机系统的集成化使小型轻量化、低成本与高效率的最快实现成为可能。通常驱动系统集成化包括机电集成与电力电子集成。机电集成：主要包括电机与发动机总成，或电机与变速箱的集成，其特点是通过高效、高速电机与高效传动的集成，提升驱动系统效率、功率密度，以降低成本。电力电子集成：主要基于绝缘栅双极型晶体管（insulated gate bipolar transistor，IGBT）、电容、高效散热技术的高功率密度电力电子集成技术，以实现车载电力电子系统的功率密度倍增，降低成本。

驱动电机原材料成本占比较高，主要包括铁芯叠片、驱动轴体等钢材，钕铁硼等稀土永磁材料，镁铝合金以及铜材等基本金属；在永磁同步电机中，永磁体材料占整个永磁同步电机成本的45%；在交流感应电机中，铁芯叠片所占成本更是接近60%，原材料价格的变化显著决定了驱动电机的制造成本。驱动电机厂商唯有不断降低单体电机的金属用量，提高电机功率密度，实现包括电机与发动机总成，或电机与变速箱的集成，才能有效应对上游原材料价格的波动。

第二节 驱动电机的拆卸与安装

一、驱动电机简介

采用的是永磁同步驱动电机，电机主要由内端盖、后端盖、底座、定子总成、转子总成、轴承等组成，如图 7－4 所示。

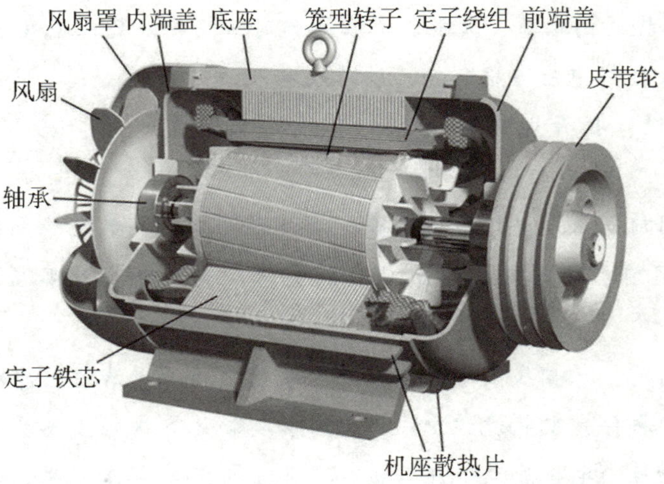

图 7－4 驱动电机

图 7－5 为驱动电机的原理，当三相交流电被接入定子绕组中，即产生了旋转的磁场时，这个旋转的磁场牵引转子内部的永磁体，产生和旋转磁场同步的旋转扭矩。使用旋转变压器检测转子的位置，使用电流传感器检测线圈的电流，从而控制驱动电机的扭矩输出。

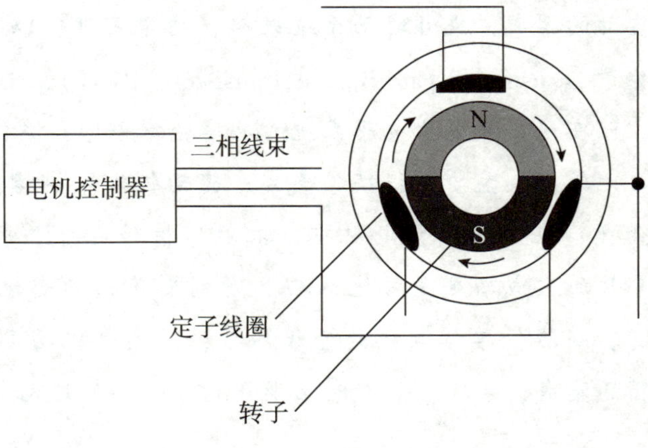

图 7－5 驱动电机的原理

图 7－6 为驱动电机速度－转矩特性，电机的速度－转矩特性非常适合汽车驱动的需求。电机转子采用永磁体，旋转磁场和定子绕组共同作用产生扭矩。与传统汽油机不同，电机没有怠速。即使车辆由静止到起步的临界状态，电机也可产生最大驱动扭矩，可保证提供给车辆较好的加速度。

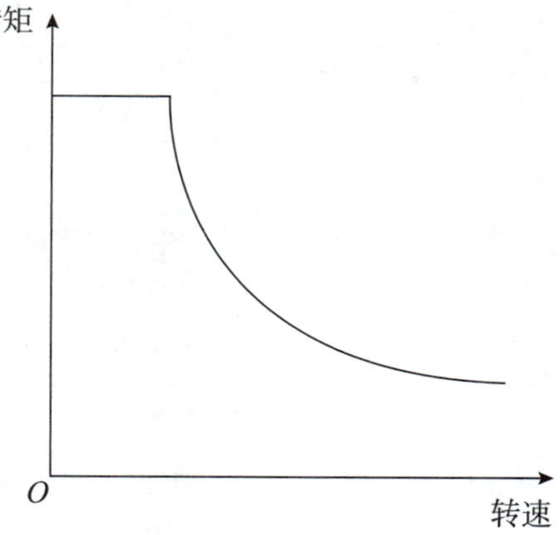

图 7－6　驱动电机速度－转矩特性

轿车驱动电机的参数如表 7－3 所示。

表 7－3　轿车驱动电机的参数

项目	参数
电机型号	TM5028
最大交流电流	400 A
绝缘等级	H
额定电压	270～410VDC
额定功率	42 KW
峰值功率	95 KW
额定转矩	105 N·m
峰值转矩	240 N·m
额定转速	4 000 R/MIN
峰值转速	11 000 R/MIN
温度传感器类型	NTC

二、驱动电机的拆装

驱动电机的拆装程序如下。

（1）打开前机舱盖。

（2）操作空调制冷剂的回收程序。

（3）断开蓄电池负极电缆。

（4）拆卸维修开关，以下为拆卸步骤。

① 打开副仪表储物盒盖板，如图 7－7 所示。

② 拆卸副仪表板储物盒，如图 7－8 所示。

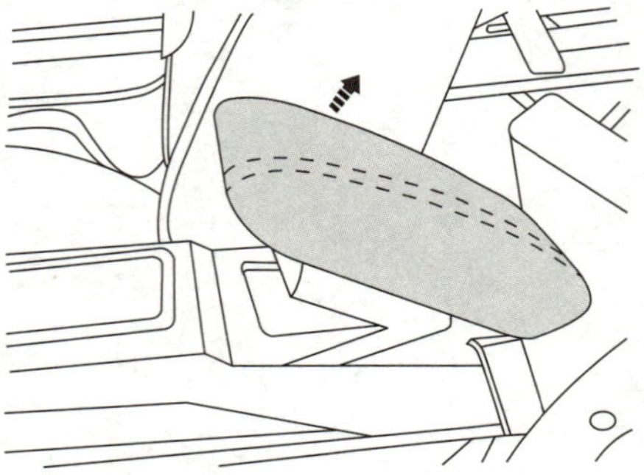

图 7－7 打开副仪表储物盒盖板

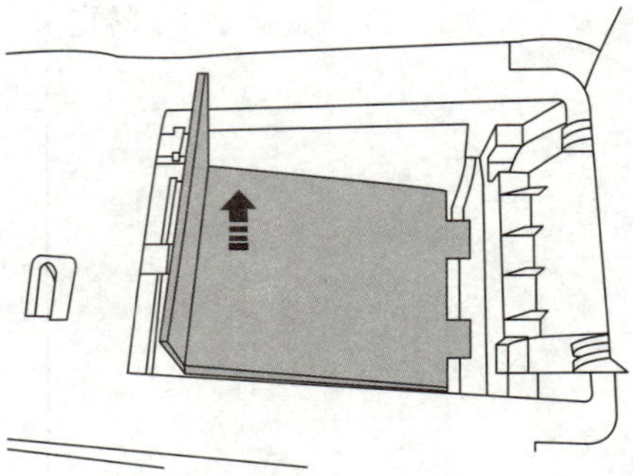

图 7－8 拆卸副仪表板储物盒

③ 拇指按住维修开关把手卡扣，其余手指按住把手，当把手由水平位置到垂直位置时，向上垂直拔出维修开关插头，如图 7－9 所示。

④ 关闭副仪表储物盒盖板。

（5）拆卸左、右前轮轮胎。

（6）拆卸驱动轴。

（7）拆卸分线盒。

（8）拆卸充电机。

（9）拆卸电机控制器上盖。

（10）拆卸电机控制器。

（11）拆卸三相线束。

（12）拆卸冷却液储液罐。

（13）拆卸机舱底部护板。

（14）拆卸压缩机。

（15）拆卸制冷空调管。

（16）拆卸制动真空泵。

（17）拆卸冷却水泵。

（18）固定驱动电机。

（19）拆卸前悬置。

（20）拆卸后悬置。

（21）拆卸左悬置。

（22）拆卸右悬置。

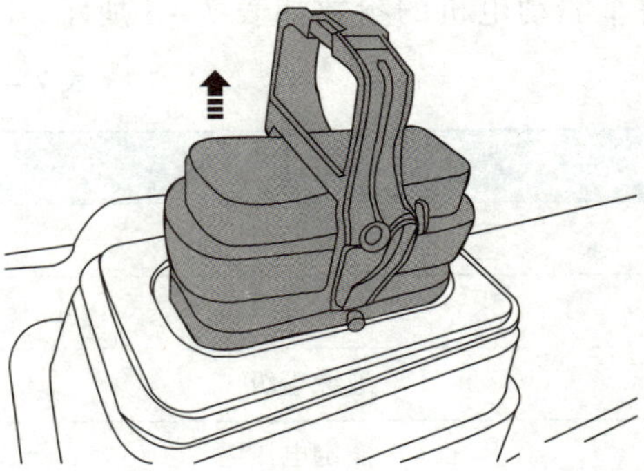

图 7－9 拔出维修开关插头

（23）拆卸驱动电机及减速器总成的步骤。

① 使用吊装工具从上端固定驱动电机，如图 7－10 所示。

② 拆卸电机进、出水管环箍，脱开电机冷却水管，如图 7－11 所示。

注意：水管脱开前请在车辆底部放置容器，接住防冻液，以免污染地面。拆卸或安装水管环箍时都应使用专用的环箍钳。

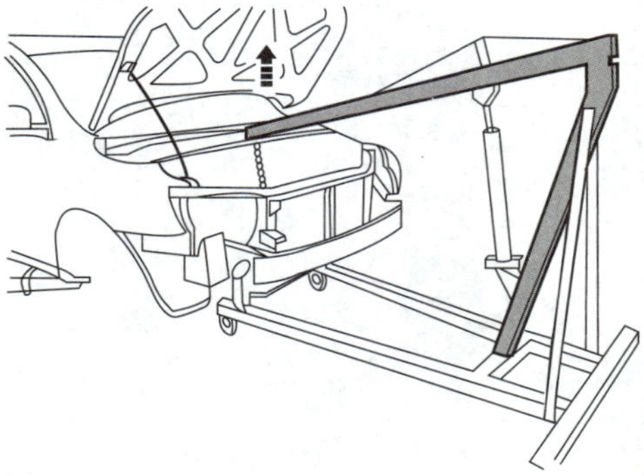

图 7－10　使用吊装工具从上端固定驱动电机

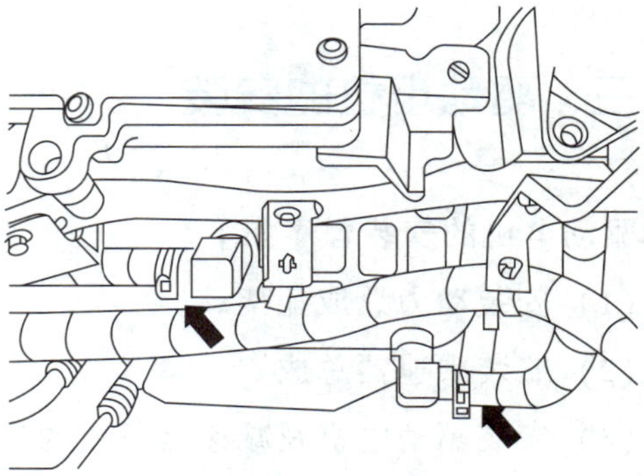

图 7－11　水管脱开

③ 断开驻车电机线束连接器，脱开线束固定卡扣，如图 7－12 所示。

④ 拆卸动力总成托架搭铁线束固定螺栓，脱开动力总成托架搭铁线束 1，如图 7－13 所示。

⑤ 拆卸动力线束搭铁螺栓 2，如图 7－13 所示。

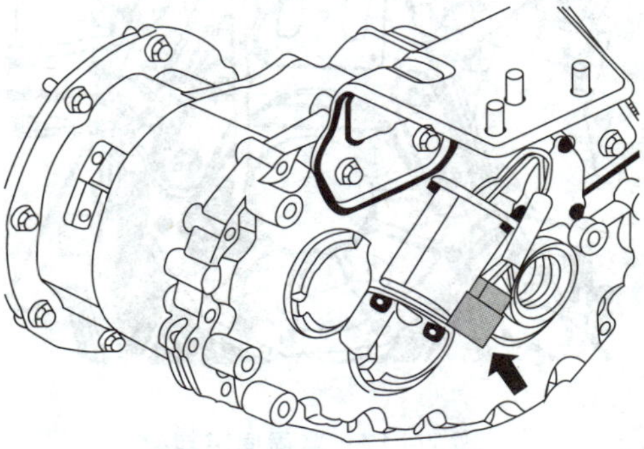

图 7－12　断开驻车电机线束连接器

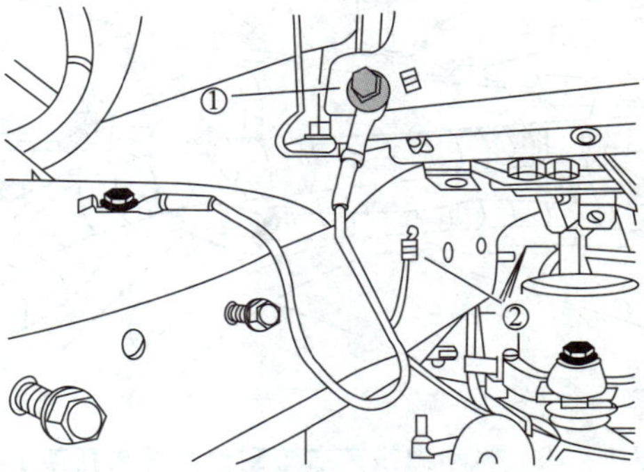

图 7－13　拆卸动力总成托架搭铁线束固定螺栓

⑥ 断开驱动电机线束连接器 1，如图 7－14 所示。

⑦ 拆卸驱动电机搭铁线束固定螺栓 2，脱开驱动电机搭铁线束，如图 7－14 所示。

⑧ 脱开动力总成托架上的动力线束卡扣，从动力总成托架抽出动力线束，如图 7－15 所示。

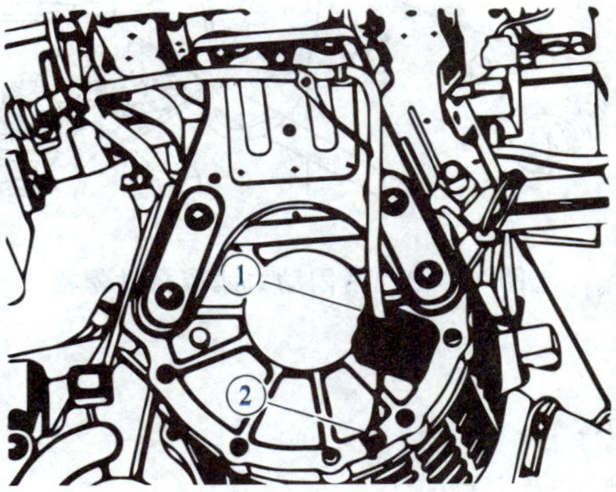

图 7－14　断开驱动电机线束连接器

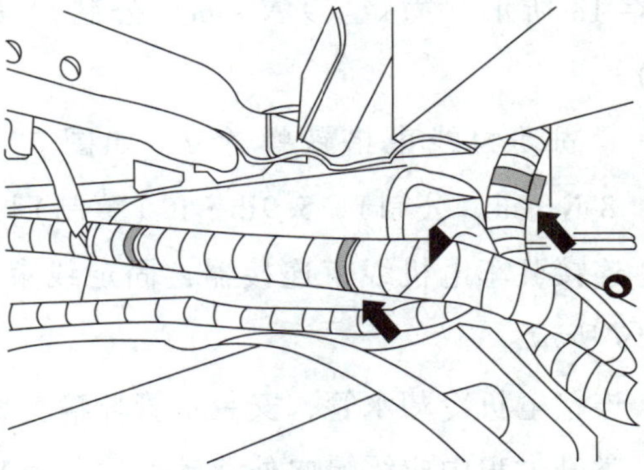

图 7－15　脱开动力总成托架上的动力线束卡扣

⑨ 举升吊装工具，移出驱动电机及减速器总成。

（24）拆卸减速器总成。

（25）拆卸动力总成托架。

三、驱动电机的安装

驱动电机的安装程序如下。

（1）安装动力总成托架。

（2）安装减速器总成。

（3）安装驱动电机及减速器总成的步骤如下。

① 举升吊装工具，放置驱动电机及减速器总成。

② 将动力线束布置到动力总成托架上，固定动力线束卡扣，如图 7－16 所示。

③ 连接驱动电机线束连接器 1，如图 7－17 所示。插接时注意“一插、二响、三确认”。

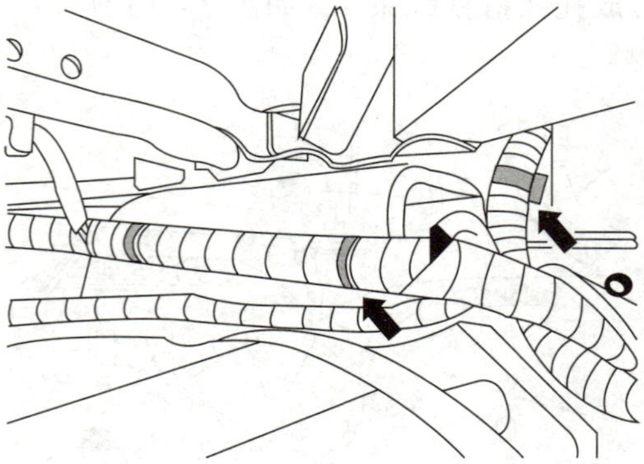

图 7－16　将动力线束布置到动力总成托架上

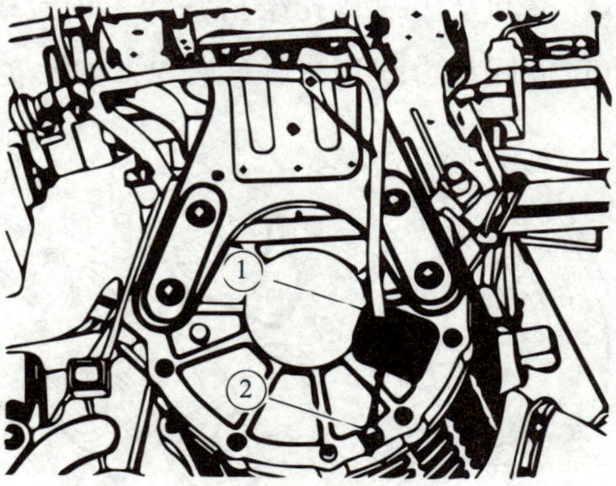

图 7－17　紧固固定螺栓

④ 连接驱动电机搭铁线束，紧固驱动电机搭铁线束固定螺栓 2，如图 7－17 所示［力矩：8 N·m（公制），5.9 lb·ft（英制）］。

⑤ 连接动力总成托架搭铁线束 1，紧固固定螺栓，如图 7－18 所示［力矩：9 N·m（公制），6.6 lb·ft（英制）］。

⑥ 紧固动力线束搭铁螺栓 2，如图 7－18 所示［力矩：8 N·m（公制），5.9lb·ft（英制）］。

⑦ 连接驻车电机线束连接器，固定线束卡扣，如图 7－19 所示。

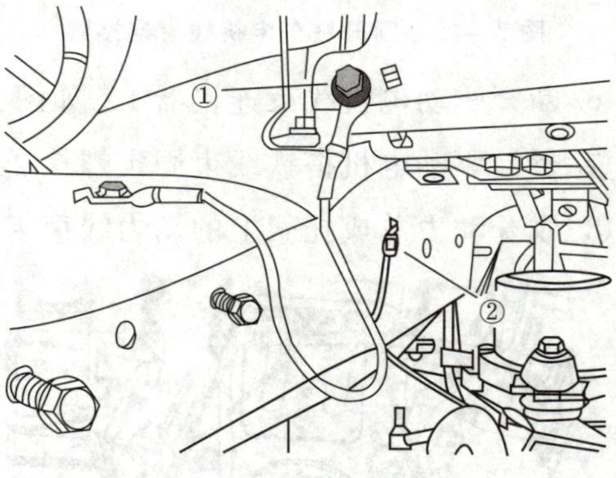

图 7－18　紧固动力线束搭铁螺栓

⑧ 连接电机冷却水管，安装水管环箍，如图 7－20 所示。

⑨ 举升过程中应缓慢向外移动，避免吊装工具与机舱盖产生干涉。

注意：环箍装配位置应该与管路标示线对齐。

（4）安装前悬置。

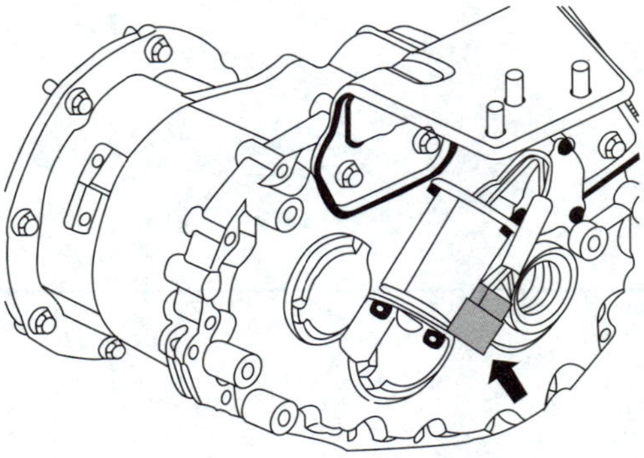

图 7－19　连接驻车电机线束连接器

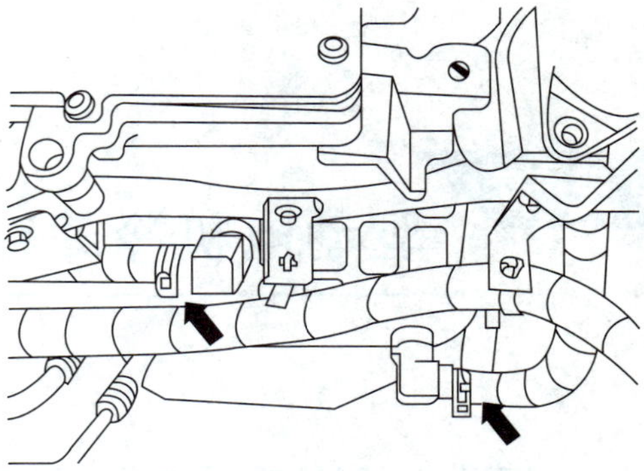

图 7－20　安装水管环箍

(5) 安装后悬置。
(6) 安装左悬置。
(7) 安装右悬置
(8) 安装压缩机。
(9) 安装冷却水泵。
(10) 安装制动真空泵。
(11) 安装制冷空调管。
(12) 安装拆卸冷却液储液罐。
(13) 安装三相线束。
(14) 安装电机控制器。
(15) 安装电机控制器上盖。
(16) 安装分线盒。
(17) 安装充电机。
(18) 安装驱动轴。
(19) 加注减速器油。
(20) 安装机舱底部护板。
(21) 安装左、右前轮轮胎。
(22) 安装维修开关。
(23) 加注冷却液。
(24) 连接蓄电池负极电缆。
(25) 操作空调制冷剂的加注程序。
(26) 关闭前机舱盖。

第三节 驱动电机冷却系统检修

一、驱动电机冷却系统主要的作用

电机作为电动汽车驱动装置可实现极低排放或零排放。电机定子铁芯以及定子绕组在电动汽车驱动与回收能量时会有所损耗。在这个过程中会产生热量，为了让电机能够随时处在一个通风、冷热循环平衡的环境中，保证其安全性，就需要用冷却介质带走这些热量。电机能否安全运行及其使用寿命的长短完全取决于电机冷却系统。

电动汽车的热源主要有动力电池、驱动电机、电机控制器、DC－DC 变换器和车载充电机等。电动汽车冷却系统的作用是将驱动电机、电机控制器、动力蓄电池、车载充电机和其他部件产生的热量及时散热出去，保证电动汽车在要求的温度范围内稳定高效的工作。

电动汽车驱动电机与控制器的冷却系统的主要工作原理是：管道中的冷却液会在冷却水泵的作用下反复流动，再利用散热器的物理作用，使电机与控制器得到冷却。此外，还可以将风扇置于散热器后方增强散热器的效果。

二、驱动电机冷却系统形式

（一）驱动电机冷却方式

电动汽车的驱动电机有别于传统的电机。由于采用驱动电机后，电动汽车一般不再装配离合器，车辆变速器档位也变得较少甚至取消，车辆的起步、加速、高速行驶全靠电机来实现。而电机的内阻不可能为零，因此在上述行驶中的大电流状况下，电机的内耗也会急剧增加，电机的内耗几乎全部以热量的方式释放。如果电机得不到有效的冷却，电机的内部温度不断升高，导致电机效率下降。如果温度过高，就会造成内部烧蚀甚至击穿，导致电机损坏。另外，多数电机内部均有磁性材料，温度过高，会导致磁性材料稳定性下降，磁性降低，甚至磁性消失，导致电机损坏。因而，控制电机的工作温度（尤其是最高温度）尤为重要。

驱动电机常见的冷却方式有风冷和液冷。采用风冷方式较为常见，如一些小型电机、交流电机、开关磁阻电机、异步电机等；液冷方式主要应用在一些永磁电机上。从理论上讲，几乎所有的电机既可以采用风冷也可以采用液冷，最大的区别主要体现在电机的设计用途和功率密度上。

如果车辆安装空间自由度较大，通风情况良好，电机的质量要求不是很苛刻，可以采用风冷电机。为了节约车辆空间，缩小电机的体积，降低电机的质量，提高电机的功率，可采用液冷方式。

由于风冷电机不需要散热水道，成本相对较低。液冷电机结构复杂，一般在外壳体上布置冷却水道，而且需要增加较为严格的防护措施，因而成本较风冷电机要高。风冷电机为了获得必要的冷却效果，体积相对较大，表面一般采用冷却栅的方式增加散热面积，而且还需要在电机的封闭端增加散热风扇以增加散热效果，因而风冷电机体积和质量较大。

多数电动汽车尤其是大功率电动汽车一般采用液冷电机。液冷电机需要增设额外的电动水泵和散热器等装置来为电机提供冷却，这增加了额外功耗，使结构较为复杂，且布置和安装要求较高。

（二）电机控制器冷却方式

电机控制器与驱动电机的冷却方式一样，也有风冷和液冷之分。在外观上，风冷的控制器体积要较液冷的控制器体积大，风冷控制器一般需要装备多个强制散热风扇，进行强制通风。电机控制器的冷却方式主要取决于电机的冷却方式。一般情况下，这两者采用相同的冷却方式进行冷却。

电动汽车系统控制器除了有电机控制器（简称控制器）外，还有动力蓄电池、若干小功率的DC－DC或者DC－AC逆变器、车载充电机等。控制装置一般允许最高温度为60～70 ℃，而最佳工作环境温度为40～50 ℃。由于自身工作产生的热量或周围环境的温度较高时，很容易达到其允许温度限值。因此，这些装置都要有散热设备，对其温度进行控制，或采用风冷，或采用水冷的方式。

三、冷却系统的组成

电动汽车水冷式冷却系统主要由电动冷却液泵、散热器、电动风扇、冷却液膨胀箱和冷却液等组成。图7－21为北汽新能源EV160/200纯电动汽车水冷式冷却系统的组成图。

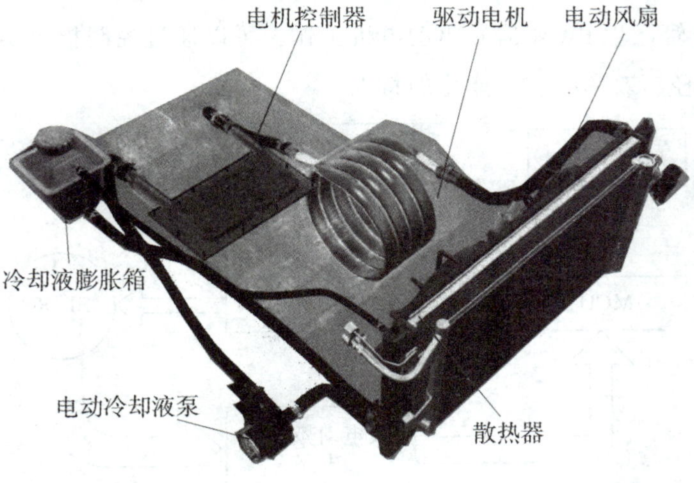

图7－21 北汽新能源EV160/200纯电动汽车水冷式冷却系统的组成图

（一）电动冷却液泵

电动冷却液泵是冷却液循环的动力元件，如图7－22所示。它的作用是对冷却液加压，促使冷却液在冷却系统中循环，使冷却液带走系统散发的热量。电动汽车的冷却液泵一般采用电机驱动。

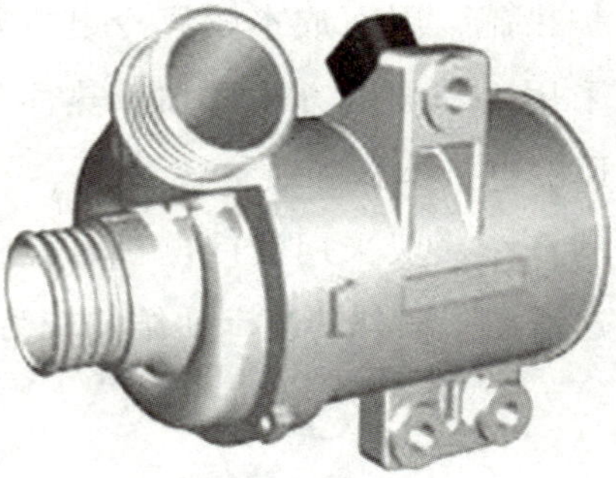

图 7－22　电动冷却液泵

冷却液泵采用的是直流无刷离心冷却液泵，由泵壳、冷却液泵叶轮、轴承、驱动电机、冷却液泵控制器等组成。电机转子旋转，带动和其连接的叶轮转动，冷却液泵中的冷却液被叶轮带动一起旋转，在离心力的作用下被甩向循环冷却液泵壳体的边缘，同时产生一定的压力，然后从出冷却液道或冷却液管流出，进入电机控制器等热源部件。叶轮的中心处由于冷却液被甩出而压力降低，冷却液膨胀箱中的冷却液在冷却液泵进口与叶轮中心的压差作用下经冷却液管被吸入叶轮中，实现冷却液的往复循环。

北汽新能源 EV160/200 纯电动汽车采用的是 DC 50B 型新能源汽车电动冷却液泵，该型号电动冷却液泵分为 12 V 系统和 24 V 系统，可以兼容目前车用主流电源系统。采用三相全桥驱动，主控芯片在 12 V 系统时无须额外驱动芯片，可以直接驱动 MOS 管，减少了元件数量和控制器体积。在控制方式上，采用了无传感器换向和正弦波驱动的方式，提高了系统的可靠性，减小了电机噪声，具有 PWM 和 LIN 总线通信接口，DC 50B 型新能源汽车电动冷却液泵控制策略框图如图 7－23 所示。该电动冷却液泵由 6 个 MOS 管产生 PWM 信号驱动电机工作，可以通过控制指令实时控制冷却液泵输出功率，具有体积小、质量轻、效率高、智能化的特点。

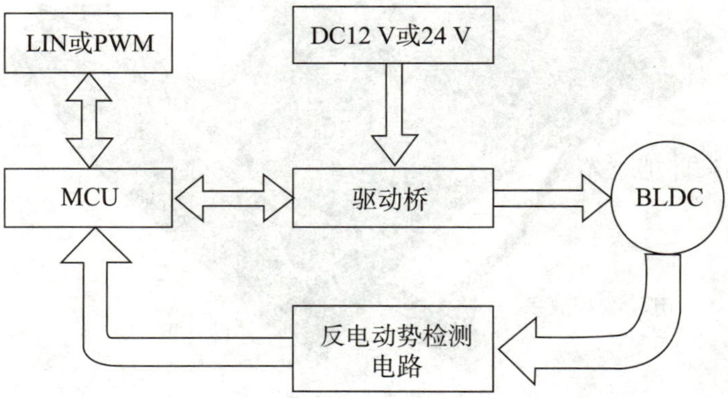

图 7－23　DC 50B 型新能源汽车电动冷却液泵控制策略框图

（二）电动风扇

电动风扇安装在散热器的后面，其作用是当风扇旋转时吸进空气，使其通过散热器，提高流经散热器、冷凝器（空调）的空气流速和流量，以增强散热器的散热能力，加速冷却液的冷却。同时冷却机舱内其他部件，使电机、电机控制器能在合适的温度下正常工作。根据电机、控制器、空调压力等参数，由整车控制器控制电动风扇的双风扇运行，电动风扇采用两档调速。

（三）冷却液膨胀箱

冷却液膨胀箱为冷却系统冷却液的排气、膨胀和收缩提供受压容积，也作为冷却液加注口，如图 7－24 所示。

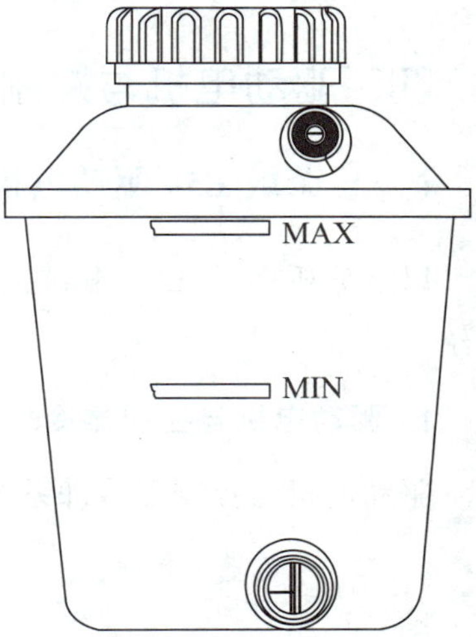

图 7－24　冷却液膨胀箱

（四）冷却液

正确的使用冷却液，可起到防腐蚀、防水垢和防冻等作用，使冷却系统始终处于最佳的工作状态。

由于电动汽车采用一套液冷设备，因此，对于电机和控制器而言，要想获得最佳的冷却效果，冷却液的流向十分重要。冷却液的流向是从散热水箱下部出来后，经水泵后先冷却电机控制器，从电机控制器流出的冷却液进入电机的低位进水口，然后回流到散热水箱的上回水口。这样一个循环下来，保证了控制器的冷却需求，使电机控制器得到整个系统最低温度的冷却液。图 7－25 为某电动汽车循环水路布置图。

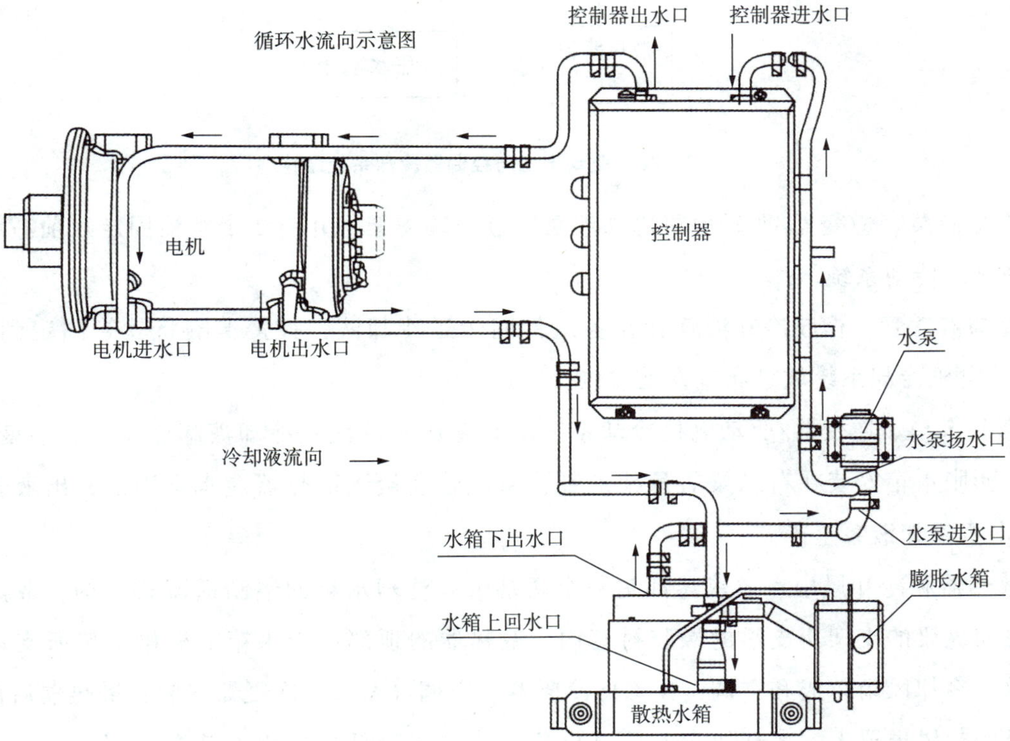

图 7－25　某电动汽车循环水路布置图

为了保证整个系统的冷却效果和可靠性，上述循环系统的水泵需要在车辆的整个运行期间内连续工作，同时为了节约车载能源，散热水箱的风扇可采用温控风扇，能够根据冷却液的温度控制转速，当冷却液温度较低时，可以关闭散热风扇以节约电能；当循环水温度稍高时，以一个较低的风扇转速对散热水箱进行冷却；当循环水温度高时，散热风扇全速运行，以获得较大的散热量，维护散热系统的温度不过高。

四、驱动电机与控制器冷却系统的结构原理

（一）荣威 E50 驱动电机与控制器冷却系统

以下分析荣威 E50 电源逆变器（PEB，或称电力电子箱）/驱动电机冷却系统。

驱动电机的保养

1. 驱动电机与控制器冷却系统结构

驱动电机与控制器冷却系统结构如图 7－26 所示。

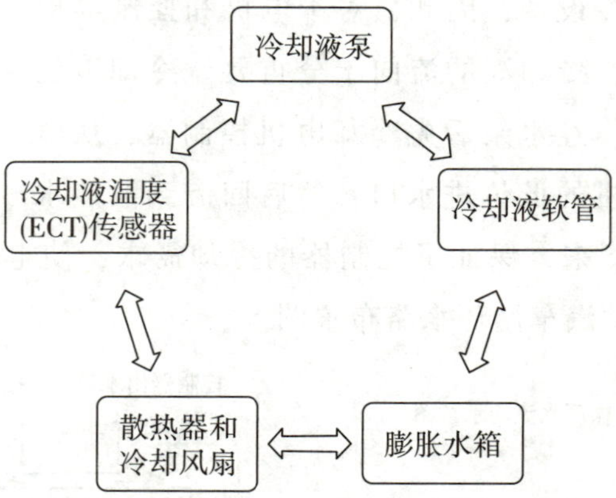

图 7－26　驱动电机与控制器冷却系统结构

（1）冷却液泵。逆变器/驱动电机冷却液泵通过安装支架，并由 2 个螺栓固定在前右纵梁上，经由其运转来循环传动系统。

（2）冷却液软管。橡胶冷却液软管在各组件间传送冷却液，弹簧卡箍将软管固定到各组件上。逆变器/驱动电机冷却系统软管布置在前舱内。

（3）膨胀水箱。逆变器/驱动电机冷却系统配有卸压阀的注塑冷却液膨胀水箱，逆变器/驱动电机冷却系统膨胀水箱安装在右纵梁右悬架前部，溢流管连接到散热器左水室顶部，出液管连接到逆变器/驱动电机冷却液泵上。

（4）散热器和冷却风扇。散热器都是一个两端带有注塑水箱的铝制横流式结构。散热器的下部位于紧固在前纵梁的支架所支承的橡胶衬套内。散热器的顶部位于水箱上横梁支架所支承的橡胶衬套内，支承了冷却风扇总成和空调（A/C）冷凝器。空调（A/C）冷凝器安装在散热器后部，由 4 个螺栓固定至冷却风扇罩上。冷却风扇和驱动电机总成及风扇低速电阻安装在空调（A/C）冷凝器后部的风扇罩上。“吸入”式风扇抽取空气通过散热器。

（5）冷却液温度（ECT）传感器。ECT 传感器安装在散热器右侧前部，内含一个封装的负温度系数（NTC）热敏电阻，该电阻与逆变器/驱动电机冷却系统冷却液相接触，是分压器电路的一部分。该电路由额定的 5 V 电源、一个 PEB 控制模块内部电阻和一个与温度相关的可变电阻（ECT 传感器）组成。

2. 驱动电机与控制器冷却液的循环

冷却系统利用传导原理，将热量从逆变器/驱动电机组件传递到冷却液中，再从逆变器/驱动电机组件传递到散热器上，通过冷却风扇吹动气流，将热量传递到大气中。当系统处于较低温度时，冷却液泵不工作。当温度上升后，冷却液泵工作，冷却液经过软管流入散热器内，散热器将热量散发到空气中，使逆变器/驱动电机组件保持在最佳的工作温度。

由热膨胀所产生的多余冷却液经过散热器顶部的溢流管返回到膨胀水箱中，同时膨胀水箱消除冷却液中的气体。膨胀水箱有一根出液管连接到冷却液回路中，当循环冷却系统中冷却液冷却收缩或循环冷却系统中冷却液不足时，膨胀水箱中的冷却液会及时补充到循环系统中。

膨胀水箱盖的额定压力可达到 140 kPa，它可以分离冷却系统与外界大气。当温度上升时，冷却液会发生膨胀，这不仅会增加冷却系统的压力，还会提升冷却液的沸点，从而为逆变器/驱动电机组件提供最佳的运行温度。卸压阀是膨胀水箱盖安装的必要零件，因为冷却系统能够承受的压力是有限的，当压力过大时可以通过卸压阀进行释放。

冷却液的流经路径是由右侧上部水室至中间的散热器，再到左侧底部水室。ECT 传感器会实时监测冷却系统的温度并将信号发送给逆变器，同时对冷却风扇进行控制。冷却液温度信号最终会传递到组合仪表上，中间会经过逆变器和 CAN 总线。当冷却液温度过高时，组合仪表会亮起警示灯，从而给驾驶人以相应的提醒。

3. 驱动电机与控制器冷却风扇控制

荣威 E50 的冷却风扇采用脉冲调制（PWM，又称占空比控制）。PWM 冷却风扇受 VCU 控制，冷却风扇工作时，VCU 通过 CAN 系统接收来自空调控制模块（ETC/ECU）的信号，控制 PWM 模块使冷却风扇在 20% ~90% 的占空比范围内的 8 个档位的速度工作，以满足不同的冷却负荷要求。

（1）冷却风扇开启条件　冷却风扇开启取决于空调 A/C 和电机逆变器冷却液温度这两个重要因素。当 A/C 开启或逆变器冷却液温度高于 52 ℃时，冷却液风扇开始工作。

（2）冷却风扇停止工作条件　如果逆交器冷却液温度低于 65 ℃，并且空调 A/C 关闭，冷却风扇停止工作。点火开关关闭，A/C 关闭，逆变器冷却液温度高于 65 ℃，冷却风扇继续工作；如果环境温度低于10 ℃，冷却风扇会工作 30 s，环境温度高于 10 ℃，冷却风扇会工作 60 s。

4. 逆变器，驱动电机冷却系统控制

逆变器的工作温度不能超过 75 ℃，最合适的工作温度应该低于 65 ℃。将温度控制在 75 ℃以下可以更好地延长逆变器和驱动电机的使用寿命。逆变器开始工作时，电动冷却液泵会立即打开，冷却液温度传感器向空调控制模块（ETC）提供温度信号。逆变器计算冷却液温度，将它与逆变器冷却温度传感器信号进行比较，从而判断是否需要使用逆变器冷却液温度传感器。

（二）驱动电机与控制器冷却系统

驱动电机与控制器采用的冷却系统是闭式水冷循环系统，冷却液介质为乙二醇型冷却液。

（1）电机与控制器冷却系统组成部件。电机与控制器冷却系统由散热器总成、电子风扇总成、电动冷却液泵总成、冷却软件等组成。

（2）冷却系统工作原理。车型电机与控制器冷却系统由电动冷却液泵提供动力，低温冷却液通过管路由散热器流向待散热元件（电机控制器、DC－DC 转换器、电机），冷却液在待散热元件处吸收热量后，再通过冷却管路流经散热器进行散热，之后进行下一个循环。电子风扇总成采用吸风式双风扇，通过串联调速电阻的方式来实现风扇的高低速档分级，从而降低风扇噪声，提高整车的舒适性。

（三）比亚迪秦驱动电机与控制器冷却系统

比亚迪秦混合动力汽车的冷却系统由发动机冷却系统和驱动电机冷却系统组成。发动机冷却系统与传统涡轮增压车型冷却系统一样，冷却液温度为 90～100 ℃，允许最高温度 110 ℃。驱动电机与控制器采用独立的冷却系统，用于电机与控制器的冷却，是通过单独的电动冷却液泵驱动冷却液实现独立的循环系统，它由散热器、电子风扇、水管、水壶、电机水套、电机控制器、冷却液泵组成。

（四）北汽新能源驱动电机与控制器冷却系统

北汽新能源纯电动汽车的 CC33DB 冷却系统的功用是将电机、电机控制器及充电机产生的热量及时散发出去，保证其在要求的温度范围内稳定高效地工作。

1. 驱动电机与控制器冷却系统的工作原理

冷却系统由两个体系构成：冷却液回路和冷却风流道。冷却液在流经 MCU、充电机和电机等热源时，热源通过热传导将热量传递给冷却液，高温冷却液通过电动冷却液泵提供的动力流经散热器时将热量通过热传导传递给散热器芯体，冷却空气通过热对流将热量带走，完成换热过程。膨胀水箱在冷却系统中起提高冷却液沸点和提供冷却液加注口两大作用。

2. 驱动电机与控制器冷却系统的电动冷却液泵

电动冷却液泵是冷却液循环的动力元件，其作用是对冷却液加压，促使冷却液在冷却系统中循环，带走系统散发的热量。

（1）电动冷却液泵的构成。电动冷却液泵采用的是永磁无刷直流冷却液泵，整个部件中没有动密封，浮动式转子与叶轮注塑成一体。严禁电动冷却液泵在没有冷却液的情况下空载运行，否则将导致转子、定子的磨损，将最终导致冷却液泵的损坏。

（2）电器接插件。冷却液泵接插件位于冷却液泵后盖上，接插件为两线，分别为正极和负极。

（3）电动冷却液泵的装配。电动冷却液泵安装在车身右纵梁前部下方，位于整个冷却系统较低的位置；冷却液泵自带橡胶支架，起到降低噪声的作用。通过两个 Q1860625 六角法兰面螺栓与冷却液泵支架装配，紧固力矩为 9～11 N·m。

3. 驱动电机与控制器冷却系统的电子风扇

电子风扇的作用是提高流经散热器、冷凝器的空气流速和流量，以增强散热器的散热能力，并冷却机舱其他附件。

电子风扇的结构特性为：C33DB 采用左右双风扇构架，采用半径为 125 mm、6 叶不对称结构的扇叶，双风扇分别由整车电源提供输入，根据电机、控制器、空调压力等参数由 VCU 控制双风扇运行，电子风扇采用两档调速风扇。

（1）电子风扇电气接插件。电子风扇接插件为四线，高速：两个“+”接正极，两个“-”接负极。低速：两个“+”接正极，一个“-”接负极。

（2）电子风扇装配。电子风扇下部卡接在散热器水室上，上部通过两个Q2736313A（“十”字槽大半圆头自攻螺钉，F型）装配在散热器水室上，紧固力矩为9～11 N·m。

4. 驱动电机与控制器冷却系统的膨胀水箱

膨胀水箱的作用是为冷却系统冷却液的排气、膨胀和收缩提供受压容积，同时也作为冷却液加注口。

性能参数：C33DB膨胀水箱盖开启压力为29～35 kPa。

结构特性：膨胀水箱采用PP材料，结构设计满足爆破压力不小于200 kPa。

5. 驱动电机与控制器冷却系统的冷却管路总成

（1）材料。冷却管内外胶为三元乙丙橡胶（EPDM），中间层由织物增强，耐温等级是Ⅰ级（125 ℃），爆破压力达到1.3 MPa。

（2）装配。冷却水管壁厚4 mm，端口有安装定位标识，装配时标识与散热器上的定位标识对齐。

冷却系统电动冷却液泵与散热器风扇由整车VCU控制，根据整车热源（电机、电机控制器和充电器）温度进行控制。

第四节　驱动电机管理系统及其检测

一、驱动电机管理系统的认知

（一）驱动电机管理系统的部件

驱动电机系统是电动汽车的核心系统之一，是车辆行驶的主要驱动系统，其特性决定了车辆的主要性能指标，直接影响车辆动力性、经济性和用户驾乘感受。驱动电机管理系统的部件如图7－27所示。

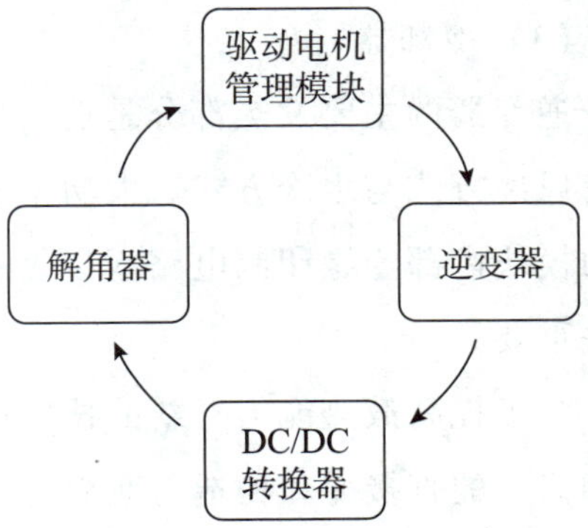

图7－27　驱动电机管理系统的部件

1. 驱动电机管理模块

驱动电机管理模块（控制器）通常简称MCU，主要用于管理和控制驱动电机的运转速度、方向以及将驱动电机作为逆变电机发电。MCU的功能类似于传统汽车的发动机控制模块。

目前使用在纯电动汽车上的驱动电机管理模块主要有两种类型：一种是仅用于控制驱动电机的，即 MCU；另一种是更具有集成控制功能的驱动电机管理模块，即 MCU 与 DC－DC 转换器功能，这类驱动电机管理模块也被称为 PCU。

DC－DC 转换器是直流．直流的电压变换器，用于将动力电池或逆变器产生的电能转换成 12 V 低压电能，用于给 12 V 蓄电池充电和车身电气设备供电。

将 MCU 与 DC－DC 转换器集成化是目前纯电动汽车与混合动力汽车驱动电机管理模块发展的一个趋势，集成度更高的系统既节省了成本，也利于系统之间信息的共享与车辆部件位置的布置设计。

2. 逆变器

为了提高电机驱动系统的效率，HEV 主要采用交流电机驱动。为了驱动交流电机，从直流电力获得交流电力的电力转换装置就被称为逆变器。

（1）控制

新能源汽车采用的驱动电机要求在停止及低速区域输出大转矩，在最高车速区域实现大功率输出等。现在主流电机为永磁交流同步电机，通过弱磁场控制，可以实现大范围的转速区域输出。

逆变器大多采用的是电压输出式，PWM 方式的矩形波输出电压的脉冲幅度定期变化。频率在数千赫兹以上的高频进行转换，将直流电压转换成交流电压。

影响电机输出的电压成分取决于基波分量，因此为了加大该基波，采用使逆变器输出电压波形变形，增大电压基波分量的手法。所谓的调制度是指逆变器电源电压与输出电压的基波分量的比。电压波形可划分为正弦波 PWM、过调制 PWM、矩形波三种。

（2）内部元件

车辆驱动用逆变器由于在高频下进行转换，功率半导体元器件要求转换高速化。另外，为了应对大功率输出，也要求高电压。因此，大多采用 IGBT 兼具 MOS 构造的电压驱动特性与双极晶体管的强电力特性。

通过将平面型闸门构造向槽型闸门构造改进，使基本构造小型化，再进一步通过推进元器件厚度的薄板化技术来实现低损耗。

逆变器采用与 IGBT 同样的 FWD（同流用二极管）并列连接，二极管与 IGBT 同样要求具有高耐压、低损耗特性，因此采用耐高压的 PIN 构造。

（3）冷却器

逆变器的主要发热部分是功率半导体元器件 IGBT 和 FRD，需要对其进行高效率的冷却。冷却方式有风冷方式与水冷方式。大功率逆变器一般采用的是水冷方式。功率半导体元器件的冷却是借助动力模块内部绝缘印制电路板以及散热板，通过冷却器冷却。因此，降低热阻与提高冷却器的能力至关重要。

为了提高散热能力，新的技术中不通过散热润滑剂，而是采用将功率半导体元器件直接安装在冷却器上的直接冷却构造与双面冷却方式。

直接冷却构造中，线性膨胀系数较高的冷却器的热应力直接作用于绝缘电路板，因此，如何确保热收缩的长期可靠性是一个重要的技术。

（4）电容器

主电路电容器有平滑电容器和滤波电容器。这些电容器由于具有低 ESR、高耐压、寿命期限长、耐温特性良好等优点，采用薄膜电容器的情况有所增加，电容器元器件中，通过采用薄 PP 膜，可以实现电容器装置的小型化。单位体积的静电容量与薄膜厚度的二次方大致成正比，因此，薄膜化对于实现小型、轻量化来说，是最为有效的手段。另外，通过开发各种蒸镀方式，以最佳形式来应对较大的脉动和实现高安全性（自我保障功能）。

3. DC－DC 转换器

HEV、EV 配置两种电池：一种是作为行驶用电机电源的高电压主机电池（动力电池）；另一种是作为车辆附件类及控制 ECU 电源的 12 V 辅助电池。

例如，混合动力系统中，EV 无法利用发动机的动力进行发电，因此一般搭载 DC－DC 转换器，进行主机电池向辅助电池的降压式直流－直流电力转换。HEV 可以通过交流发电机发电，但是混合动力系统为了改善油耗，要反复进行怠速停机与启动发动机，因此一般采用可以输出稳定电压、可高效率完成电力转换的 DC－DC 转换器。

另外，在 DC－DC 转换器的冷却方式中，有的在发动机舱内与逆变器整体化配置，通过冷却系统进行水冷冷却，有的搭载在行李舱内主机电池的电池盒上，通过风扇进行风冷。冷却方式根据配置位置的环境温度与 DC－DC 转换器自身的损耗来决定，无论哪种，提高效率是共同的目标。

与一般所使用的 DC－DC 转换器不同，车辆用转换器要求输入电压范围广泛、温度范围广泛等。另外，由于搭载在行李舱内，冷却方式一般采用风冷方式。

4. 解角器

解角器又称解析器，是可靠性极高且结构紧凑的传感器，它可精确检测磁极位置。

（1）解角器的结构

解角器的定子包括三种线圈：励磁线圈 A、检测线圈 S 和检测线圈 C。解角器结构如图 7－28 所示。

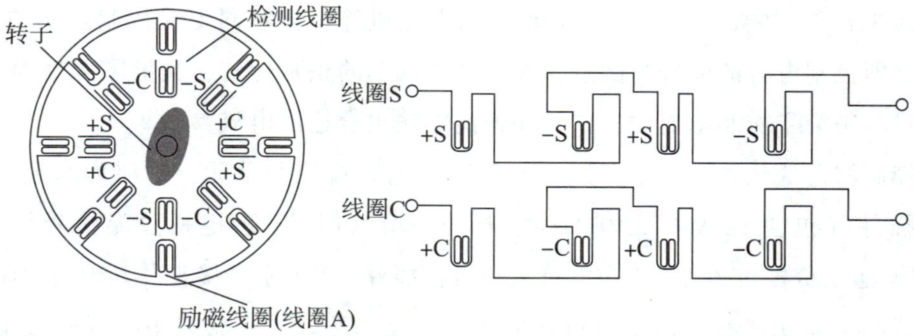

（a）　　　　　　　　（b）

图 7－28　解角器结构

解角器的转子为椭圆形，椭圆形转子与 MG1、MG2 的永磁转子相连接，定子与转子间的距离随转子的旋转而变化。交流电流入励磁线圈 A，产生频率恒定的磁场。使用频率恒定的磁场，线圈 S 和线圈 C 将输出与转子位置对应的值。因此，驱动电机 - 发电机 ECU（MG ECU）根据线圈 S 和线圈 C 输出值之间的差异检测出绝对位置。此外，MG ECU 根据规定时间内位置的变化量计算转速。

（2）解角器的工作原理

检测线圈 S 的 +S 和 -S 错开 90°，+C 和 -C 也以同样的方式错开 90°，线圈 C 和 S 之间相距 45°，检测线圈的电流流向。

由于解角器的励磁线圈中为频率恒定的交流电，因此无论转子转速如何，频率恒定的磁场均会由转子输出至线圈 S 和线圈 C。由于间隙的变化，线圈 S 和线圈 C 输出波形的峰值随转子位置的变化而变化。驱动电机 - 发电机 ECU 持续监视这些峰值，并将其连接形成虚拟波形。驱动电机 - 发电机 ECU 根据线圈 S 的虚拟波形和线圈 C 的虚拟波形的相位差判定转子的方向。此外，驱动电机 - 发电机 ECU 根据规定时间内转子位置的变化量计算转速。

（二）常见车型的驱动电机管理系统

以下分析具有代表性的比亚迪 E6、比亚迪秦以及北汽新能源 EV 系列车型驱动电机控制器和 DC - DC 转换器的安装位置、结构与特点。

1. 比亚迪 E6 驱动电机控制器

（1）驱动电机控制器的功能和安装位置

比亚迪 E6 的驱动电机控制器，简称电机控制器，是纯电动汽车整车驱动控制系统的核心，它的作用至关重要。类似于传统内燃机汽车的油量调节机构，都是通过调节加速踏板的幅度来进行车速和牵引力的控制。但是电机控制器与油量调节机构相比，结构和功能更为复杂全面。电机控制器不仅接受加速踏板的加减速信号，同时接受制动踏板、电机转速、车速、电机电枢电压、电流、冷却液温度等信号，经过对这些信号的分析完成对电机的精确控制，并且控制器会将这些信号的数值显示在外接显示屏上以供驾驶人随时掌握车辆状况。此外，控制器在电机发生过电流、过电压以及过热情况都会自动切断主电路以保护汽车和乘员的安全。

驱动电机控制器类型为电压型逆变器，利用 IGBT（绝缘栅双极型晶体管）将直流电转换为交流电，额定电压为 318 V，主要功能是控制电动机和发电机等根据不同工况控制电机的正反转、功率、扭矩、转速等。即控制电机的前进、倒退，维持电动汽车的正常运转，关键零部件为 IGBT，IGBT 实际为大电容，目的是为了控制电流的工作，保证能够输出合适的电流参数。

驱动电机控制器总成包含上中下三层，上下层为电动机控制单元，中层为水道冷却单元，总成还包括信号接插件（包含 12 V 电源/CAN 线/档位、节气门/旋变/电机过温信号线/预充满信号线等）、2 个动力电池正负极接插件、3 个电机三相线接插件、2 个水套接头及其他周边附件。

电机控制器的主要功能有：控制电机正向驱动、反向驱动、正转发电、反转发电；控制电机的动力输出，同时对电机进行保护；通过 CAN 与其他控制模块通信，接收并发送相关的信号，间接地控制车上相关系统正常运行；制动能量回馈控制；自身内部故障的检测和处理。

（2）驱动电机控制系统工作原理

驱动电机控制器系统主要由高压配电、控制器、驱动电机及相关的传感器组成，该系统的核心为驱动电机控制器。驱动电机控制器接收档位开关、节气门深度、制动踏板深度、旋变等信号，经过一系列的逻辑处理和判断，来控制电机正、反转和转速等。

控制策略采用了经典的电机控制理论并注入了先进的控制算法，驱动永磁同步电机以最佳方式协调工作，核心 ECU——驱动电机控制器上层软件所依赖的下层硬件电路包括控制电路板和驱动电路板。它们的分工有所不同：控制电路板又分为模拟通道采样单元、模数转换单元、DSP 处理单元、旋变解码单元、CAN 通信单元、档位处理单元。驱动电路板包括信号隔离单元、保护信号选择单元、电源单元。控制电路板对采样的数据进行处理，计算出所需占空比，产生 PWM（正弦脉宽调制）；通过驱动电路板传递给 IGBT，供驱动电机工作。

（3）角度传感器

比亚迪 E6 电机中检测电机转子旋转的角度和位置的传感器采用旋转变压器形式。角度传感器又称旋转变压器，旋转变压器（简称旋变）是一种输出电压随转子转角变化的信号元件。电机转速由角度传感器进行控制和监测。

角度传感器由电机控制器模块监测，根据这些位置传感器的信号，电机控制器监测电机的角位置、转速和方向。角度传感器包含一个励磁线圈、两个驱动线圈和一个不规则形状的金属转子。金属转子以机械方式固定在电机轴上。将点火开关置于 ON 位置时，电机控制模块输出一个 5 V 交流电、一定频率的励磁信号至驱动线圈。驱动线圈励磁信号生成一个环绕两个从动线圈和不规则形状转子的磁场。然后，电机控制模块监测两个从动线圈电路，以获得一个返回信号。不规则形状金属转子的位置引起从动线圈的磁感应返回信号发生大小和形状的变化。通过比较两个从动线圈信号，电机控制模块能确定电机的确切角度、转速和方向。

2. 比亚迪秦驱动电机控制器

（1）驱动电机控制器的功用

① 作为动力系统的总控中心，驱动电机的运行，根据工况控制电机的正反转、功率、转矩、转速等；协调发动机管理系统工作。

② 硬件采集电机的旋变、温度、制动、加速踏板开关信号。

③ 通过 CAN 通信采集制动深度（制动踏板位置）、档位信号、驻车开关信号、启动命令、电池管理控制器相关数据、控制器的故障信息。

④ 内部处理的信号有直流侧母线电压、交流侧三相电流、IGBT 温度、电机的三相绕组阻值。

（2）DC－DC 转换器的功用

① 纯电模式下，DC 的功能替代了传统燃油车挂接在发动机上的 12 V 发电机，和蓄电池并联给各用电器提供低压电源。DC 在高压（500 V）输入端接触器吸合后便开始工作，输出电压标称 13.5 V。

② 发动机原地启动发电机发出 13.5 V 直流电，经过 DC 升压转换成 500 V 直流电给电池包充电。

（3）DC－DC 转换器具有降压和升压功能

① 降压：负责将动力电池 480 V 的高压电转换成 12 V 电源。DC－DC 转换器在主接触吸合时动作，输出的 12 V 电源供给整车用电器工作，并且在低压电池亏电时给低压电池充电。

② 升压：当动力电池电量不足时，DC－DC 转换器将发电机发出的电供整车低压用电器用电后，多余的电量升压后给动力电池充电及空调（A/C）用电。

3. 北汽新能源 EV 驱动电机控制器

驱动电机控制器 MCU 内部采用三相两电平电压源型逆变器，是驱动电机系统的控制核心，称为智能功率模块，它以 IGBT 为核心，辅以驱动集成电路、主控集成电路。MCU 对所有的输入信号进行处理，并将驱动电机控制系统运行状态信息通过 CAN 2.0 网络发送给整车控制器 VCU。驱动电机控制器内含故障诊断电路，当电机出现异常时，达到一定条件后，它将会激活一个错误代码并发送给 VCU 整车控制器，同时也会储存该故障码和相关数据。

驱动电机控制器主要依靠电流传感器、电压传感器、温度传感器来进行电机运行状态的监测，根据相应参数进行电压、电流的调整控制以及其他控制功能的完成。电流传感器用于检测电机工作实际电流，包括母线电流、三相交流电流。电压传感器用于检测供给电机控制器工作的实际电压，包括动力电池电压、12 V 蓄电池电压。温度传感器用于检测电机控制系统的工作温度，包括 IGBT 模块的温度。

二、驱动电机管理系统的检测

驱动电机管理系统在控制驱动电机的同时，还会对驱动电机、解角器以及自身控制模块进行实时自检。大多数混合动力汽车或纯电动汽车的驱动电机控制器主要在以下方面实施自检，如图 7－29 所示。

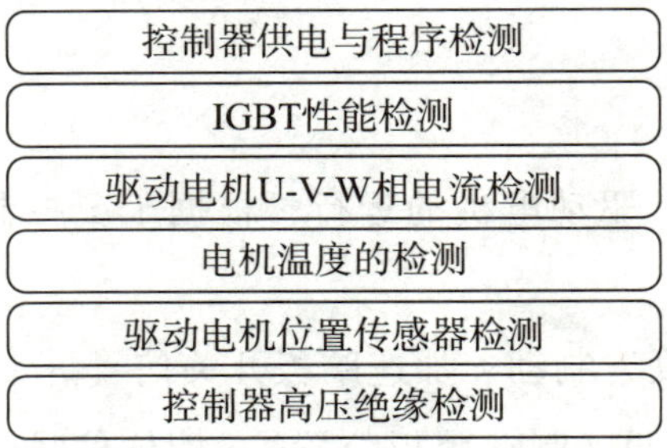

图 7－29　驱动电机管理系统的检测

（一）控制器供电与程序检测

1. 供电检测

电机控制器内部也会有来自车辆蓄电池的 12 V 参考电源。当连接的参考电源电压过低或过高时，控制器将会实行自我关闭，并对外输出诊断故障码。

2. 内部软件的自检测

电机控制器内部包括电机控制单元、逆变器控制单元等，这些部件都有集成电路及 CPU 单元，在正常运行过程中，系统会实时监测，这属于控制器的内部故障检测，一般不能进行维修处理。

（二）IGBT 性能检测

驱动电机控制器 MCU 会根据整车控制器 VCU 的指令，控制 IGBT 的接通和断开，从而来实现驱动电机的输出或作为发电机工作。在对电机逆变的过程中，通过顺序启动 IGBT 的高电流开关晶体管，控制其相应的驱动电机或发电机的速度、方向和输出转矩。同时，控制器会检测每个 IGBT 的故障情况，当发现相应故障后，会关闭逆变器功能。

（三）驱动电机 U－V－W 相电流检测

由于驱动电机或发电机使用三相交流电运行，且 IGBT 通常会对应控制驱动电机或发电机的其中一个相，各相分别标识为 U、V、W。控制器通过监测连接到各驱动电机或发电机相的电流传感器，以便检测逆变器是否存在电流过大故障。大多数电流传感器是驱动电机控制器总成内部的一部分，无法单独维修。

另外，由于所有的电机或发电机相电路都是通过电气方式连接的，其电流总量应相同。电机控制器执行一次数学计算，以确认相电流传感器的精确性。如果 U－V－W 相电流传感器的相电流总量大致相同，则计算结果应接近零。如果 U－V－W 相电流相差较大，则会认为是故障。

（四）电机温度的检测

在大多数的电机控制器模块内部都会设置温度传感器，用于检测连接电机电缆的温度，以及模块自身集成电路的温度。温度传感器是一个热敏电阻，它的电阻值随温度而改变，具有负温度系数。这表示随着温度升高，电阻减小；随着温度降低，电阻增大。

控制器通常向温度传感器提供一个 5 V 参考电压信号，并测量电路中的电压降。当被检测的电缆或集成电路温度低时，传感器电阻大，控制器模块检测到高电平信号电压。当温度升高时，传感器电阻减小，信号电压也降低。

（五）驱动电机位置传感器检测

驱动电机位置传感器由驱动电机控制器监测。根据旋转变压器型位置传感器信号，电机控制器监测驱动电机转子的角位置、转速和方向。

位置传感器包含一个主动线圈、两个从动线圈和一个不规则形状的金属转子。金属转子以机械方式固定在驱动电机的轴上。车辆启动时，电机控制器输出一个 7 V 交流电、10 kHz 的励磁信号至驱动线圈。不规则金属转子的位置不同，使得从动线圈磁导返回信号的大小和形状也不同。通过对比两个从动线圈信号，电机控制器能够确定驱动电机转子的精确位置、速度和方向。

（六）控制器高压绝缘检测

驱动电机控制器利用若干内部传感器测量混合动力或纯电动汽车来自动力电池的高电压。驱动电机控制器测试高电压正极电路或高电压负极电路和车辆底盘之间是否存在失去隔离的情况，当检测到电机控制器或者相关电路在动力电池输出高电压后，存在对车辆底盘的电阻过低情况，系统将会将这一情况反馈给整车控制器，并与整车控制器一起切断车辆的高电压，避免发生事故。

实践操作

驱动电机总成更换

任务准备

一、外围设备、工具的准备

为完成工作任务，每个工作小组需要向仓库工作人员提供借用工具清单，如表 7 –4 所示。

表 7 –4　驱动电机总成更换借用工具清单

序号	名称	数量	借出时间	学生签名	归还时间	学生签名	管理员签名
1							
2							
3							
4							
5							
6							
7							

二、团队分配方案

任务实施

1. 拆卸驱动电机的步骤

（1）在工作区域设置隔离，并在明显位置警示牌。关闭电源开关，拔下钥匙放在口袋里妥善保管，并在车上放置工作牌。

（2）断开整车低压控制电源。拆下低压蓄电池负极接线，用绝缘胶带包好，负极桩头用盖子盖好或绝缘胶布包好。

（3）穿戴好防护用品，断开车辆动力电池高压维修开关。

(4) 然后静置车辆 5 min 以上，让新能源汽车的高压电容器进行自放电。

(5) 用专用工具拆下电机控制器的高压插头。验电，确保驱动电机和驱动电机侧的高压线束无残余电荷，然后才可以拆装驱动电机。

(6) 拆卸电机控制器上盖，拆卸电机控制器。

(7) 拆卸三相线束。

(8) 拆卸充电机。

(9) 拆卸机舱底部护板。

(10) 拆卸压缩机。

(11) 拆卸纵梁。

(12) 拆卸右前轮轮胎。

(13) 拆卸右前驱动轴。

(14) 拆卸制动真空泵。

(15) 拆卸电机。

① 脱开电机冷却水管，如图 7－30 所示。

注意：水管脱开前请在车辆底部放置容器，接住防冻液，以免污染地面。拆卸或安装水管环箍时都应使用专用的环箍钳。

② 断开电机线束连接器 1，如图 7－31 所示。

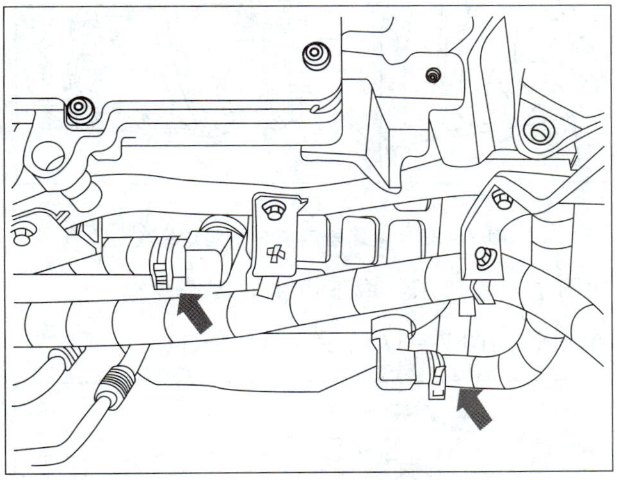

图 7－30 脱开电机冷却水管

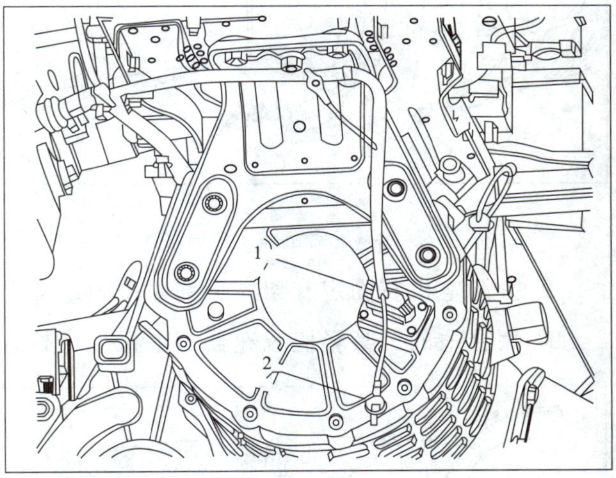

图 7－31 电机线束

③ 拆卸电机搭铁线束固定螺栓 2，如图 7－31 所示脱开电机搭铁线束。

④ 使用托顶从下方托住电机，如图 7－32 所示。

注意：在支撑前，托顶与电机之间放置木块，以免减速器滑动。

⑤ 拆卸前悬置支架电机侧 4 个固定螺栓，如图 7－33 所示。

⑥ 拆卸减速器前部 4 个固定螺栓，如图 7－34 所示。

⑦ 拆卸减速器后部 3 个固定螺栓，如图 7－35 所示。

⑧ 拆卸电机右固定支架，上部 3 个固定螺栓 1，如图 7－36 所示。

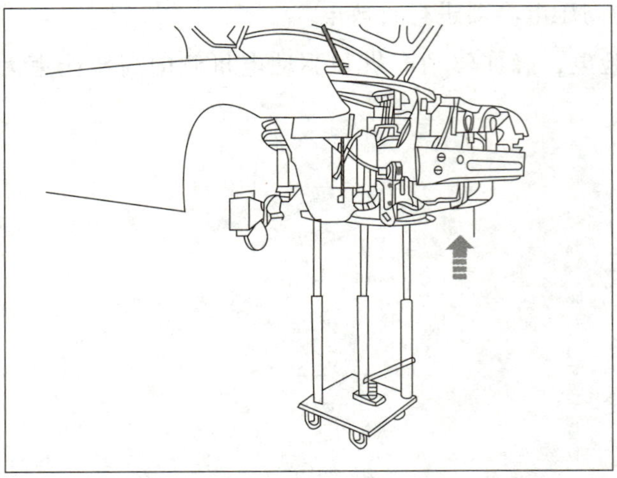

图 7－32　托顶从下方托住电机

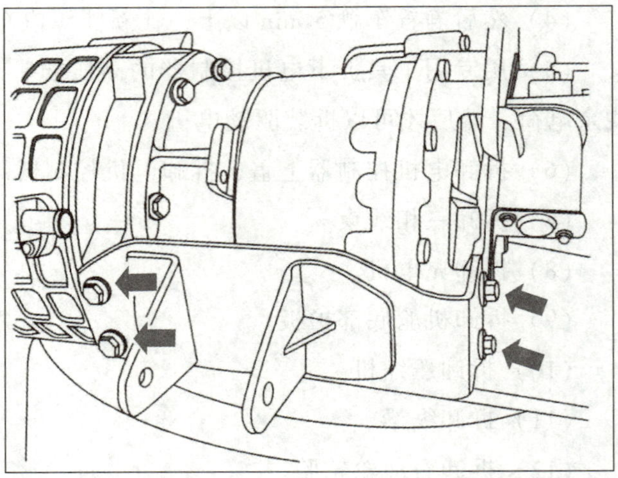

图 7－33　前悬置支架电机侧 4 个固定螺栓

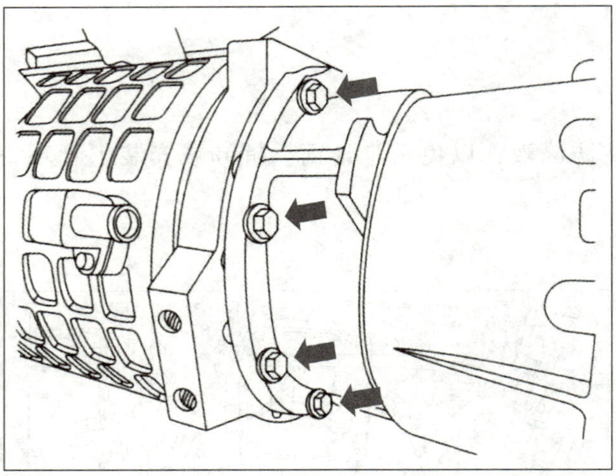

图 7－34　减速器前部 4 个固定螺栓

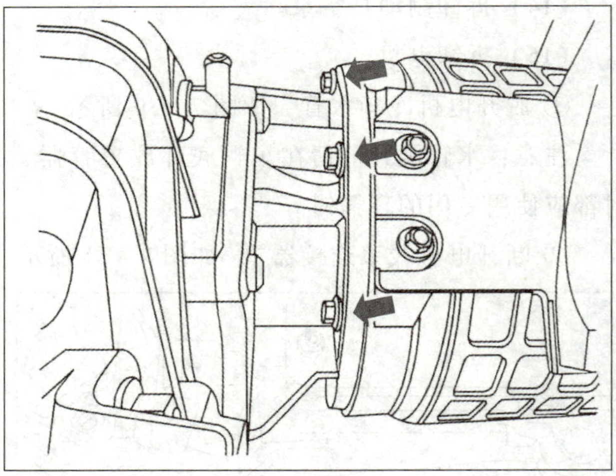

图 7－35　减速器后部 3 个固定螺栓

⑨ 拆卸电机右固定支架，下部 4 个固定螺栓 2，如图 7－36 所示，取下电机右固定支架。

⑩ 用合适的工具轻撬减速器与电机接合处，抽出电机，如图 7－37 所示。

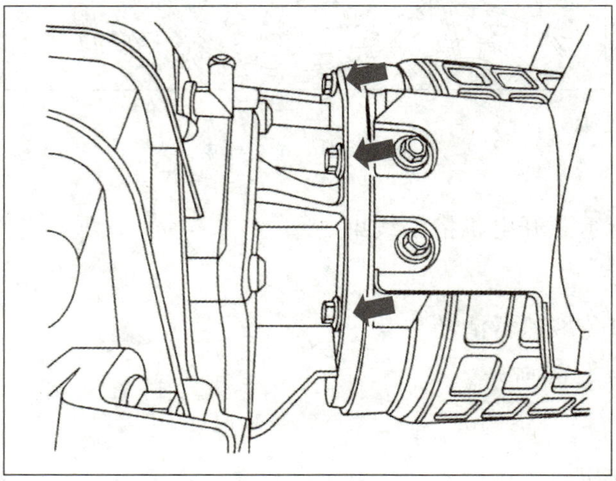

图 7－36　电机右固定支架螺栓

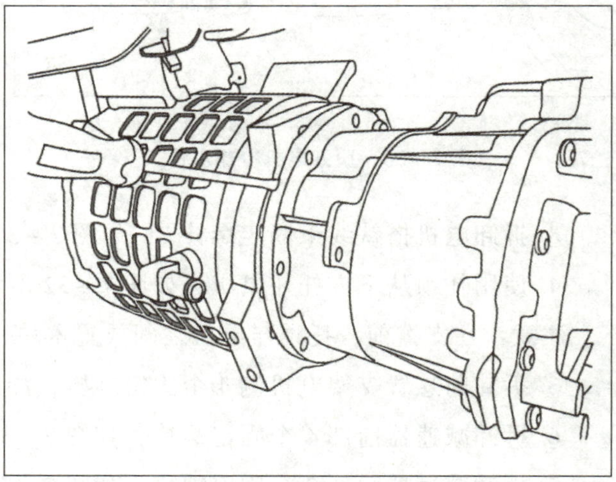

图 7－37　撬减速器与电机接合处

2. 安装纯电动汽车驱动电机

（1）在电机与减速器对接面涂胶密封（图 7－38）。

密封胶型号为：Loctite 5060B，胶宽为 4～5 mm。

（2）装配电机使电机输出轴花键插入减速器输入轴，如图 7－39 所示。注意减速器法兰端面得定位销应落入电机前端面的安装孔。

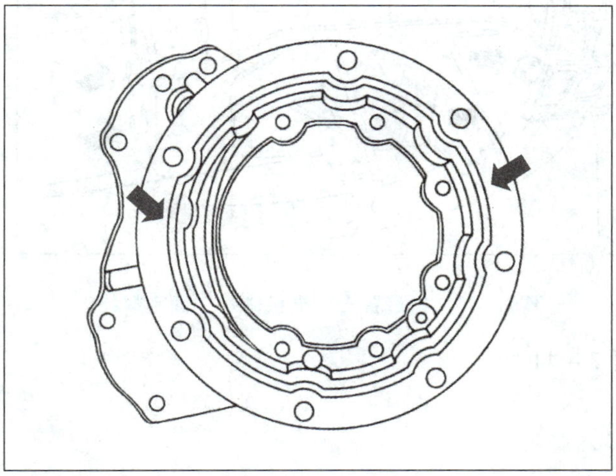

图 7－38　涂胶密封

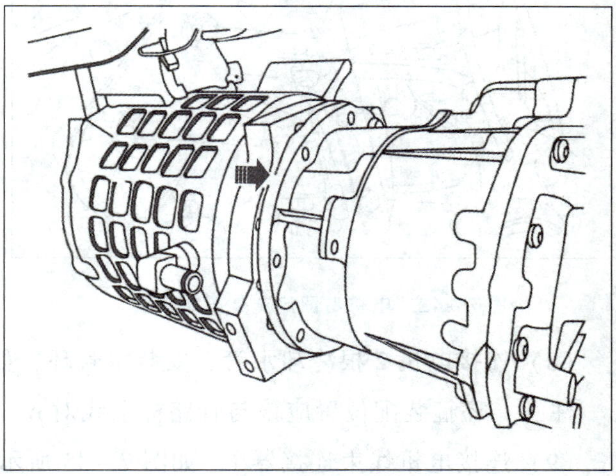

图 7－39　装配电机使电机输出轴花键插入减速器输入轴

（3）紧固减速器前部 4 个固定螺栓，如图 7－40 所示。力矩：55 N·m。

注意：连接螺栓紧固时，需采用对角法则打紧。

（4）紧固减速器后部 3 个固定螺栓，如图 7－41 所示。力矩：55 N·m。

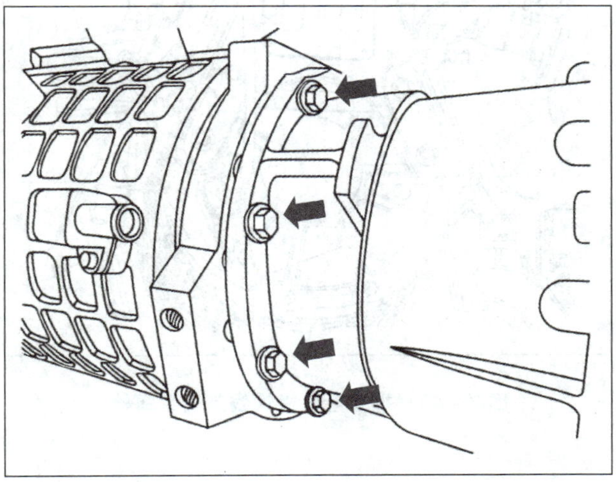

图 7－40　减速器前部 4 个固定螺栓

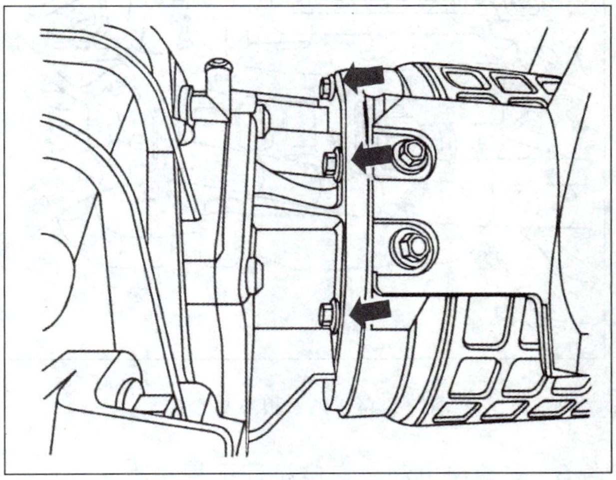

图 7－41　减速器后部 3 个固定螺栓

注意：连接螺栓紧固时，需采用对角法则打紧。

（5）放置电机右固定支架，紧固电机右固定支架上部 3 个固定螺栓 1，如图 7－42 所示。力矩：65 N·m。

（6）紧固电机右固定支架下部 4 个固定螺栓 2，如图 7－42 所示。力矩：55 N·m。

注意：连接螺栓紧固时，需采用对角法则打紧。

（7）紧固前悬置支架电机侧 4 个固定螺栓，如图 7－43 所示。力矩：55 N·m。

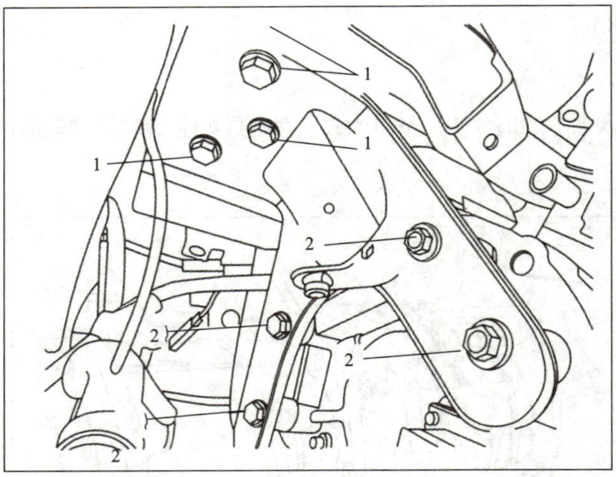

图 7－42　电机右固定支架固定螺栓

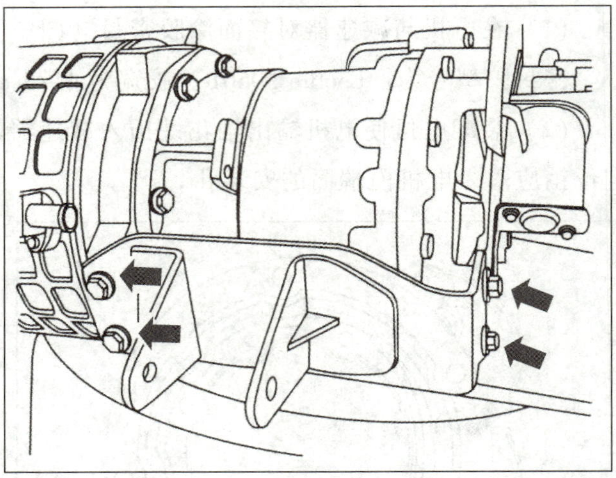

图 7－43　前悬置支架电机侧 4 个固定螺栓

（8）连接电机 2 根冷却水管，安装水管环，如图 7－44 所示。

注意：环箍装配位置应该与管路标示线对齐。

（9）连接电机线束连接器 1，如图 7－45 所示。

注意：插接时注意“一插，二响，三确认”。

（10）连接电机搭铁线束，拆卸电机搭铁线束固定螺栓 2，如图 7－45 所示。力矩：8 N·m。

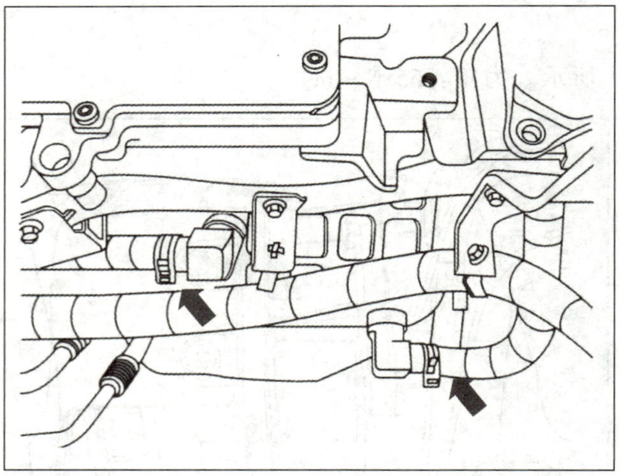

图 7－44　电机根冷却水管

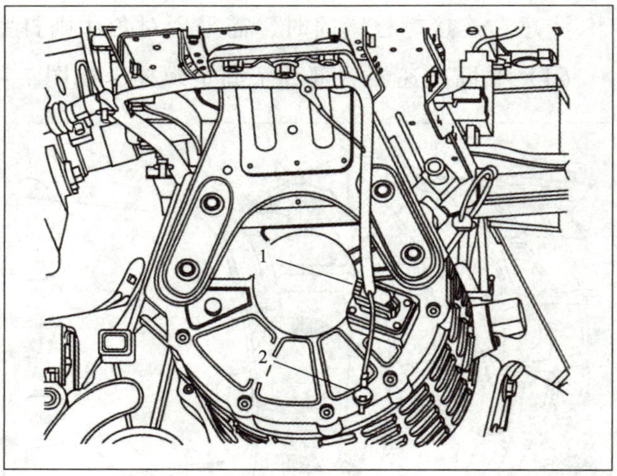

图 7－45　拆卸电机搭铁线束固定螺栓

3. 安装纯电动汽车电机周围相关附件

（1）安装制动真空泵。

（2）安装右前驱动轴。

（3）加注减速器油。

（4）安装右前轮轮胎。

（5）安装纵梁。

（6）安装压缩机。

（7）安装机舱底部护板。

（8）安装电机控制器。

（9）安装充电机。

（10）安装电机控制器上盖。

（11）安装三相线束。

（12）加装冷却液。

（13）安装维修开关。

（14）连接蓄电池负极电缆。

（15）操作空调制冷剂加注程序。

（16）关闭前机舱盖。

4. 电机总成安装完成后的检查

当电机总成安装完成后，需进行如下检查。

（1）水路系统安装正确性，是否有滴、漏水等异常情况。

（2）各机械部件安装是否牢固。

（3）各线缆所连接电源的极性是否正确。

（4）各电气插接器连接是否到位，相应的插口或锁紧螺钉是否卡紧或拧紧。

（5）各高、低压部件的绝缘性是否良好。

在操作过程中还遇到了哪些问题，是如何处理的，记录在表 7－5 中，并写出解决方法。

表 7－5　安装操作过程情况记录表

所遇到的问题	解决方法

任务评价

一、成果展示

各小组派代表上台总结在完成任务的过程中，学会了哪些技能，发现错误后如何改正，并展示成果。

二、学生自我评估与总结

三、小组评估与总结

四、教师评估与总结

五、各小组对工作岗位的“6S”处理

在小组和教师都完成工作任务总结以后，各小组必须对自己的工作岗位进行“整理、整顿、清扫、清洁、安全、素养”，并归还所借的工具和实习工件。

六、评价表

表 7-6　驱动电机总成更换评价表

班级： 小组： 姓名：		指导教师： 日　期：					
评价项目	评价标准	评价依据	评价方式			权重	得分小计
			学生自评 20%	小组互评 30%	教师评价 50%		
职业素养	1. 遵守企业规章制度、劳动纪律 2. 按时按质完成工作任务 3. 积极主动承担工作任务，勤学好 4. 人身安全与设备安全 5. 工作岗位“6S”完成情况	1. 出勤 2. 工作态度 3. 劳动纪律 4. 团队协作精神				0.3	
专业能力	1. 能掌握驱动电机及其管理系统结构和工作原理 2. 能掌握驱动电机性能检测 3. 会进行驱动电机的拆卸与安装	1. 操作的准确性和规范性 2. 任务或项目技术总结完成情况 3. 专业技能任务完成情况				0.5	

创新能力	1. 在任务完成过程中能提出自己的有一定见解的方案 2. 在教学或生产管理上提出建议，具有创新性	1. 方案的可行性及意义 2. 建议的可行性				0. 2	
合计							

课程思政

为参加北京冬奥会　电动汽车装上了抗冻“心脏”

2022 年 2 月 4 日，第 24 届冬季奥林匹克运动会将在北京举行。届时，世界目光也将再次投向全球首座“双奥之城”——北京。不同于夏季奥运会，冬奥会举办期间，气温低至 −30 ~ −40 ℃，2022 年北京冬奥会的低温环境将给新能源汽车的启动、续航等提出更高要求。

面向冬奥环境的应用需求，在国家重点研发计划“新能源汽车”重点专项“高性能纯电动大客车动力平台关键技术及整车应用”项目的支持下，由北京理工大学（以下简称北理工）教授、中国工程院院士孙逢春指导，北理工电动车辆国家工程实验室教授、博士生导师林程带领的项目团队自主研发的锂离子动力电池系统产品——全气候动力电池，可在极寒环境下提供强劲动能，为新能源汽车装上了一颗抗冻“心脏”。

为解决电动汽车在极寒环境充电困难、无法启动等问题，我们研发的锂离子动力电池系统产品采取内置加热膜片的方式，使电池出现第三极，即加热极，可在环境温度 −40 ℃状态一键加热，实现快速自加热与冷启动。

林程指出：“这是一整套创新体系，涉及很多核心技术，团队不仅对加热系统的控制策略和理论展开研究，如加热片材料选择优化、加热回路研发和加热策略的研究，还要与整车控制联合起来。”项目团队开发的全气候锂离子动力电池系统产品，系统能量突破了 155 瓦时/千克，可以通过一键加热技术在 5 分钟左右将 −30 ℃的动力电池快速加热到正常使用状态，加热能耗不高于 5%，车辆可以正常启动和行驶。整车产品已经获得产品公告并投入试验示范应用。

极寒测试的成功，标志着中国新能源汽车在全气候动力电池、低温增焓空调、全气候整车驱动控制等核心关键技术方面处于世界领先水平，为新能源汽车突破严寒禁区奠定了坚实的技术基础。

思考练习

一、选择题

1. 以下哪一项都是电量参数(　　)。

A. 电压、转矩、功率、频率

B. 相位、阻抗、介电强度、谐波

C. 转速、转矩、温度、噪声

D. 转速、转矩、温度、噪声、频率

2. 负载特性测试的测试目的是(　　)。

A. 确定电机的效率、功率因数、转速、定子电流等

B. 描绘出电机的转速、转矩关系特性曲线

C. 测试该运行过程中的电压、电流、效率、转矩、转速等关键信息

D. 测试是否漏电

3. 在进行驱动电机更换的时候，不需要使用的工量具设备是(　　)。

A. 示波器　　B. 绝缘测试仪

C. 绝缘工具　　D. 万用表

二、填空题

1. 电机性能的测量参数有____________、____________、____________、空载测试等。

2. 电动汽车的热源主要有动力电池、____________、____________、DC－DC 变换器和____________等。

3. 采用的是____________驱动电机。

4. 驱动电机常见的冷却方式有____________和____________。

5. 断开蓄电池负极的时候，需要用绝缘胶布将____________包好。

6. 驱动电机安装完成之后，需要检查各电气插接器____________是否到位，相应的插口或锁紧螺钉是否卡紧或拧紧。

三、简答题

1. 简述驱动电机三相线束是否相互短路检测流程。
2. 驱动电机冷却系统主要的作用是什么？
3. 驱动电机冷却系统形式有哪些？

参考文献

[1] 李建伟．新能源汽车驱动电机与控制技术［M］．北京：化工工业出版社，2022.

[2] 赵振宁，赵宏涛．汽车电力驱动系统任务驱动合集［M］．北京：电子工业出版社，2018.

[3] 吕冬明，杨运来．新能源汽车电机及控制系统检修［M］．北京：机械工业出版社，2020.

[4] 陈社会，赵奇．驱动电机及控制技术［M］．北京：高等教育出版社，2021.

[5] 粟盈．汽车车身电气设备检修［M］．北京：北京理工大学出版社，2017.

[6] 王志福，张承宁．电动汽车电驱动理论与设计［M］．2 版．北京：机械工业出版社，2017.

[7] 朗宏芳，钱秀芳．驱动电机及控制技术［M］．北京：电子工业出版社，2021.

[8] 阳兴见，谢怀德，方芳．新能源汽车驱动电机及控制系统检修［M］．北京：北京理工大学出版社，2021.

[9] 龚思沛．新能源汽车关键零部件电磁兼容测试中的独立循环水恒温控制系统研究与应用［J］．汽车与驾驶维修（维修版），2021.